U0506000

教育部人文社会科学基金项目（06JA790067）

陕西师范大学"211工程"三期重点学科建设项目

陕西师范大学学术著作出版基金资助

人力资本、生育率与内生农业发展

RENLI ZIBEN SHENGYULÜ YU NEISHENG NONGYE FAZHAN

郭剑雄 李志俊◎著

人民出版社

责任编辑:张怀海
封面设计:肖　辉
版式设计:陈　岩
责任校对:吕　飞

图书在版编目(CIP)数据

人力资本、生育率与内生农业发展/郭剑雄　李志俊　著.
-北京:人民出版社,2010.7
ISBN 978－7－01－008810－5

Ⅰ.人…　Ⅱ.①郭…②李…　Ⅲ.①农村-人力资本-研究-中国②农村-人口-工作-研究-中国③农业经济-经济发展-研究-中国　Ⅳ.F323　C924.2

中国版本图书馆 CIP 数据核字(2010)第 053618 号

人力资本、生育率与内生农业发展
RENLI ZIBEN SHENGYULÜ YU NEISHENG NONGYE FAZHAN

郭剑雄　李志俊　著

人 民 出 版 社 出版发行
(100706　北京朝阳门内大街166号)

北京新魏印刷厂印刷　新华书店经销

2010 年 7 月第 1 版　2010 年 7 月北京第 1 次印刷
开本:710 毫米×1000 毫米 1/16　印张:16.25
字数:250 千字

ISBN 978－7－01－008810－5　定价:32.00 元

邮购地址 100706　北京朝阳门内大街 166 号
人民东方图书销售中心　电话 (010)65250042　65289539

目　录

第三篇　生育率、人力资本与农业发展

第四篇　扩展分析及政策设计

第 一 篇

研究背景和相关文献

第一章　研究背景：工业化加速期的中国农业

一、中国经济的高速增长与工业化阶段的跃升

改革开放以来,中国经济保持了持续快速增长之态势。国内生产总值从 1978 年的 3645. 2 亿元增加到 2007 年的 246619 亿元,30 年间增加了近 67 倍,保持了年均 9. 85% 的高增长率;人均国内生产总值从 1978 年的 381 元增加到 2007 年的 18665 元,后者超过前者 48 倍,年均增长率达 8. 6% ;居民人均消费水平由 1978 年的 184 元增加到 2006 年的 6111 元,增加了 32 倍多,实现年均增长 7. 36% ;财政收入由 1978 年 1132. 26 亿元增加到 2006 年的 38760. 2 亿元,29 年间增加了 33 倍;2007 年年末,国家外汇储备高达 15282 亿美元。[①] 目前,中国已成为继美国、欧盟和日本之后的第四大世界经济体。

在中国经济的持续高速增长过程中,工业和服务业始终是增长的火车头。在 1978 ~ 2007 年期间,第二产业增加值提高了近 69 倍,由 1745. 2 亿元上升至 121381 亿元;第三产业的增加值则由 872. 5 亿元大幅增加到 96328 亿元,增长超过了 109 倍。30 年间,第二产业和第三产业增加值的年均增长率分别达到 11. 65% 、10. 87% ,明显高于同期国内生产总值年均 9. 85% 的增长率。第二产业和第三产业在国民经济中的比重明显提升。在 1978 年的国内生产总值构成中,第一、第二及第三产业的比重分别为

[①]　数据来源:国家统计局:《中国统计年鉴 2007》和《中华人民共和国 2007 年国民经济和社会发展统计公报》。

28.2%、47.9%和23.9%,到2007年,三次产业增加值在国内生产总值中所占比重分别变化为11.7%、49.2%和39.1%(见图1-1和图1-2)。第二产业和第三产业的比重由30年前的71.8%提高到2007年的88.3%。[①]

依据产业结构等指标的变动,库兹涅茨(Kuznets,Simon)给出的判断一个国家进入工业化中期阶段的主要标志是,第一产业增加值的比重下降到20%以下,第二产业增加值上升到高于第三产业而在国内生产总值构成中占到最大比重。根据库兹涅茨等人的工业化阶段理论和先行工业化国家的经验来判断,大约到20世纪90年代,中国已经进入工业化中期阶段。[②] 郭克莎的一项研究显示,从1993年开始,中国就进入了工业化中期阶段。[③] 陈佳贵等人的一个研究报告也表明,中国于20世纪90年代已进入到工业化中期发展阶段。[④]

国际经验表明,工业化中期阶段是工业化和城市化的加速推进期;该阶段又是农业发展的一个非常重要和十分关键的时期。因为,工业化的加速推进和城市部门的快速扩张,既为农业发展带来诸多有利的机遇,也使原本就脆弱的农业部门面临着许多新的困难。如何利用这些机遇、应对面临的挑战,完成农业的现代化改造,成为进入工业化中期阶段以后的发展中国家面临的一个非常现实的研究课题;对于现阶段的中国来说,这又是一个十分紧迫同时又难度极高的课题。

二、工业化加速期中国农业的成长

在最近30年来,伴随着国民经济特别是工业和服务业的持续、高速增长,中国农业的发展水平和现代化程度也获得了显著提高。主要表现在:

---

① 数据来源:国家统计局:《中国统计年鉴2007》和《2007年国民经济和社会发展公报》。

② 1993年,中国第一、第二和第三产业增加值占国内生产总值的比重分别为19.7%、46.6%和33.7%。参见国家统计局:《中国统计年鉴2007》,中国统计出版社2007年版。

③ 参见郭克莎:《中国工业化的进程问题与出路》,《中国社会科学》2000年第3期。

④ 参见陈佳贵等:《中国工业化进程报告——1995~2005年中国省域工业化水平评价与研究》,社会科学文献出版社2007年版。

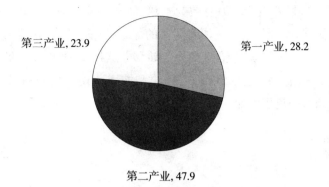

图 1-1　1978 年三次产业增加值比重(%)

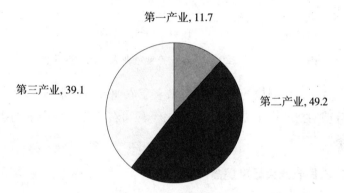

图 1-2　2007 年三次产业增加值比重(%)

(一)农业剩余劳动力大规模转移

据《中国统计年鉴 2007》提供的数据,1978 年,第一产业就业人员占全部就业人员的比重达 70.5%,伴随着改革推动的非农产业化和城市化的进展,2006 年这个比重下降到 42.6%,28 年间下降了近 28 个百分点(见图 1-3)。按照劳动力家庭所在地(不考虑其在什么地方和什么产业就业)的口径来统计,2005 年农村就业人员为 4.85 亿人。① 根据农业部提供的数

---

① 这一数据可以看做是乡村劳动力或乡村经济活动人口。参见蔡昉:《中国劳动力市场发育与就业变化》,《经济研究》2007 年第 7 期。

据,2005 年,农村外出劳动力总数为 1.08 亿[①];另据资料,乡镇企业就业人员有 1.4 亿,两项合计再减去两者交叉的部分,目前中国乡村劳动力中有大约 2 亿人分别实现了就地转移或外出转移。这样,2005 年,留在农村的劳动力约为 2.85 亿。[②] 也就是说,工业化和城市化使超过农村劳动力总数 40% 的劳动力脱离了农业。

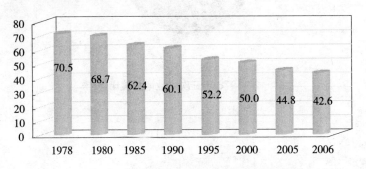

图 1-3 1978~2006 年第一产业就业人员比重变化(%)

农业劳动力大规模的非农转移,改善了农业部门紧张的人地比例关系,为替代劳动型技术进步、土地的规模化经营和农业劳动生产率的提高创造了有利条件。

(二)农民收入大幅度提高

农村居民人均纯收入,1978 年仅为 134 元,2007 年增加到 4140 元,30 年间增长了近 30 倍(见图 1-4)。[③] 在收入变动的同时,农村居民家庭的耐用消费品拥有量不断增加(见表 1-1);农村居民每人平均的住房面积明显提高,由 1985 年的 14.7 ㎡增加到 2006 年的 30.7 ㎡;恩格尔系数由 1978 年的 0.677 下降到 2006 年的 0.430。[④]

---

① 参见农业部:《今年农村劳动力外出就业量将达 1.149 亿》,http://www.sannong.gov.cn/qwfb/ncjj/200503300220.htm。

② 参见蔡昉:《中国劳动力市场发育与就业变化》,《经济研究》2007 年第 7 期。

③ 数据来源:1978~2005 年数据来自《中国统计年鉴 2007 年》(中国统计出版社 2007 年版,第 345 页);2007 年数据来自《中华人民共和国 2007 年国民经济和社会发展统计公报》。

④ 参见国家统计局:《中国统计年鉴 2001》,中国统计出版社 2001 年版;国家统计局:《中国统计年鉴 2007》,中国统计出版社 2007 年版。

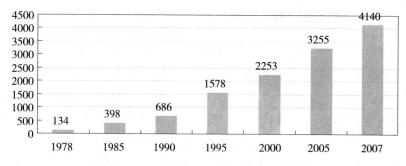

图1-4　1978~2007年农民人均纯收入增长(元)

表1-1　1985~2005年农村居民家庭平均每百户耐用消费品拥有量

品名	1985	1990	1995	2000	2005
洗衣机(台)	1.90	9.12	16.90	28.58	40.20
电冰箱(台)	0.06	1.22	5.15	12.31	20.10
空调机(台)			0.18	1.32	6.40
彩色电视机(台)	0.08	4.72	16.92	48.74	84.08
摩托车(辆)		0.89	4.91	21.94	40.70
电话机(部)				26.38	58.37
移动电话(部)				4.32	50.24

资料来源:《中国统计年鉴2007》,中国统计出版社2007年版,第375页。

在过去的30年里,农村中的贫困现象极大地减少。根据中国政府确定的农村贫困标准,贫困人口从1978年的2.6亿下降到1998年的4200万,即从农村人口的1/3下降到1/20。[1] 2007年年末,按农村绝对贫困人口标准低于785元测算,农村贫困人口为1479万人,比上年末减少669万人;按低收入人口标准786~1067元测算,农村低收入人口数是2841万人,比上年减少709万人。[2]

---

[1]　参见世界银行国别报告:《中国战胜农村贫困》,中国财政经济出版社2001年版,第24页。

[2]　参见国家统计局:《中华人民共和国2007年国民经济和社会发展统计公报》。

(三)农业综合生产能力显著增长

粮食产量从 1978 年的 30477 万吨增加到 2007 年的 50160 万吨,增幅达到 64.6%。经济作物的棉花、油料、糖料的产量,由 1978 年的 217 万吨、522 万吨和 2387 万吨增长到 2007 年的 762 万吨、2569 万吨和 12188 万吨,增幅分别达 251%、392% 和 411%。养殖业发展迅速,2007 年,肉类、奶类和水产品产量分别是 6866 万吨、3633 万吨和 4748 万吨,比 1978 年增长 7倍、36 倍和 9 倍。同期,农林牧渔总产值由 1397 亿元剧增至 43994.1 亿元,增长超过 30 倍(见图 1-5[①])。

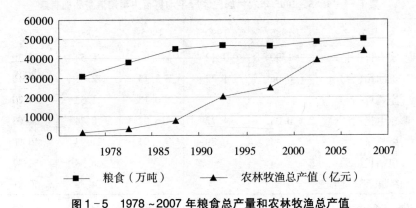

图 1-5　1978～2007 年粮食总产量和农林牧渔总产值

2007 年,水稻、小麦、玉米、大豆四大粮食品种优质化率分别达到 72.3%、61.6%、47.1% 和 70.3%;苹果、柑橘优质化率分别达到 55% 和 50%;牛肉、羊肉优质化率分别是 35% 和 30%。农产品质量安全水平不断提高,无公害农产品、绿色食品和有机食品快速发展,蔬菜、水果、茶叶和畜产品、水产品药物残留专项治理工作成效明显。

同时,部分优势农产品竞争力不断增强,出口势头强劲。2007 年,蔬菜、水果、畜产品、水产品出口额分别达到 62.1 亿美元、37.5 亿美元、40.5亿美元和 97.4 亿美元,四类产品合计出口额已占全国农产品出口总额的

---

① 数据来源:国家统计局;《中国统计年鉴 2007》,中国统计出版社 2007 年版;2007 年数据来自《中华人民共和国 2007 年国民经济和社会发展统计公报》。

64%。特别是蔬菜、水果、水产品等在国际市场上的竞争力日益增强,成为中国重要的出口创汇农产品。①

(四)农业技术长足进步

1978 年,农业机械总动力为 11749.6 万千瓦,2005 年达到 68397.8 万千瓦,2005 年为 1978 年的 5.8 倍。农用化肥施用量,1978 年是 884.0 万吨,2005 年增加到 4766.2 万吨,28 年间增长了 5.4 倍。(见表 1 - 2)

表 1 - 2 　1978 ~ 2005 年农业机械总动力与农用化肥施用量

	1978	1985	1990	1995	1999	2005
农业机械总动力(万千瓦)	11749.6	20912.5	28707.7	36118.1	48996.1	68397.8
农用化肥施用量(万吨,纯量)	884.0	1775.8	2590.3	3593.7	4124.3	4766.2

资料来源:《中国统计年鉴2007》,中国统计出版社 2007 年版。

农业技术的巨大进步,有力地推动了农业由传统向现代的转变。科技进步已成为农业生产要素组合中最活跃的因素,其在农业增长中的贡献份额提高到35%以上。在中国,单纯依靠增加土地和劳动投入实现农业总量增长的时代基本结束,利用科技创新及其新型要素投入来提高农业生产率已成为农业增长的重要源泉。②

(五)农业生产结构调整优化

从农业结构看,种植业比重不断缩小,畜牧业、渔业比重持续上升。1978 ~ 2007 年,在农业总产值中,种植业比重由80%下降到50.4%,下降了近30 个百分点,平均每年下降约1 个百分点;畜牧业比重由15%提高到33%,年均提高约0.6 个百分点;渔业比重由1.6%增加到9.1%,年均提高0.25 个百分点。

在种植结构上, 1978 ~ 2007 年, 粮食面积占农作物总播种面积的比重由80.3%下降到68.9%;经济作物比重上升, 油料面积比重由4.1%上

---

① 参见《中华人民共和国 2007 年国民经济和社会发展统计公报》。
② 参见李力:《农业综合生产能力大大增强》,《经济日报》2008 年 10 月 4 日。

升到 7.4%，棉花由 3.2% 上升到 3.9%，蔬菜由 2.2% 上升到 11.3%，果园面积由 1.1% 上升到 6.8%。糖料、烟叶、茶园面积所占比重也均有所上升。①

三、新时期中国农业发展面临的困难

(一)城乡居民收入差距不断拉大

由于经济增长率的差异,城乡居民收入差距呈不断拉大的趋势。除 20 世纪 80 年代初农民人均收入经历较快增长外,在其余大部分时期里,收入增长的较大份额为城市居民所拥有。1978 年,城镇职工的平均货币工资是农村劳动力平均收入的 1.7 倍,到 2000 年,这一差距扩大到 2.1 倍,2005 年进一步拉大到近 2.9 倍;绝对差距由 255 元增加至 4876 元和 12010 元。② 从 1990 年至 2005 年,城镇职工的平均货币工资以 15.72% 的年均速度递增,而农村劳动力的平均收入的年均增长率是 10.18%;除 1994~1995、1995~1996 两个年份以外,其余年份的劳动报酬年均增长率,城镇均高于农村。③ 当前成为中国改革开放以来城乡收入差距最突出的时期;同时,中国现在也成为世界上城乡收入差距最大的国家之一(见图 1-6)。④

(二)农业劳动力转移任务依然艰巨

目前,中国农业部门仍然存在着规模巨大的剩余劳动力。有多种方法用来估算中国农民的适当数量,比如:(1)以现有生产能力计算,农业生产需要多少劳动力;(2)工业部门的扩张和城市化进程需要或能够吸纳多少农村剩余劳动力和人口。前者忽略了农民的经济理性,后者仅强调了转移

---

① 资料来源:《中华人民共和国 2007 年国民经济和社会发展统计公报》。
② 数据来源:城镇职工平均货币工资由《中国统计年鉴 2006》5—4、5—25 中的有关数据计算得出;农村劳动力平均收入根据《中国农村住户调查年鉴 2006》2—1、2—11、2—13 有关数据折算得出。
③ 数据来源:根据《中国统计年鉴 2006》5—4、5—25 和《中国农村住户调查年鉴 2006》2—1、2—11、2—13 有关数据计算得出。
④ 数据来源:世界银行:《2008 年世界发展报告:以农业促发展》。

城乡收入中位数的比值

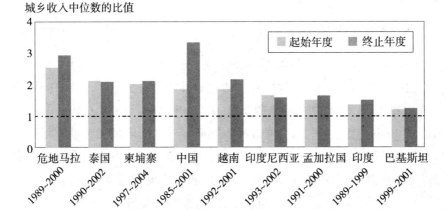

图1-6　中国与其他转型国家城乡收入差距比较

农村人口的实际可能性。两者的共同点是,把农业部门当做劳动力的蓄水池,忽视了农民的收入问题。

　　在市场经济条件下,与其他任何一种生产要素一样,农业劳动力是可以自由流动的。受利益动机的驱使,劳动力必然从报酬低的地区和部门流向报酬高的地区和部门,从而导致劳动力要素报酬的平均化。在此背景下,只有当务农收入得到保障时,农民才有从事农业生产的积极性,农产品的供应才能够得到可靠的保障。这时,农业劳动力的数量就取决于农民作为整体得到的务农收入,归根结底决定于整个社会对农产品的需求。或者说,农民数量问题是对农产品的需求问题,即整个社会购买农产品的总支出是多少,农民得到的份额是多少,这些收入能够使多少农民保持和其他社会阶层大体相当的生活水平。

　　按照这一逻辑来估算,在目前情况下,要实现城乡居民收入的大体相等,农村人口占总人口的比重应当降到24%以下,即需要进一步转移近2亿农业劳动力。这个数量相当于改革开放以来农业劳动力非农化的总和。如果把农民的收入目标定位在达到目前发达国家或中等发达国家的水平,那么,就需要有3.5亿以上的农业劳动力进一步离开农业,农业劳动力比重需降到3.8%左右。假设在50年内实现这一目标,即使不考虑人口总数的变化,每年需要转移劳动力数量也在700万左右。这将是一项非常艰巨的任务。①

(三)农业劳动力的人力资本浅化

中国农业劳动力的转移,呈现出显著的选择性特征:(1)以青壮年为主。在杜鹰的调查样本中,四川和安徽两省外出劳动力的平均年龄分别是26.9岁和27.4岁,比之非外出劳动力,平均年龄分别小7.6岁和4.9岁。②Alan de Brauw、黄季焜等人的调查样本同时显示了非农就业劳动力年龄结构的变化趋势。2000年与1990年比较,21～25岁、26～30岁人群的非农就业参与率翻了一番,16～20岁的劳动力非农就业参与率提高两倍多;尽管年龄较大的人群非农就业率也在上升,但他们的参与比例不到16～20岁人群的一半。③ (2)男性高于女性。目前,外出打工的农民中,男性的比例占65.8%,女性低于男性31.6个百分点。④ 这一特征在早先的其他一些调查样本中也得到了证实。⑤

由于教育的进展,劳动力的受教育程度随年龄呈负相关变化⑥;同时,教育的进展尚未消除教育机会分配中的性别歧视,一般而言,男性的教育程

---

① 参见钟甫宁、何军:《中国农村劳动力转移的压力究竟有多大——一个未来城乡人口适当比例的模型及分析框架》,《农业经济问题》2004年第5期。

② 参见杜鹰:《现阶段中国农村劳动力流动的基本特征与宏观背景分析》,载蔡昉、白南生:《中国转轨时期劳动力流动》,社会科学文献出版社2006年版。

③ 参见Alan de Brauw、黄季焜、Scott Rozelle、张林秀、张依红:《改革中的中国农村劳动力市场演变》,载蔡昉、白南生:《中国转轨时期劳动力流动》,社会科学文献出版社2006年版。

④ 数据来源:《农业部官员:我国农村劳动力素质总体结构性下降》,新华网2008年4月25日。

⑤ 杜鹰(2006)的调查显示,在四川和安徽外出劳动力中,男性的比重分别为69.3%和65.2%。在赵耀辉(1997)的调查样本中,四川移民中男性劳动力的比重达72.5%。参见杜鹰:《现阶段中国农村劳动力流动的基本特征与宏观背景分析》,载蔡昉、白南生:《中国转轨时期劳动力流动》,社会科学文献出版社2006年版;赵耀辉:《中国农村劳动力流动及教育在其中的作用——以四川省为基础的研究》,《经济研究》1997年第2期。

⑥ 2005年,30岁以下劳动力的文盲率低于2.1%,而50岁以上劳动力的文盲率则在13.8%～42.8%之间。相反,接受高中教育的比率,前者处于9.2%～16.5%之间,后者则在8.1%以下;在大专及其以上的教育中,年轻人的比率更显著地高于年长者。数据来源:国家统计局人口和就业统计司、劳动和社会保障部规划财务司:《2006中国劳动统计年鉴》表1—48,中国统计出版社2006年版。

度高于女性①。劳动力转移的前述特征,可能意味着农业从业者的人力资本②浅化。比如,2005 年,农村未转移劳动力平均受教育年数③低于外出务工劳动力 1. 45 年④,低于全体农村劳动力平均水平 0. 54 年⑤。

(四)国家粮食安全压力加大

国际经验表明,人口密集型国家在工业化和城市化进程中,必然遭受耕地资源的损失。从 1955 ~ 1994 年,日本的耕地面积减少了 52% ;在 1965 ~ 1994 年间,韩国的耕地减少了 46% ;同样,在中国台湾,1962 ~ 1994 年耕地面积也下降了 42% 。这三个国家和地区总计,1956 ~ 1993 年,耕地面积减少了 48% ,年均减少 1. 2% 。在未来的二三十年,如果中国耕地也每年平均减少 1. 2% (即每年减少 156 万公顷),到 2030 年以后,耕地将减少 0. 468亿公顷,约为目前耕地总面积的 36% 。在严格的耕地保护政策下,中国耕地资源的非农化率可能会低于上述三个国家和地区,但耕地因日益扩张的非农产业和道路建设及城市基础设施建设占用而减少将难以避免。

中国拥有世界 22% 的人口,在颇有成效的生育政策管制下,人口仍以每年数百万的幅度增长,据有关预测,至 2030 年前后,中国人口将达到16. 5 亿的最大值。⑥ 随着人口增加,粮食需求量必然增加。此外,人均粮食

---

①　比如,2005 年,在初中、高中和大专及其以上三个等级的教育中,男性分别高于女性8. 96、13. 50 和 14. 54 个百分点;而在 15 岁及其以上人口中,女性文盲率高达 16. 15% ,是男性的 2. 76 倍。数据来源:国家统计局:《2006 中国统计年鉴》表 4—12、表 4—13,中国统计出版社 2006 年版。

②　人力资本是通过教育、培训、健康和迁徙等方面的投资在人身上形成的较高的生产能力。出于简化分析的需要,本书仅以受教育程度衡量人力资本水平。

③　未转移劳动力平均受教育年数 = (农村劳动力平均受教育年数 − 转移劳动力平均受教育年数×转移劳动力比重)÷未转移劳动力比重。此处,以外出劳动力的受教育水平代表了全部转移劳动力的受教育状况。受教育年数的计算方法为各级教育年数乘以相应权重加总求和。其中,"不识字或识字很少"以 1 年计;"中专"和"大专及大专以上"合以 15 年计。

④　2005 年,外出务工劳动力的平均受教育年限为 9. 07 年。数据来源:国家统计局农村社会经济调查司《2006 中国农村住户调查年鉴》综述。

⑤　2005 年,农村劳动力平均受教育程度约 8. 16 年。数据来源:根据国家统计局农村社会经济调查司《2006 中国农村住户调查年鉴》表 2—2 计算得出。

⑥　参见胡靖:《中国粮食安全:公共品属性与长期调控重点》,《中国农村观察》2000 年第 4 期。

需求量还会由于人均收入水平的提高而增长。目前,中国人均粮食需求量为 390 公斤,预计在 2030 年,将达到 460 公斤左右。① 其时,中国粮食需求总量将是 7.59 亿吨。这就是说,在今后城市化加速推进的二三十年时间里,必须使中国的粮食产量比目前再增加 3 亿吨左右,才能实现国内粮食供求的大体平衡。在耕地不断减少的情况下,要实现这一目标,无疑是一项极其艰巨的任务。

四、中国农业现代化的进程与目标

(一)中国农业现代化的历史起点

农业现代化是由量变的积累到质变的飞跃的一个缓慢的演进过程。如果把现代因素的微量改变算在内,那么,中国农业现代化的历史进程,可以追溯到新中国成立之前。

任何国家的农业现代化,都是以传统农业的瓦解为肇端的。中国传统农业的瓦解,大约开始于鸦片战争前后。像中国现代工业的产生那样,它是以外国资本主义的入侵为背景的。因此,我们可以把鸦片战争前后,视作中国农业现代化的历史起点。从那时起,中国传统农业中现代因素就开始萌生和成长。这种成长,不仅表现为现代农业技术的出现,而且反映在农业结构和农业制度方面的一些重要变化。

这个时期,农业制度方面的变革,主要表现为传统农业中市场经济因素的提升,或者说,传统农业日益被卷入市场交换。鸦片战争前后,外国资本开始进入中国,中国的民族资本和官僚买办资本也随之发展起来。这些资本推动了中国最早的工业化、城市化进程,也使中国农业开始卷入市场。其突出表现是,农户农产品商品率提高和生活必需品自给率下降。20 世纪 20 年代,对黑龙江流域农户市场依赖程度的一项调查,清楚地说明了这一点(见表 1-3)。

---

① 目前发达国家人均粮食需求量最高为 1000 公斤,最低为 500~600 公斤。

表1-3　1922~1923年间黑龙江流域各类农户对市场的依赖程度

农户耕作面积(垧)	每垧作物出售量 占其全部产量(%)	每人每年购买食品费用 占全年食品消费总值(%)
15以下	56.9	58.7
15~30	55.5	16.4
30~75	58.2	15.2
75以上	61.2	6.4

资料来源:中国人民大学政治经济学系编写组:《中国近代经济史》(上册),人民出版社1978年版,第296页。

农业人口向非农人口转变的经济结构变化,在这个历史阶段开始出现加速之态。鸦片战争前后,一方面由于外国资本主义入侵造成部分小农经济的瓦解和破产,另一方面由于近代工业的兴起对劳动力产生需求,一场具有近现代意义的农民"离土离乡"的过程产生了。农业人口比重由辛亥革命前的90%以上,降到1949年的82.57%;同期,农村人口比重由大约95%左右降至89.4%,城市人口则由5%左右上升至10.6%。[①]

由西方国家输入的化肥、农药等,辛亥革命后在中国不少农村开始使用。一些农业机械也得到运用与推广。大约自20世纪20年代中期开始,浙江少数农村地区便开始使用灌溉机械和耕作机械。随后,使用此类机械的地区和农户逐渐增多。同时,出现了以提高农民科学文化素质和现代文明意识为重要内容的"平民教育运动"与"乡村建设运动"。

(二)中国农业现代化的探索发展时期

明确将现代化作为农业发展的目标,有意识地推进农业的现代化改造,是新中国成立之后的事情。从新中国成立到20世纪70年代末这30年间,虽然是中国经济建设道路的探索时期和经济发展的曲折时期,但农业现代化始终是经济发展的一项明确目标,并取得了一定的成就。

现代农业制度的大胆探索。这种探索主要表现在如下几个方面:(1)以土地的集体所有制取代小农个体所有制,通过政权力量和政治运动实现

①　参见袁亚愚:《中国农业现代化的历史回顾与展望》,四川大学出版社1996年版,第54页。

了土地的集中;(2)以合作社特别是人民公社这样的准军事组织取代小农家庭,作为现代农业的组织形式;(3)在土地集体所有和人民公社组织形式的基础上,实现农业的规模化生产和经营;(4)以计划取代市场在微观和宏观两个层面实现农业资源配置。这些探索对农业现代转型的意义,虽然在某些方面是值得肯定的,但存在着明显失误。第一,排斥市场机制对农业资源的配置作用,大大降低了农业资源的效率,人为地阻滞了农业的商业化、市场化进程;第二,农业生产组织背离了企业化变革方向,使其成为国家机构的附属物,缺乏生产经营的积极性;第三,没有区分农业生产与工业生产中规模经济的不同特点,统一生产、集中劳动,不但没有获得规模效益,反而滋生出平均主义和吃"大锅饭"的弊端。

现代农业技术的大规模引入。在国家计划配置农业资源的条件下,可以有效地实现农业资本的集中和积累,提高对农业进行现代技术改造的能力。这期间的农业技术进步是全方位的:(1)替代劳动的农业机械技术得到大面积推广。新中国成立后,不仅建立起自己的农业机械工业,而且还能以很低的价格有计划地向农民供应各种农业机械。(2)替代土地的化肥和良种技术获得长足进步。新中国成立后,中国的化肥和农药工业迅速发展,以杂交水稻为代表的农产品品种改良成绩显著,并建立起遍布全国的化肥、农药和良种供应网站。(3)劳动改进型技术受到重视。在中国实行计划经济期间,不仅在全国建立起相当完备的从大学、中专到业余专业教育的农业教育体系和各类专门的农业科研机构,而且还培养了大约100万农业科技人才。(4)土地改进型技术普遍运用并取得成效。包括大型水利、农用交通、农田基本建设、防沙治沙、营造大型防护林等,在计划经济期间,一直没有中断。它为中国农业中替代劳动技术和替代土地技术的运用创造了条件。

农业结构的转变。在新中国成立后到改革开放前这一段时期,农业结构没有取得像农业技术和农业制度那样明显的变化。农业中的就业人数,改革开放前,除少数年份在相对数上稍有下降外,其余年份的相对数和绝对数都是上升的。结果,1978年与1949年相比,农业人口比重上升了1.6个百分点,即由82.6%上升到84.2%;而农业人口的绝对数则几乎翻了一番,由4.47亿增至8.1亿。农业内部则呈现出种植业和粮食业独大的较为单一的生存型农业结构。

（三）中国农业现代化的成熟发展时期

汲取过去现代化建设的成功经验和曲折、教训，从 20 世纪 80 年代开始，中国农业现代化建设进入一个比较成熟的历史发展时期。这种成熟性表现在：

农业制度变迁向着正确方向推进。首先，逐步建立起农业生产的市场经济体制，通过市场机制配置农业资源、组织农业生产，通过市场渠道实现农产品流通，放弃了国家对农业经济活动的过度干预。其次，通过土地集体所有制基础上的分散承包变革土地产权制度，使土地产权内含的激励效应成为农业产出增长的重要动力。再次，以农户家庭经营取代人民公社和生产队的集中生产、统一经营的组织方式，将农户确立为农业生产和经营活动的基本单位，农业生产组织开始向企业化方向转变。最后，农业中介组织开始出现并获得一定程度发展，它既是农业组织形式市场化程度提高的重要内容，又推动着农业生产经营活动向着专业化、社会化和规模化的方向前进。

农业技术进步路线的正确选择。在改革开放前的 30 年中，曾经把农业现代化与农业机械化相等同，因而，农业技术创新的基本和主要方面，是农业机械的普遍推广和应用。改革开放以来，中国对农业技术进步路线重新做出了选择，将农业技术进步的重点确立为替代土地的生物、化学技术应用程度的提高。这是因为，不同的农业技术类型，适应于不同的资源禀赋结构，农业技术变迁是对初始农业资源禀赋结构变化的一种适应性调整。一个国家或地区，在进行农业技术进步路线选择时，不得不考虑其农业资源的自然禀赋状况。具体来说，土地稀缺而劳动丰裕的国家或地区，应当选择土地节约型的生物化学技术进步路线；资源禀赋相反的国家或地区，才可以选择劳动节约型的机械技术进步路线。从中国的农业资源结构出发，偏重生物化学技术进步路线的选择无疑是正确的。

农业结构调整的步伐加速。改革开放以来，中国农业增加值占国内生产总值的比重持续下降，特别是农业劳动就业比重，打破改革开放前的长期稳定状态，出现了明显下降。种植业产值占农业总产值的比重大幅度下降，而林、牧、渔业产值的比重则显著提升。与此同时,农业中现代要素的投入显著增长。

(四)中国农业现代化的目标

21 世纪是中华民族实现伟大复兴和再现辉煌的世纪。根据中国国民经济发展的总体战略,到 21 世纪中叶,将完成国民经济的现代化改造,进入当时中等发达国家的行列。现代化是一项浩大的系统工程。没有农业的现代化,就不会有国民经济的现代化;或者说,国民经济现代化完成的重要标志之一是农业部门现代化的实现。因此,21 世纪也是中国农业实现现代化、农村全面走向繁荣的世纪。根据国民经济总体发展战略,在 21 世纪上半叶,中国农业发展的基本目标是:

21 世纪的第一个十年,即到 2010 年,实现农业综合生产能力、农村经济和农民收入再上一个新台阶,农民人均纯收入比 2000 年翻一番,粮食产量达到 5.6 亿吨,棉花 500 万吨,肉类 7000 万吨,水产品 4200 万吨;全国平均每人每日重要营养素供给量接近世界中等发达国家的平均水平;在农村建立起比较完善的社会主义市场经济体制。

21 世纪的第二个十年,即到 2020 年,使农村经济体制更加健全,城乡经济社会发展一体化体制基本建立;现代农业建设取得显著进展,农业综合生产能力明显提高,国家粮食安全和主要农产品供给得到有效保障;农民人均纯收入比 2008 年翻一番,消费水平大幅提升,绝对贫困现象基本消除;城乡基本公共服务均等化明显推进,农村人人享有接受良好教育的机会,农村基本生活保障、基本医疗卫生制度更加健全①;农村工业化和城市化达到较高水平,城市化率提高到 55% 以上。

到 2050 年前后,基本实现农业现代化,农业的物质装备、科学技术、经营管理水平显著提高;农村工业化和城市化水平极大提高;农民生活达到富裕;建成富强、民主、文明、和谐的社会主义新农村。②

---

① 参见《中共中央关于推进农村改革发展若干重大问题的决定》,《人民日报》2008 年 10 月 20 日。

② 参见牛若峰:《中国发展报告:农业与发展》,浙江人民出版社 2000 年版,第 232~233 页。

立足于中国农业发展的现状和各种约束条件的实际,不难设想,中国实现农业的现代化将是一项极其艰巨的任务。

第二章 相关文献:发展就是被促使

一、工业化拉动型农业发展理论

(一)刘易斯模型

刘易斯(Lewis,W. A.)认为,发展中国家的国民经济一般包含有发展程度存在显著差异的两个部门:以制造业为代表的主要存在于城市的现代部门与主要分布于农村的农业和手工业等传统产业部门。与现代部门不同,传统部门的技术较为落后、原始,生产规模小,生产的动机是产量最大化,产品主要用于满足自己及家庭的消费,其市场化份额很小。

相对于资本和土地而言,传统部门的人口存量太大。因此,在传统部门存在着大量边际生产力为零的过剩劳动力。这决定了农业劳动力和农业人口只能以维持最低限度生活水平的平均产出来取得收入。生产力的差异使城市工业部门的工资水平高于农业劳动者的平均收入。在不受干涉的情况下,农业劳动者具有向城市现代部门流动的倾向。

刘易斯指出:"扩大的资本主义部门所必须支付的工资,取决于人们在这一部门以外所能赚得的收入。"①由于传统农业部门大量过剩劳动力的存在,第一,决定了现代工业部门只要支付略高于农业平均收入的工资②,就可以获得劳动力的充分供给;第二,在农业剩余劳动力被现代工业部门吸收

---

① [美]阿瑟·刘易斯:《二元经济论》,施炜等译,北京经济学院出版社1989年版,第9页。

② 刘易斯认为,资本主义部门和维持生计部门之间收入的差距通常是30%左右。参见[美]阿瑟·刘易斯:《二元经济论》,施炜等译,北京经济学院出版社1989年版,第10页。

罄尽之前,工业工资水平会保持不变。

在刘易斯看来,经济发展过程以及农业的成长过程,很大程度上是劳动力在生产率不同的国民经济各部门之间的再配置过程。更明确地说,是传统农业部门的过剩劳动力向现代工业部门的转移过程。

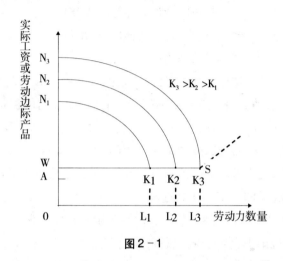

图2-1

图2-1中,横轴表示劳动力数量,纵轴表示实际工资或劳动边际产品。0A为农业部门维持生计的平均收入,0W是工业部门的实际工资水平。在0W的工资水平上,来自农业部门的劳动力供给具有无限弹性。因此,工业部门的劳动力供给曲线WS是一条水平线。

随着工业化的启动和工业部门的不断扩张,农业剩余劳动力陆续转入现代部门。当工业化初始阶段的资本量为K_1时,劳动力需求曲线是N_1K_1,吸收的劳动力数量是$0L_1$。随着工业剩余WN_1K_1的形成,下期资本规模增加到K_2,劳动力雇佣量扩大至$0L_2$。同理,工业资本规模将不断扩大,吸纳的劳动力数量亦将不断增加,直至农业剩余劳动力消失为止。

当农业剩余劳动力被工业部门吸收完毕时,工业化即告完成,农业部门的发展也随之完成。农业发展完成的主要判据是:其一,与现代工业部门一样,农业劳动力也成为稀缺性商品;其二,与工业部门一样,农业劳动力的劳酬不再是平均产出,而由边际产出决定。也就是说,农业部门也成为市场化或资本主义化的部门。

(二)拉尼斯—费景汉模型

1. 对刘易斯劳动力转移模型的改进

依据边际生产力的变化,拉尼斯(Ranis,G.)和费景汉(Fei,J.)把农业劳动力分成三种类型:一是边际产出大于平均产出的劳动力;二是边际产出小于平均产出但大于零的劳动力;三是边际产出等于零的"多余劳动力"。后两部分又被合称为"伪装失业者"。

与刘易斯一样,拉尼斯和费景汉也认为,农业剩余劳动力要由现代工业部门的扩张来吸纳。但与刘易斯不同,他们把工业部门的扩张分为工资不变和工资逐渐提升两个阶段。与不变工资阶段相联系,是"多余劳动力"流向工业部门的时期;而当边际产出大于零的劳动力被雇佣时,没有其他条件给出,工业工资就会提高。因此,工业劳动力供给曲线由水平部分和正斜率部分拼接构成(见图2-2(a)中的SS′)。

拉尼斯和费景汉同时考察了农业劳动力流出对农业部门的影响:"多余劳动力"的流出不会影响农业总产出;但边际生产力大于零的劳动力的流出,则可能导致农业总产出的减少。这种情况可以借助图2-2(b)、(c)来说明。在图2-2(b)中,原点在右上角,横轴OA从右至左表示农业劳动力数量,纵轴OB由上向下表示总产出水平。农业总产出曲线OREX由正斜率部分ORE和水平线部分EX组成。"多余劳动力"即CA部分劳动力。图2-2(c)中,原点设在右下方,横轴OA由右向左表示劳动力数量,纵轴OV从下向上表示劳动边际产品和平均产品,VHCA为劳动力边际产品曲线。劳动力流动引起的VHCA曲线变化和OREX曲线变化所说明的问题是一致的。

拉尼斯和费景汉把农业总产出减去农业部门总消费的余额称为农业总剩余。[①] 在他们的模型中,农业剩余实际上被处理为工业部门的"工资基金",没有农业剩余,农业劳动力的转移和工业部门的扩张是不可能的。因此,"社会政策的主要职能是:(1)设计使这种剩余的所有权从农业部门向政府或商品化工业部门的企业家转移的制度。(2)避免潜在的剩余在乡村

---

① 在图2-2(b)中,农业总剩余等于OREX曲线和OX线之间的差距。

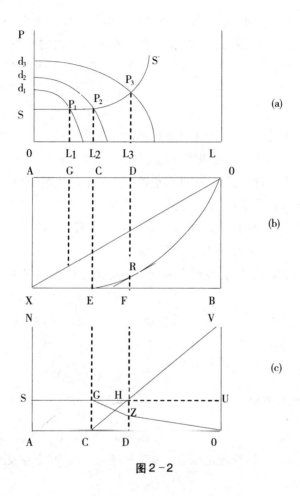

图 2-2

通过高消费的方法浪费掉。"①

2. 农业部门的商业化与农业发展的完成

拉尼斯和费景汉将伴随工业化过程的农业劳动力的流动分为三个阶段。由于边际生产力的差异,在不同阶段,农业劳动力的转移对经济发展的影响是不同的。第一阶段,农业多余劳动力流入工业部门,不会产生粮食短缺问题,也不会影响工业部门的现行工资水平。第二阶段,劳动力边际生产

① 〔日〕早见雄次郎(速水佑次郎)、〔美〕弗农·拉坦:《农业发展:国际前景》,吴伟东等译,商务印书馆 1993 年版,第 21 页。

力大于零(但小于平均产出),农业平均剩余小于平均产出或"不变制度工资"。这部分劳动力流入工业部门,会带来农业总产出的减少和工业部门粮食供给的短缺,进而导致工业工资的上升(图2-2(a)SS′曲线中的P_2P_3部分)。拉尼斯和费景汉把第一阶段和第二阶段的交界处称为"短缺点",即当农业劳动力流出量超过这一点,将出现粮食短缺。第三阶段,由于边际劳动产出大于不变制度工资,工业部门必须把工资提高到至少等于农业劳动边际产品价值的水平才可以雇佣到劳动力。此时,和工业部门一样,农业劳动力也成为竞争性商品,农业部门也被商业化了。从而,农业部门完成了从传统部门向现代化部门的发展,整体经济由二元结构转变为一元结构。第三阶段被称为农业部门的商业化阶段,相应地,第二阶段与第三阶段的分界处(图2-2(b)、(c)中的D点)成为商业化点。

拉尼斯和费景汉认为,发展中国家经济发展的关键,在于如何实现第二阶段向第三阶段的成功过渡。完成这一过渡的根本途径,是在劳动力流动过程中不断提高农业生产率。如果农业生产率的提高可以满足不断扩张的工业部门的粮食需求,短缺点和商业化点就会重合为"转折点"。而"转折点"的出现,意味着农业部门发展的成功。

(三)钱纳里模型

钱纳里(Chenery, H.)以研究经济结构的转变著称于世。从某种意义上说,钱纳里的结构转变理论就是农业发展理论。因为,农业发展是经济结构转变的内容之一。

1. 结构转变与农业的量—质转换

钱纳里等人建立的经济结构转变的多国经验模型显示,随着经济发展水平或人均收入的提高,工业、服务业的产值比重和就业比重呈不断上升趋势,而农业的产值份额、就业份额则显著地下降了,如表2-1所示。如果说,经济发展是经济结构的成功转变,而经济结构转变的基本内容是产业结构的如是变化,那么,农业份额的下降就是经济发展的必然结果;如果经济发展必然包含农业部门的发展于其中,那么,农业份额的下降也就是农业发展的题中之义。

表2-1　产业份额变化的标准型式

人均 GNP (1964 年美元)	占 GDP 份额（%）			占总就业人口份额（%）		
	农业	工业	服务业	农业	工业	服务业
低于 100	52.2	12.5	35.3	71.2	7.8	21.0
100	45.2	14.9	39.9	65.8	9.1	25.1
200	32.7	21.5	45.7	55.7	16.4	27.9
300	26.6	25.1	48.2	48.9	20.6	30.4
400	22.8	27.6	49.6	43.8	23.5	32.7
500	20.2	29.4	50.4	39.5	25.8	34.7
800	15.6	33.1	51.4	30.0	30.3	39.6
1000	13.8	34.7	51.5	25.2	32.5	42.3
高于 1000	12.7	37.9	49.5	15.9	36.8	47.3

资料来源：[美]钱纳里、[以]塞尔昆：《发展的型式：1950~1970》，李新华等译，经济科学出版社1988 年版，第32 页。

伴随经济结构转变和农业份额下降这一过程，是农业质态的改善。(1)"一旦现代产业部门吸收了农业中的大部分多余劳动力，资本的密集度……就迅速提高。"①即在农业部门出现高效率资源对低效率资源的替代（见表2-2）。(2)农业生产率特别是农业劳动生产率显著提高，如表2-3所示。(3)"生产率增长和投入增加相结合，导致了产出的增长。"②就是说，农业份额下降和农业总产出的增长并不矛盾。

2. 工业化、结构转变与农业发展

在钱纳里的结构转变理论中，工业化、结构转变与农业发展之间存在着密切的联系。第一，工业化被视作经济结构转变的主导力量。从结构转变的起点看，是国民经济中工业比重的弱小；从结构转变的结果看，则是国民经济中工业份额的大幅度提高及其力量的扩散。因此，结构转变的突出特征，就是工业部门的扩张。没有工业部门的扩张，就没有经济结构的成功转变。第二，结构转变是农业发展的前提。没有经济结构的转变，不会有传统农业部门过剩劳动力的流出和资源配置低效率均衡状态的打破；没有经济

---

①　[美]钱纳里等：《工业化和经济增长的比较研究》，吴奇等译，上海三联书店、上海人民出版社1995 年版，第338、339 页。

②　[美]钱纳里等：《工业化和经济增长的比较研究》，吴奇等译，上海三联书店、上海人民出版社1995 年版，第351 页。

表 2-2　多国模型农业部门每一单位总产出的劳动和资本需求

人均收入 （1970 年美元）	资本系数（单位产出 所需要的资本数量）	劳动系数（100 万美元 产出所需个人数量）
140	1.00	3610
280	1.20	2150
560	1.44	1280
1120	1.72	685
2100	2.03	300
3360	2.18	163
5040	2.32	95

资料来源：［美］钱纳里等：《工业化和经济增长的比较研究》，吴奇等译，上海三联书店、上海人民出版社 1995 年版，第 316、317 页。

表 2-3　不同时期农业生产率的变化

人均收入 （1970 年美元）	产出年增 长率（%）	全要素生产率 年增长率（%）	劳动生产率 年增长率（%）[*]	全要素生产率对产 出增长的贡献（%）
100～140	2.98	0	0.74	0
140～280	3.90	0.11	1.32	3
280～560	3.92	0.23	2.03	6
560～1120	3.52	0.86	3.54	24
1120～2100	2.68	1.46	5.71	54
2100～3360	1.57	1.55	6.22	99
3360～5040	2.06	1.49	5.83	72

[*] 该列劳动生产率的增长数据为初级产业部门的数据。
资料来源：根据［美］钱纳里等：《工业化和经济增长的比较研究》表 8—6 和表 8—4 中的有关数据列出。

结构的转变，不会有资本、技术等新型要素流入农业部门和用现代机械技术、生化技术和管理技术装备起来的现代化农业。一句话，没有经济结构的成功转变，也就不会有农业的成功发展。第三，工业化是农业发展的最终推动力量。既然农业发展依赖于经济结构的成功转变，而经济结构的成功转变又依赖于工业部门的扩张，那么农业发展依赖于工业化进程就成为一种必然逻辑。在钱纳里的结构转变理论中，离开工业化，看不出农业发展的独立道路。

二、政府推动型农业发展观

(一)免除农业税费的相关文献

在工业化进程大规模启动后的大部分时期里,中国实行的农业税费制度,实质上是一种剥夺农民的政策工具。其不合理性突出表现在:(1)农业剩余被过度提取,农民承受着与政府提供的农村公共产品不相符的负担。据估计,1950～1979年,通过价格剪刀差政府提取农业收入大约5100亿元,征收农业税978亿元;同期,财政支农支出1577亿元。政府通过征收制度提取净农业剩余4500亿元①,大约平均每年从农业部门流出的资金净额为155亿元。在改革后的1979～1994年的16年间,利用工农产品价格剪刀差政府继续占有农业收入约15000亿元,同期农业税收总额1755亿元,各项支农支出3769亿元,即约有12986亿元的净农业剩余在此期间从农业部门流出,每年平均流失811亿元。② (2)城乡居民税收负担不公平。中国长期实行的城乡分割的二元税制结构,掩盖了城乡居民税收负担的差距。③比如:城市居民从事工商业的增值税有固定起征点,比照该起征点,一般小农户可以不考虑增值税,但在事实上,农民过去从事农业生产要缴纳各种费用、义务工折价款以及粮食定购制的差价等。个体工商户所得税实行五级超额累进税率,年应税所得不超过5000元时,适应5%的税率;而农民人均年纯收入一般未超过5000元,根据张元红的计算,主要农作物每亩实际税收负担率大都超过了5%。④ (3)各种税外费的摊派。按照《乡(镇)财政管理实行办法》和《农民承担费用和劳务管理条例》的规定,乡镇政府可以征收用于本乡范围内的教育、计划生育、优抚、民兵训练、道路建设等公共事业

---

① 参见农业投入总课题组:《农业保护:现状、依据和政策建议》,《中国社会科学》1996年第1期。

② 参见刘书明:《统一城乡税制与调整分配政策:减轻农民负担新论》,《经济研究》2001年第2期。

③ 参见刘书明:《统一城乡税制与调整分配政策:减轻农民负担新论》,《经济研究》2001年第2期。

④ 参见张元红:《农业税改革研究》,《中国农村经济》1997年第12期。

的乡统筹费,把本应由财政预算内资金举办的公共事业推给农民。

这种不合理的农业税费制度,在很大程度上制约了农业的发展。首先,它加重了农民负担,限制了农民增收。在大多数以农业为主的地区,农业税费是基层政府重要的财政来源。为了增加地方财政收入,一些县乡政府极力开拓农业税源,有的甚至想方设法从农民那里多征税或乱收费。长期实行的农业税费征收制度,事实上成为制约农民收入增长的一种体制障碍。① 其次,它助推了城乡居民收入的扩大。② 1978年,城镇居民家庭人均可支配收入是农村居民家庭人均纯收入的2.57倍,二者的绝对差距为209.8元;到2005年,前者成为后者的3.22倍,绝对差距扩大到7238.1元。③ 应当说,城乡居民收入差距持续存在和不断拉大是由多种原因造成的,但不合理的农业税费制度是其中不可忽略的因素之一。

在城乡收入拉大和"三农"问题凸显的背景下,取消农业税成为众多研究者的一致呼声。④ 在农民、基层政府、上级政府的博弈中,由于基层政府处于弱势地位,农业税费制度终于走下了历史舞台。⑤ 从2006年起,中国结束了2000多年来向农民征收"皇粮国税"的历史。目前,人们开始期待这一重大制度变迁对农业和农村发展的积极影响。比如,周批改和徐红艳考察了取消农业税后的农业投入变动问题⑥;而刘克春、池泽新则关注着农业税费减免和粮食补贴对农户农地转入行为的影响⑦。

---

① 参见马宝成:《取消农业税:农业税费改革的现实选择》,《湖北行政学院学报》2005年第1期。

② 参见马宝成:《取消农业税:农业税费改革的现实选择》,《湖北行政学院学报》2005年第1期。

③ 数据来源:根据《中国统计年鉴2006》10—2相关数据计算得出。

④ 参见林毅夫:《有关当前农村政策的几点意见》,《华中师范大学学报》(人文社会科学版)2004年第6期;李瑞:《废除农业税费制度的法制思考》,《武汉大学学报》(哲学社会科学版)2005年第2期;黄莹茜:《关于免除农业税费的探究》,《四川大学学报》(哲学社会科学版)2004年第4期等。

⑤ 参见丁煌、柏必成:《论我国农村税费改革的内在机理和逻辑》,《湖北行政学院学报》2007年第3期。

⑥ 参见周批改、徐红艳:《取消农业税后农业投入问题的个案研究》,《中国农业大学学报》(社会科学版)2008年第1期。

⑦ 参见刘克春、池泽新:《农业税费减免及粮食补贴、地租与农户农地转入行为——以江西省为例》,《农业技术经济》2008年第1期。

(二)增加财政支农投入的主张

农业是国民经济的基础产业,同时也是面临自然和市场双重风险的弱质产业。农业的重要性及其特殊性决定了政府必须对农业予以支持与保护,而政府财政支农投资是对农业支持与保护的重要措施之一。

研究者普遍认为,中国财政支出中的农业投资明显不足。[①] (1)1978 ~ 1980 年,国家财政对农业的投入占国家财政总支出的比例保持在 10% 以上。1981 ~ 1999 年,这一比例平均为 8.69%,2003 年下降至 7.12%。国际经验显示,发展中国家财政对农业的投入一般保持在 10% 左右;印度、泰国等国,财政对农业的投入占到财政总支出的 15% 以上,明显高于中国。(2) 1978 ~ 2000 年,中国财政农业支出占农业 GDP 的比重由 14.79% 降到 8.42%。2001 年,美国农业国内财政支持量占到农业 GDP 的 50%。2002 年,美国农产品补贴法案规定,在未来 10 年里,对农业的补贴将在当时补贴额基础上再提高 70%,这与中国的情况形成了鲜明对比。(3)在"九五"时期,国家财政收入增幅达 121%,但财政对农业支出增幅仅为 75%;2001 ~ 2003 年,国家财政收入的增长幅度分别为 22.3%、15.4% 和 14.9%,但同期国家用于农业支出的增长仅为 18.2%、8.5% 和 11%。

研究者相信,扩大财政支农规模和优化财政农业支出结构有利于农业发展。(1)毕正操的一项实证研究显示,农业产出和财政农业投入虽是非平稳序列,但两者之间存在某种长期稳定的均衡关系,财政农业投入对农业产出的长期弹性为 0.924。[②] 朱晶认为,以提高科研投入等农业生产公共投资增强粮食的生产和竞争能力,是实现中国未来粮食安全的一种有效选择。[③] (2)王敏等人的研究表明,财政农业投入、财政农业投入中的三个子

---

① 参见胡恒洋等:《建立促进现代农业发展的投入保障机制》,《中国科技投资》2008 年第 8 期;苏基才:《我国农业财政投资水平测度与分析》,《广东农业科学》2007 年第 12 期;张彩彬:《政府农业财政投入分析》,《生态经济》2007 年第 5 期;侯石安:《中国财政农业投入政策研究》,华中农业大学博士学位论文 2004 年;阳晓昀:《我国财政支农支出问题研究》,东北财经大学硕士学位论文 2007 年等。

② 参见毕正操:《国家财政农业投入与产出关系的实证研究》,《山西财经大学学报》2007 年第 1 期。

③ 参见朱晶:《农业公共投资、竞争力与粮食安全》,《经济研究》2003 年第 1 期。

项目(农村生产支出和农林水利气象、农村基本设施建设、农村救济费)均对农民纯收入增长具有正向促进作用,并且与农民纯收入之间存在一个长期稳定的协整关系,即它们之间存在着动态均衡机制。[1] (3)王敏等人的研究同时显示,从系数值的大小可以看出,长期而言,农村生产支出和农林水利气象支出是影响农民纯收入最重要的因素,农村基本设施建设次之,农村救济费位居第三,农业科技三项费用支出并未像众多学者通常认为的那样是促进农民增收的效率最高的因素。李琴等人的研究得出如下结论:地方政府财政农业投入的效率较高,而中央政府财政农业投入的效率低下;农林水利气象等部门事业费投入的效率较高,支农生产支出次之;农村医疗卫生投入的效率较高,农业科研与技术推广投入和农村义务教育投入的效率次之,而农业水利资金投入的效率低下。[2]

相关政策建议的基本内容之一,是扩大财政支农支出规模。有的学者通过构建符合中国具体情况的农业生产函数模型,并代入中国 1981 ~ 2004 年的财政支出与经济增长相关数据进行回归,发现中国财政农业投入最优规模为 8.26%。由于实际投入规模要小于此最优水平,因此,未来应进一步加大财政对农业的支持力度,确保农业经济的长期稳定健康增长。[3] 同时,要优化财政支农的结构,将有限的财政资金安排在"刀刃"上,注重财政支农综合效益的持续改进和提升。

(三)工业反哺农业的理论

1. 反哺的依据。(1)反哺源于哺育。在经济发展的早期,一个具有普遍意义的现象是,工业从农业无偿取得资源并形成工业积累。[4] 中国在 20 世纪 50 年代的城市工业化中,除了工业的自我积累外,相当一部分积累是

---

[1] 参见王敏、潘勇辉:《财政农业投入与农民纯收入关系研究》,《农业经济问题》2007年第 5 期。

[2] 参见李琴、熊启泉、李大胜:《中国财政农业投入的结构分析》,《中国农村经济》2006年第 8 期。

[3] 参见郭玉清:《中国财政农业投入最优规模实证分析》,《财经问题研究》2006 年第 5 期。

[4] 参见蔡昉:《"工业反哺农业、城市支持农村"的经济学分析》,《中国农村经济》2006年第 1 期。

通过工农业产品价格剪刀差获取的农业部门收入;20 世纪 80 年代的新一轮工业化的特点,是农民利用农业的集体积累和家庭积累在农村发展工业,在乡村兴办乡镇企业。① (2)反哺是经济发展阶段转变的产物。世界经济发展的经验表明,一个国家进入到工业化中、后期阶段,就会实施工业对农业的反哺。即在贫困国家或发展的早期,农业通常处于被征税的地位;而在富裕国家或比较发达的阶段上,农业往往受到政策的保护。② (3)反哺是缩小城乡发展差距、构建和谐社会的要求。按不变价格计算,城镇居民人均收入与农村人均收入的比率,从 1988 年的 2.5:1 提高到 2003 年的 3.23:1。在这种情况下,"工业反哺农业、城市支持农村"的政策要求变得十分强烈。③

2. 反哺的时机与条件。(1)从理论上讲,工业反哺农业出现的必要条件是,农业产值和就业在国民经济中份额的下降,因为,只有多数人对少数人的反哺才是可行的。因此,农村劳动力的转移不仅创造反哺农业的条件,也决定反哺农业的水平。④ (2)从国际经验来看,国家发展战略和发展政策的转换是由其经济发展水平和工业化程度决定的。当农业份额降到 15% 左右,工农业增加值中工农份额比例约为 3:1,农业部门就业人数降到 30% 左右,人均 GDP 达到 1500 美元以上时,国家战略和政策取向会在工业化进程中导入对农业的反哺。⑤ 从土地禀赋与中国大陆比较相近的日本、韩国和中国台湾来看,日本早在 20 世纪初就开始了农业保护;而韩国和中国台湾的农业保护,则是在 20 世纪 60 年代。它们大约是在其农业产值比重和

---

①　参见洪银兴:《工业和城市反哺农业、农村的路径研究——长三角地区实践的理论思考》,《经济研究》2007 年第 8 期。

②　Olson,M. ,1985:The Exploitation and Subsidization of Agriculture in the Developing and Developed Countries, paper presented to the 19th conference of International Association of Agricultural Economists, Malaga, Spain.

③　参见蔡昉:《"工业反哺农业、城市支持农村"的经济学分析》,《中国农村经济》2006 年第 1 期。

④　参见蔡昉:《"工业反哺农业、城市支持农村"的经济学分析》,《中国农村经济》2006 年第 1 期。

⑤　参见周立群、许清正:《"工业反哺农业"若干问题述评》,《经济学家》2007 年第 2 期。

农业劳动力比重分别下降到大约 1/4 和 1/2 时开始的。[1]（3）就中国而言，进入 21 世纪初，人均 GDP 超过 1700 美元，部分沿海省市超过 3000 美元；2005 年财政收入达 3.15 万亿元，农业税的比例仅占 4% 左右；农业产值在 GDP 中的比重只有 14% 左右；城镇人口比重达 40% 以上，非农就业人口超过 50%；工业制成品出口比重为 92%，农业对工业化的外汇贡献已微不足道。这表明中国工业化和城市化发展水平已具有了一定的反哺能力，尽管还无法像发达国家那样实施大规模的全面反哺。[2] 遵循东亚农业保护形成的轨迹，中国从 20 世纪 90 年代末，就具备了用这样或那样的形式反哺农业的条件。[3]

3. 反哺的内容与阶段。蔡昉认为，现阶段中国反哺农业的内容主要包括：使资金流转的方向反过来，国家和社会资金支持农业和农村发展；通过创造良好的劳动力流动和就业的环境，为农村劳动力的再生产和人力资本的形成提供经济支持，并且随着经济增长使转移的劳动力的工资水平逐渐提高；工业和城市要为农业资源特别是土地资源的占用、开发和利用提供公正、合理的补偿，对耕地的保护和生产力的提高提供资金和技术支持。[4] 洪银兴认为，进入工业化中、后期阶段，工业和城市对农业和农村的全面反哺，不仅是指给农业提供足够的收入反哺，更重要的是由反哺收入为主转向反哺要素为主。针对农业中人力资本严重缺乏的现状，特别需要建立以人力资本为主要对象的反哺机制。[5] 马晓河等人的看法是，工业化中期阶段的反哺农业可划分为转折期和大规模反哺期。转折期的反哺政策目标以增加农产品产量为中心，突出粮食安全地位；反哺力度不大、范围较小，形成点状

[1]　Anderson, Kym and Yujiro Hayami, 1986: The Political Economy of Agricultural Protection, East Asia in International Perspective, Sydney · London · Boston: Allen & Unwin in association with The Australia-Japan Research Centre, Australian National University.

[2]　参见马晓河:《我国离大规模反哺农业期还有差距》,《瞭望》2005 年第 35 期。

[3]　参见蔡昉:《"工业反哺农业、城市支持农村"的经济学分析》,《中国农村经济》2006 年第 1 期。

[4]　参见蔡昉:《"工业反哺农业、城市支持农村"的经济学分析》,《中国农村经济》2006 年第 1 期。

[5]　参见洪银兴:《工业和城市反哺农业、农村的路径研究——长三角地区实践的理论思考》,《经济研究》2007 年第 8 期。

支持;政策手段的中心为生产领域支持,兼用稳定价格和关税保护。大规模反哺期的政策目标以提高长效性的农业生产能力为主,兼顾增加农民收入和保护环境;政策种类开始增多、力度加大、范围得到拓展,形成扇面支持;政策手段以土地等基础设施投入、农用生产资料补贴、信贷服务和价格支持为主;资源短缺型国家和地区努力提高土地经营规模,资源富裕型国家开始保护生产能力。① 一旦从对农业征税转向对农业进行保护,随着农业份额继续下降,农业保护水平则持续提高。根据一项对 15 个工业化国家和地区的回归分析,农业保护水平的提高直到农业产值比重下降到大约 4%,农业劳动力比重下降到 6% ~8% 时才停止下来。②

三、着眼于农业自身的发展理论

(一)舒尔茨要素替代模型

1. 传统农业与现代农业的区分。舒尔茨(Schultz, T. W.)指出:"完全以农民世代使用的各种生产要素为基础的农业可以称之为传统农业。"③"传统农业应该被作为一种特殊类型的经济均衡状态。"④形成这种均衡的主要条件是:技术状况长期保持不变,即传统农民世代使用的生产要素并不因长期的经验积累而有多大的改变;农民获得与持有这种生产要素的动机也长期不变;由此,传统农业生产要素的供给和需求处于长期均衡状态。现代农业的主要特征是农业生产率的不断提高,而农业生产率增长的源泉,来自替代劳动的机械技术和替代土地的生物化学技术的广泛采用。从这个意

---

① 参见马晓河、蓝海涛、黄汉权:《工业反哺农业的国际经验及我国的政策调整思路》,《管理世界》2005 年第 7 期。

② Anderson, Kym and Yujiro Hayami, 1986: The Political Economy of Agricultural Protection, East Asia in International Perspective, Sydney · London · Boston: Allen & Unwin in association with The Australia-Japan Research Centre, Australian National University.

③ [美]西奥多·W. 舒尔茨:《改造传统农业》,梁小民译,商务印书馆 1987 年版,第 4 页。

④ [美]西奥多·W. 舒尔茨:《改造传统农业》,梁小民译,商务印书馆 1987 年版,第 24 页。

义上说,现代农业是用现代农业要素装备的高技术农业。

2. 要素替代与农业发展。舒尔茨认为,农业也可以成为经济增长的强劲发动机。使农业成为经济增长源泉的关键,在于给予农业投资以平等的获利机会。"我确信经济增长理论的中心概念应当是投资的收益率……如果农业中得到的收益率等于或高于其他经济机会的收益率,那么就意味着,就每个单位的投资而言,农业对经济增长的贡献与其他投资对经济增长的贡献相等或更大一些。"①农业投资不能投向已耗尽有利性的传统农业要素。"处于传统农业中的农民一定要以某种方式获得、采取并学会有效地使用一套有利的新要素"②。这些新要素可以使农业收入流价格下降,使农业投资有利可图。

舒尔茨特别强调,新要素的新特之处,实际上就是许多经济学家反复强调的、促进经济增长的关键因素——技术变化。"一种技术总是体现在某些特定的生产要素之中,因此,为了引进一种新技术,就必须采用一套与过去使用的生产要素有所不同的生产要素。"③新要素之所以可以成为廉价的经济增长源泉,是因为它比传统要素有着高得多的产出效率,从而在单位产出中投资的比重下降了。从世界农业发展的实践来看,"最近几十年在许多国家里农业生产的增加显然是巨大的。这些增加表明农民对新经济机会的反应。一般说来,这些机会既不是来自可以定居的新开发的农用土地,也不是主要来自农产品相对价格的上升。这些机会主要来自更高产的农业要素。"④

改造传统农业的目的,就是把停滞、贫穷、落后的农业部门,转变为可以对经济增长做出重要贡献的高生产率的现代产业部门。要实现由长期停滞到快速增长的转化,唯有用高生产率的现代农业要素去替代已耗尽有利性

---

① [美]西奥多·W. 舒尔茨:《经济增长与农业》,郭熙保、周开年译,北京经济学院出版社 1991 年版,前言。

② [美]西奥多·W. 舒尔茨:《改造传统农业》,梁小民译,商务印书馆 1987 年版,第 109 页。

③ [美]西奥多·W. 舒尔茨:《改造传统农业》,梁小民译,商务印书馆 1987 年版,第 100 页。

④ [美]西奥多·W. 舒尔茨:《改造传统农业》,梁小民译,商务印书馆 1987 年版,第 80 页。

的传统要素。因此,引入现代农业生产要素,是改造传统农业的关键之举和根本出路。

3. 现代农业要素的供给与需求。高生产率的现代农业要素是可再生资源,这些资源由高技术含量的现代物质投入品和成功地使用这些投入品所需要的技艺和能力两方面组成。在这两个方面中,具有高水平耕作技能的农民虽然可以通过人口迁移引入到一个贫穷社会,"但这只能是获得这种技能的一种例外方式"①。由于农业环境的差异,发达国家或某一地区的现代物质投入品也不是可以在贫穷国家或另一个地区现成拿来使用的。适用于一个贫穷社会的现代农业要素,必须利用现有的科学与技术知识立足于本国进行研发和培育。由于现代农业要素研发的外部性和不可分性,舒尔茨认为,农业研究机构一般应由国家设置。

农民是否愿意接受新要素,取决于新要素使用后的盈利情况。由于"相对于市场规模而言,供给一种新品种种子、肥料、农药或简单机器,其进入成本是高的"②,所以,在贫穷社会,新要素的价格相对来说是比较高的。这构成对新要素需求的一个不利因素。但使用新要素的有利性并不完全取决于成本方面,还应看其使用后的收益或产量情况。舒尔茨肯定,新投入要素的边际产量比它所代替的旧要素要高得多,因为"有高度生产性和获利性的农业投入来源于适用农业生产的科学知识的进步"③。

4. 人力资本投资——关键性现代要素的培育。通过与自然资源、物质资本的比较,舒尔茨发现,经济发展的关键因素是人的生产技能。他指出:"有能力的人民是现代经济丰裕的关键。"④ "离开大量的人力投资,要取得现代化农业的成果和达到现代工业的富足程度是完全不可能

---

① 〔美〕西奥多·W. 舒尔茨:《改造传统农业》,梁小民译,商务印书馆 1987 年版,第111 页。

② 〔美〕西奥多·W. 舒尔茨:《改造传统农业》,梁小民译,商务印书馆 1987 年版,第125 页。

③ 〔美〕西奥多·W. 舒尔茨:《经济增长与农业》,郭熙保、周开年译,北京经济学院出版社 1991 年版,前言。

④ 〔美〕西奥多·W. 舒尔茨:《经济增长与农业》,郭熙保、周开年译,北京经济学院出版社 1991 年版,第 92 页。

的。"① 他预言,人类的未来不是由空间、能源和耕地所决定,而是由人类的知识发展决定的。

既然人力资本是经济增长的主要源泉,或者说,人力资本的相对收益率是最高的,那么,就应该加大对这种高收益率的资源的投资。惟其如此,才能实现农业经济的快速增长。向农民进行人力资本投资可以有多种形式,比如:给不能接受正规教育的成年农民在农闲期间举办短期培训班;向农民的健康进行投资;农业人口流动的投资;正规的学校教育等。在这几种投资形式中,舒尔茨特别强调,学校教育是人力资本投资的最大组成部分和最主要形式。

(二)速水—拉坦诱导技术变迁模型

速水佑次郎(Yujiro Hayami)和弗农·拉坦(Ruttan, V. W.)的"诱导技术变迁模型",把技术进步视为决定农业发展的基本力量,并将技术变迁处理为农业发展过程的内生变量。"对于一个经济制度来说,技术变革的产生过程在传统上被作为是外生的……诱导创新理论则试图把技术变革过程看做是经济制度的内生变量。根据这一观点,技术变革被认为是对资源禀赋变化和需求增长的一种动态反应。"②

速水和拉坦的"诱导技术变迁模型"的基本内容可以概括如下:一个国家或地区农业生产的增长受其资源条件的制约,但这种制约可以通过技术变迁来突破。初始资源相对稀缺程度和供给弹性的不同,在要素市场上表现为资源相对价格的差异。相对价格的差异会诱导出节约相对稀缺的价格相对高昂的资源的技术变迁,以缓解稀缺的和缺乏供给弹性的资源给农业发展带来的限制。土地供给缺乏弹性或土地相对于劳动价格高昂会诱导出节约土地的生物化学技术的进步;劳动供给短缺或劳动相对于土地价格昂贵则会诱导出节约劳动的机械技术的进步。因此,农业技术变迁可以归结为两个主要类型:生物化学技术的进步和机械技术的进步。

---

① [美]西奥多·W. 舒尔茨:《论人力资本投资》,吴珠华等译,北京经济学院出版社1990年版,第16页。
② [日]速水佑次郎、[美]弗农·拉坦:《农业发展的国际分析》,郭熙保、张进铭等译,中国社会科学出版社2000年版,第102页。

图2-3表示机械技术进步过程。U代表初期的创新可能性曲线,它是一系列较无弹性的单位等产量曲线的包络线,每条曲线对应着一种机械技术,越是往右的曲线,机械化程度越高。假设初期的土地—劳动价格比率由BB线表示。于是,一种机械技术被发明出来,由图2-3中的单位等产量曲线u表示。u与BB线相切于P点,在这一点上,生产一单位产出所需的劳动、土地以及机械动力组合,即为既定资源价格条件下的最优组合。

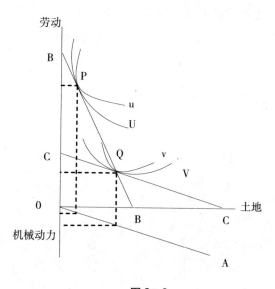

图2-3

在图2-3中,V代表后期的创新可能性曲线。它位于初期创新可能性曲线U的下方,意味着与初期相比,后期的农业生产率提高了,生产一单位产出所需的资源减少了。假设从初期进行到后期,由于工业部门的迅速扩张使劳动力转移到工业部门的速度大于人口增长率,劳动相对于土地变得更稀缺了,从而地租相对于工资下降了;并假设由于工业的发展使机械动力的供给更加充裕,从而机械动力价格相对于劳动工资也下降了。于是土地—劳动价格比率从BB下降到CC,导致一种新的机械技术的发现和应用。这一新技术用单位等产量曲线v来表示。它与CC线相切于Q点,决定了后期资源价格条件下的资源最适配置。显然,与初期相比,生产一单位产出的劳动减少了,土地和机械动力增加了。这是劳动稀缺诱导的技术变化的结果。

生物化学技术进步过程可由图2-4说明。图中Ⅰ表示初期的创新可能性曲线,它也是由一系列较无弹性的单位等产量曲线构成的包络线,每条曲线对应着一种不同的生物技术,这里用作物品种代表。越是靠右的单位等产量曲线所表示的作物品种对化肥的反应越大,即生物技术水平越高。假设初期的化肥—土地价格比率是bb。这时一种作物品种被发明出来并被投入使用,这种品种对化肥反应不大,如单位等产量线 i 所示。一般来说,促进化肥替代土地的技术要求较好的灌溉、排涝等基础设施的投入。当作物品种对化肥反应很大时,化肥和基础设施形成互补性投入共同代替土地。

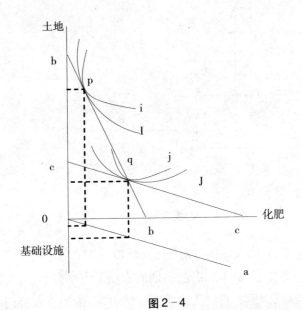

图2-4

在图2-4中,J代表后期创新可能性曲线,它是后期由作物品种表示的一系列较无弹性的单位等产量曲线的包络曲线。它位于Ⅰ下方,表示农业生产率随时间变化而提高了。当土地变得相对稀缺时,土地相对价格就会上升,而化肥和基础设施价格因工业发展而相对下降。于是,化肥—土地价格比率就从初期的bb线下降为后期的cc线。从而导致一种新型高产且对化肥反应较大的作物品种的出现,这种新的生物技术由j表示。显然,与初期相比,这种新作物品种对化肥的反应要大得多(q 位于 p 的右边)。这是土地稀缺导致的生物技术进步的结果。

(三)土地制度改革的理论探讨

1. 土地制度与农业绩效。在产权学派、新制度学派和一些农业发展经济学家看来,农业绩效是土地制度的函数。这种函数关系建立在:(1)不同土地产权制度内含的不同的激励效应,使活动于其内的理性人会作出不同的行为选择。土地产权制度的基本功能就是通过激励机制来诱导农业经济主体的行为决策,并通过这些决策影响一个社会的农业绩效。(2)不同的土地产权制度,会导致不同的农业资源配置机制与方式,进而会导致不同的农业资源配置效率与农业经济绩效。缺乏保障的土地产权制度向有保障的土地产权制度的变迁,可以通过更有效率的组织经济活动的途径对农业增长作出贡献。(3)土地制度创新可以改善采用先进技术的激励机制,促进技术进步;可以优化土地使用规模,实现技术结构的变迁;可以提高技术利用的规模效率。(4)土地产权制度的优化,能够有效建立起农业主体共同遵守的规则而实现交易关系的有序化,从而降低交易费用,又通过交易费用的节约影响到农业绩效。[1]

就中国现行土地制度的改革而言,如果实行不同于现在的更有效率的农地制度,农民收入就有可能显著增加。杨小凯等人估计了农村土地可转让程度并估计了土地所有权私有化的潜在收益。根据他们的人均真实收入、商业化程度(劳动分工水平)界定和行使产权效率指数之间关系的经济计量模型,在 1987 年,如果土地自由贸易被允许的话,中国农民的人均真实收入将会增加 30%。[2] 党国英对中国土地规模经营潜力与农民收入增长之间的关联性进行了估算,在他给定的一些假设条件下,到 2025 年,加上多种经营收入,农民的收入有望超过城市居民的收入。[3] 张晓山则对中国现行

---

[1] 参见郭剑雄:《二元经济与中国农业发展》,经济管理出版社 1999 年版,第十章。

[2] Yang, X., Wang, J. and Wills, I., 1992: Economic Growth, Commercialization and Institutional Changes in Rural China 1979 ~ 1987, China Economic Review, (3).

[3] 参见党国英:《当前中国农村土地制度改革的现状与问题》,《华中师范大学学报》(人文社会科学版)2005 年第 4 期。

土地制度改革的收益作出了更为宏观的估计,农民对土地的财产权利的实现过程,是土地要素逐步市场化的过程,也将是城乡二元结构逐步消除的过程。①

2. 中国现行农地制度的突出问题。第一,产权关系不明晰。农村土地所有权归集体经济组织,但究竟属于哪一级集体经济组织,是乡(镇)、村还是村民小组并不清楚。由于"三级所有"的历史原因,也由于行政区域的变更,造成所有权的界定不清楚。据1987年农业部对1200个村调查的结果表明,土地所有权属于村的占34%,属于村民小组的占65%,属于自然村或联队的占1%。② 第二,农民权益无法保障。由于《农村土地承包法》使所有权在国家、集体和农户之间发生了分割,同时,政治权力结构又使乡村干部成为土地所有权的人格化主体,这样,农民的土地财产权就不完整,进而导致农民利益的大量流失。党国英估算了土地征用中发生的农民利益的流失现象,以2002年无偿贡献的土地收益7858亿元计算,相当于无偿放弃了价值26万亿元的土地财产权(按照目前银行利率3%计算);而自从实行土地征用补偿政策以来,累计支出的土地征用费不超过1000亿元。③

3. 中国农地制度改革的主要思路。(1)把土地所有权归还农民,真正实现"耕者有其田"。土地是农民的命根子,自然,农民比其他人更懂得珍惜它,因此,应当把土地的所有权交给农民。有学者认为,在逻辑上可能的一切情况下,地权归农都比地权归官更有利于农民,或者说更无害于农民。地权归农之所以难于实现,很重要的一个原因就是农民弱势,发言权太小,因而有利于他们的安排往往难以实现,而不利于他们的安排往往难于取消。④ (2)土地国有,农民永佃。一些研究者主张,农村土地和城市土地一样,应全部归国家所有,实行土地国有化;但农村土地的使用权和支配权交给农民及其家庭,使其自行经营和支配,不规定年限,农民可以将土地使用

---

① 参见张晓山:《土地:消解城乡二元的突破口》,《人民论坛》2008/01/A。

② 参见王环:《我国农村土地产权制度存在的问题与改革策略》,《农业经济问题》2005年第7期。

③ 参见党国英:《当前中国农村土地制度改革的现状与问题》,《华中师范大学学报》(人文社会科学版)2005年第4期。

④ 参见秦晖:《农民地权六论》,《社会科学论坛》2007年第5期(上)。

权和支配权出租、转让、抵押、赠送、遗传。① 简言之，改变土地集体所有制性质，实行土地国有，由农民"永佃"或"永包"。② （3）更为普遍的改革思路是，在现有农村土地集体所有制框架内强化农户承包权。这种承包权把占有、使用、收益和处分权都给了农户，农户成了实在的而不是名义上的土地主人。或者说，将农民对土地的承包权独立化、长期化和商品化。独立化是指所有耕地按照一定标准承包给农户，取消"双田制"等一切村干部可以在短期内任意发包耕地的权力，制止向"集体化"的回归；长期化是指耕地承包期延长至100年左右，承包权可以继承；商品化是指承包权可以买卖。③

四、农业部门：发展就是被促使

（一）现有农业发展文献的基本特征

第一，农业发展主体的外在设计。刘易斯、拉尼斯和费景汉的二元经济模型，以及钱纳里的结构转变理论，严格地说，是对发展中国家工业化过程的系统描述。他们关注的主要问题是发展中国家二元经济结构的转化和产业结构的演进，并非农业部门本身的发展。农业部门的发展，充其量是现代工业部门④扩张和成长的副产品而已。如果说，进入现代工业部门的转移劳动力是这一发展过程的主体，那么，也只有当这些劳动力离开了农业部门，才对农业的现代化转变产生了积极的影响。⑤ 大概是由于计划经济时期人们形成的一种思维惯性，也可能与特殊的政治体制有关，破解制约中国农业发展种种难题的任务，人们更愿意交给政府。在加大支农投入、工业反哺农业、减免农业税费的种种主张中，离开了政府（或许还应当包括非农部门），我们再看不到还有谁可以左右农业的发展。与此相类似，当人们把农

① 参见何炼成、何林：《实行农地制度国有化的设想》，《红旗文稿》2004 年第 3 期。

② 参见杜润生：《为了农业增产，农民增收》，《读书》2004 年第 4 期；陆学艺：《社会主义新农村建设需要改革现行土地制度》，《东南学术》2007 年第 3 期。

③ 参见党国英：《当前中国农村土地制度改革的现状与问题》，《华中师范大学学报》（人文社会科学版）2005 年第 4 期。

④ 这里的工业部门是广义的，泛指二、三产业部门。

⑤ 在农业部门，他们是剩余劳动力，或如拉尼斯和费景汉所说是"多余劳动力"。

地制度变革作为深化农村改革和加速农业发展新的突破口时,也只有期待中央政府某个新文件的出台。只有在舒尔茨改造传统农业模型和速水—拉坦诱导技术变迁模型中,我们才或多或少地看到了能力不断提高的以及富有经济理性的农民的作用。

第二,农业发展动力的外生给定。以关注农业自身发展的舒尔茨模型为例,高技术的现代农业投入品和成功地使用这些投入品所需要的人的技艺与能力,被确立为改造传统农业的决定性力量。就前一类要素而言,它们只能由现代工业部门供给;而农民人力资本水平的提高,则主要取决于政府教育政策的设计。这种外源性的农业发展动力,是先于农业发展而给定的,它们并非是由农业发展过程决定的内生变量。在速水和拉坦的模型里,决定技术进步的因素,一是初始农业资源禀赋,它形成对不同技术进步类型的需求;再是现代农业要素的相对价格,它决定了农业技术进步类型的供给条件。其中,现代农业要素的相对价格由工业部门的生产效率给定。[1] 如果把农业作为一个独立的发展部门,那么,在政府推动型农业发展的各种主张中,政府政策作为促进农业发展的因素,更是独立于农业部门之外的先赋性力量。

第三,农业发展的被动性质。在前述各种农业发展理论及政策主张中,均程度不同地把农业看做是一个被动的和从属的发展部门。这一点在刘易斯、拉尼斯和费景汉模型中表现得尤为突出。刘易斯认为,在经济发展过程中,居于主动的、积极的方面是现代工业部门,在剩余劳动力消失之前,农业不过是一个向现代工业部门输送劳动力和农业剩余的被动和消极的部门。拉尼斯和费景汉虽然强调农业发展的重要性,但这种重要性是由工业部门扩张的需要而引发的。没有工业部门的扩张对农业劳动力和农业剩余的需求,似乎难以看到农业发展的其他重要意义。总之,现有农业发展文献大都把农业发展的决定性力量,归结为农业部门之外的某些因素,农业部门的发展,必须由这些因素来促使。

---

① Yujiro Hayami and Vernon W. Ruttan, 1980: Agricultural Development: an International Perspective, The John Hopkins University Press, Baltimore and London, Chapter 4.

(二)现有农业发展思路面临的问题

必须承认,刘易斯、拉尼斯和费景汉模型以及其他强调工业化对农业发展决定性作用的理论,有着广泛的经验基础,特别是可以得到欧美等先行工业化国家农业成功发展事实的确证。不难设想,任何一个发展中国家,不管其国情怎样特殊,也不可能绕过工业化、城市化实现农业的现代化。同样,无论在历史上,还是当今世界各国,政府对农业发展的重要影响也是不可否认的。在成功的农业发展的背后,必能发现适当的农业发展政策的存在;反之,失败的农业政策往往导致农业的停滞、农村的衰败和农民的贫困。特别是,在贫穷国家或一个国家经济发展的初期阶段,农业内部不可能积累起发展所需要的要素和条件,工业化和政府的发展政策,成为启动农业发展的充分必要条件。

如果把时间坐标定位于工业化中期阶段,或者说,面对的是今天中国农业发展的现实,那么,按照现有农业发展思路来推进农业的现代化建设,我们不得不面临着如下诸多难以克服的障碍:

第一,工业化的低度扩张。一方面,工业化的加速扩张和工农部门比较利益的显著差距,吸引了大批农业劳动力转入非农部门;另一方面,由二元经济结构内生的分割的要素市场,使低文化技术素质的转移劳动力不能成为正规产业部门的就业主体,而只能跻身于工资低廉、工作条件差和就业不稳定的次级劳动力市场。这样,工业化的扩张过程,成为低技术含量的非农产业部门的比重提升过程,工业化等同于工业结构的低度化;在城乡二元结构既存的条件下,在城市部门又演化出正规部门和非正规部门的次级结构。

第二,农业部门的相对衰败。虽然劳动力的转移改善了农业部门的劳均土地装备率,但劳动力的转移在事实上呈现出择优性质,即文化水平、技术能力较高的青壮年劳动力率先离开了农业部门,留给农业的劳动者多为缺少人力资本的年老者和妇女。在工业化筛选机制下产生的这支农业劳动者队伍,显然难以匹配现代农业技术使农业部门形成高效率的要素替代,也不能成为农业规模化经营的合格主体。我们难以设想,中国农业的现代化能够依靠这样一支劳动力队伍来完成。还有,工业化进程中稀缺的耕地资源在进一步减少,当农业技术进步所带来的生产能力的增长不能补偿劳动力转移所造成的生产能力的损失时,国家粮食安全的压力势必加大。

第三,政府农业调控政策效应微弱。还应当注意到,在现有劳动力素质条件下,转移劳动力中还会有相当大的比重回流到农业部门,农业人口比重的下降将是一个长期的和反复的过程。在农业人口规模较大时,减免农业税费、加大农业投资以及反哺农业的种种政策努力,对增加农民收入和促进农村繁荣的效应将是非常弱小的。没有其他条件给出,在现有农业发展政策框架内,不可能完成农业的现代化改造。

(三)农业发展理论创新的一种尝试

本书试图阐明的主要观点是,农业发展离不开工业化、城市化和政府相关政策等外部条件的支持,更需要自身发展因素积累形成的内在动力的推动。在进入工业化中期阶段以后,最重要、最关键的内部发展因素,是农业人口人力资本水平的普遍提高,以及有利于这一条件形成的农民家庭生育率选择的改变。

在农业人口人力资本水平不断提高的条件下,劳动力的非农化过程,同时也将是产业结构的高度化过程;那时,劳动力的非农就业能力增强,农民的市民化进程会变得顺利而加快;农业人口比重与农业产值比重开始趋近,农业部门技术进步和组织制度变迁能够获得相匹配的人力条件的支持,农业劳动生产率大幅度提高,农民来自农业的收入快速增长,农业部门有望成为高素质劳动者开始竞相参与的一个行业,农业现代化可能由此而走向完成。

其实,我们是将农业人口人力资本水平的不断提升乃至最终与城市居民人力资本水平趋同,作为工业化和城市化背景下农业完成现代化改造的充分条件来考虑的。如果说,它对进入工业化中期阶段以后的农业部门的发展是至关重要的,那么,这一条件生成机制的合理解释也就变得至关重要。相关理论和经验事实均表明,在工业化背景下人力资本高收益率特性逐渐显现时,农民及其家庭成员人力资本水平的选择成为其重要的决策变量,在很大程度上,农民是通过生育率的调整来促成家庭成员人力资本水平改善的。在我们的理论框架内,农业发展的决定性因素,并不需要依赖于某种外在力量赐予,它同时是农业部门自身发展的内生变量。

第 二 篇

人力资本与农业发展

第三章　人力资本均衡态
转变与农业发展

如何实现农业发展？无论在主流经济学框架内，还是发展经济学的相关文献中，一般是以客体世界的变迁来描述的：农业发展即农业产出的增长、农业技术的进步、农业资本装备水平的提高以及农业生产组织的企业化演变等。虽然，这种发展观可以得到发达国家农业成功发展的经验事实的支持，但在发展中国家，已难以重复过去发达国家农业发展的相同历史。

人力资本理论和新经济增长理论的诞生，在很大程度上创新了农业发展理念，以人为本的新的农业发展观正在形成。特别是，当一个国家经济发展进入到工业化中期阶段以后，人力资本成为经济增长和农业发展的关键性要素，农业部门劳动力人力资本提升的意义日益凸显。本章拟对以人力资本为核心的新型农业发展观作一初步描述，并指出其对中国农业发展的实际意义。

一、传统农业与现代农业的两类人力资本均衡

什么是传统农业？物质资本投入的落后状态的长期均衡，被舒尔茨用来作为观察传统农业特征的一种视角。① 这种认知方式，已成为发展经济学领域的基本共识。此外，与物质资本要素形成互补性投入的传统农民，也可以成为我们进一步鉴别传统农业本质特征的一个重要途径。

人的劳动能力可以分为天赋能力和后天获得的能力两类。传统农业是

---

① 参见［美］西奥多・W.舒尔茨：《改造传统农业》，梁小民译，商务印书馆1987年版。

仅仅依靠前一种能力提供的简单劳动来推动的经济形式,通过教育、培训、健康和迁徙等投资形成的人的更高能力在这种经济中基本没有体现。由物质资本的简单性和落后性决定,在传统农业中,通过人力资本投资获得的边际产出几乎接近于零。"采用并有效地播种和收割甘蔗看来并不取决于那些在地里干活的人的教育水平。在锄棉中与教育相关的能力也没有任何经济价值。"①因而,在这种经济中,既不会产生对人力资本投资的需求,也缺乏对人力资本供给的激励,人力资本的供求均衡点大致维持在趋近于零值的状态。人力资本的近零值均衡,是切近于传统农业事实的一个判断。"有很多例子是农民受到更好的教育为年轻农民寻找非农工作创造了条件……显然没有一个例子表明受到更好教育的农民继续留在农业中。"②

基于边际收益递减规律,土地、物质资本和未经培训的劳动力,不可能成为具有高生产率特征的现代农业增长的源泉;人力资本,被用来作为解释现代农业增长的主要变量。舒尔茨认为,"有能力的人民是现代经济丰裕的关键"③。离开大量的人力投资,要取得现代化农业的成果和达到现代工业的富足程度是完全不可能的。速水佑次郎和弗农·拉坦也认识到,以有知识和有创新精神的农民、称职的科学家及技术人员、有远见的公共行政管理人员和企业家的形式表现出来的人力资本的改善,是农业生产率能否持续增长的关键。④ 丹尼森(Denison,E. F.)在对各种经济增长源泉考察后发现,教育投资与物质资本存量增加相比,成为经济增长更重要的源泉。1929~1957年间的美国经济增长,约有1/5是与劳动力的教育增长相联系的。⑤ 舒

---

① [美]西奥多·W. 舒尔茨:《改造传统农业》,梁小民译,商务印书馆1987年版,第141页。

② [美]西奥多·W. 舒尔茨:《改造传统农业》,梁小民译,商务印书馆1987年版,第136页。

③ [美]西奥多·W. 舒尔茨:《经济增长与农业》,郭熙保、周开年译,北京经济学院出版社1991年版,第92页。

④ 参见[日]速水佑次郎、[美]弗农·拉坦:《农业发展的国际分析》,郭熙保、张进铭等译,中国社会科学出版社2000年版。

⑤ (1)Denison,Edward F.,1962:The Sources of Economic Growth in the United States and the Alternatives Before US,Comm. for Econ. Development. (2)Denison,Edward F.,1974:Accounting for United States Economic Growth,1929~1969,Brookings Ins.

尔茨发现,与人力相关的总收入,在 1970 年就占到美国国民收入的 4/5,来自物质财产的收入只占 1/5。① 作为经济增长的主要源泉,现代农业必然对人力资本存在着旺盛的需求。

需求增长与收益率的提高,会诱致人力资本供给的改变。现代农业中人力资本存量的增长,表现为劳动者用于教育、培训、迁徙和健康等方面投资的增加。这一点恰好可以为已经完成农业现代化改造的发达国家的经验事实所证实。仅就劳动者的受教育程度而言,发达国家明显高于发展中国家。公共教育支出占国民生产总值的比重,欠发达国家低于 4%,落后国家不足 3%,而发达国家一般超过 5%。② 15~64 岁人口的平均受教育年限,在 1992 年,美国、英国、法国和日本就分别达到 18.04、14.09、15.96 和14.87 年,发展中国家明显低于发达国家的水平。③ 在美国,1994 年,农场主具有大学文化程度的占 36.1%,高中文化程度的占 44.1%;在 25 岁以上的农场人口中,具有大学文化程度的占 43.7%,高中文化程度的占 41.7%。④

农业现代化程度不同的国家,农业部门中人力资本需求和供给的均衡水平会存在差异。一般来讲,二者之间是正向关联的。与传统农业相比,现代农业有一个基本共同点:无论是用受教育年限还是教育投资额来衡量,人力资本存量均为某一较高的值。仅就人力资本存量这一点,完全可以把传统农业和现代农业区分开来。同时,与传统农业人力资本投资的长期低水平均衡不同,现代农业中人力资本的需求和供给的均衡水平则处在不断地提高之中。

在图 3-1 中,横轴 H_t 表示当期人力资本水平,纵轴 H_{t+1} 表示下一期人力资本水平,h 代表人力资本投资曲线。图中的 U 和 L 分别是传统农业和

---

① 参见[美]西奥多·W.舒尔茨:《报酬递增的源泉》,姚志勇、刘群艺译校,北京大学出版社 2001 年版。

② UNESCO:World Education Report,2000.

③ 参见[英]安格斯·麦迪森:《世界经济二百年回顾》,李德伟、盖建玲译,改革出版社1997 年版。

④ 参见农业部国外农业调研组:《国外农业发展研究》,中国农业科技出版社 1996 年版,第 57 页。

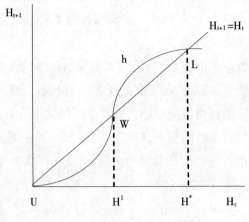

图3-1　人力资本的不同均衡类型

现代农业中人力资本处于稳定状态的点。当人力资本的存量水平 $H < H^1$ 时,由于对人力资本投资的收益率小于该项投资未来消费的贴现率,人力资本的均衡水平总是向 U 点靠近。但是,当 $H > H^1$ 时,由于人力资本存量水平累积到一个较高的程度,向人力资本投资会因其高收益率而持续增加,人力资本投资将在满足边际收益等于边际成本的条件下达到新的均衡状态。

二、人力资本的均衡态转变与农业发展

如果说人力资本的两种不同性质的均衡,是传统农业与现代农业的重要分界,那么,传统农业向现代农业的发展,就会表现为农业部门人力资本近零值静态均衡向高水平动态均衡的过渡。舒尔茨注意到,在农业现代化过程中,低收入国家农民的能力在显著提高,他们在对与农业现代化相关联的生产机遇中作出反应的同时,学会了如何更有效地利用土地、劳动和资本,成为新型农民。① 卢卡斯(Lucas, R. E.)认为,要描述从马尔萨斯(Malthus)停滞状态到收入持续增长状态的变迁,人力资本是最重要的解释变量

① 参见[美]西奥多·W.舒尔茨:《对人进行投资——人口质量经济学》,吴珠华译,首都经济贸易大学出版社2002年版。

之一。正是人力资本回报的上升和投资的增加,触发了经济从前一种状态转变到后一种路径上。① 可以说,农业发展的核心问题,是农民的实践知识和智力技能的发展与传播。

(一)经验考察

若以人均收入水平的差异作为区分农业发展水平的指标,那么,农业现代化程度高的发达国家,以入学率和预期寿命来表示的人均人力资本存量明显处于高水平状态;相反,农业落后的低收入国家,其人均人力资本存量也处于低水平;介于二者之间的中等收入国家,人力资本存量的人均水平则介于二者之间(见图3-2)。② 人均人力资本存量的这种规律性分布,在中国经济发展水平不同的东、中、西部地区同样得到反映(见表3-1)。如果农业发展水平的提高并不以空间存在的差异改变其基本规律,那么,农业发展过程中人力资本水平的提高就是不可逆转的。

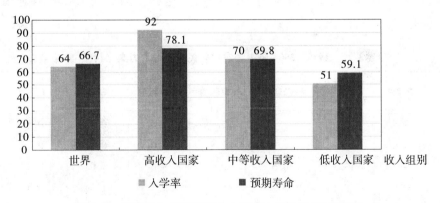

图3-2　不同收入组别国家人力资本水平的差异(年,%)

从美国1900~1970年的相关资料中可以发现,随着时间的推移,人力资本水平在显著提高。劳动力平均受教育年限,从1900年的4.14年增长

---

① 参见[美]小罗伯特·E.卢卡斯:《经济发展讲座》,罗汉、应洪基译,江苏人民出版社2003年版。

② 图3-2资料来源:中华人民共和国统计局:《国际统计年鉴2003》,中国统计出版社2003年版。

表 3-1　中国东中西部地区农业劳动力文化程度差异(2005 年,%)

地区	不识字或识字很少	小学程度	初中程度	高中程度	中专程度	大专及以上
全国	6.87	27.23	52.22	10.25	2.37	1.06
东部	3.96	21.75	54.58	13.33	3.95	2.42
中部	5.34	26.78	55.54	9.59	1.98	0.78
西部	16.75	35.92	38.91	6.42	1.42	0.57

资料来源:根据国家统计局农村社会经济调查司《2006 中国农村统计年鉴》(中国统计出版社 2006 年版)第 34 页数据计算得到。

到 1970 年的 11.70 年,提高了 2.83 倍;每个劳动者的教育经费支出,从 1900 年的 2237 美元增加到 1970 年的 9490 美元,增长了 3.24 倍。[①] 表 3-2 表明,在中国农业劳动力中,文盲和半文盲的比例从 1985 年的 27.87%下降到 2002 年的 7.59%;同期,初中文化程度的劳动力比重从 27.69%上升至 49.33%,高中、中专和大专及其以上文化程度的劳动力比重均显著提升。

表 3-2　1985~2005 年中国农村居民家庭劳动力文化状况(%)

年份	不识字或识字很少	小学程度	初中程度	高中程度	中专程度	大专及以上
1985	27.9	37.1	27.7	7.0	0.3	0.1
1990	20.7	38.9	32.8	7.0	0.5	0.1
1995	13.5	36.6	40.1	8.6	1.0	0.2
2000	8.1	32.2	48.1	9.3	1.8	0.5
2002	7.6	30.6	49.3	9.3	2.1	0.6
2003	7.4	29.9	50.2	9.7	2.1	0.6
2004	7.5	29.2	50.4	10.1	2.1	0.8
2005	6.9	27.2	52.2	10.3	2.4	1.1

资料来源:国家统计局农村社会经济调查司:《2006 中国农村住户调查年鉴》,中国统计出版社 2006 年版,第 15 页。

---

① 参见[美]西奥多·W. 舒尔茨:《对人进行投资——人口质量经济学》,吴珠华译,首都经济贸易大学出版社 2002 年版,第 92 页。

时间序列资料还表明,人力资本存量的增加要快于物质资本存量的增长。1900 年,美国全部劳动力的教育存量只占可再生的非人力财富存量的22% ,到 1957 年,这一比例提高到 42% ;1930 年,美国劳动力的教育存量是其商业资本存量的 37% ,1970 年,前者占到后者的 75% 。[①]

(二)理论分析

当我们把农业发展主要定义为农业部门人均收入的增长时,农业人力资本对农业发展的影响也就可以简化为对农业部门收入增长的贡献。这种贡献来源于人力资本在经济增长中的多重效应。

在以技术为主要动力的现代经济中,技术创新资源的丰裕度成为决定增长的关键;而新增长理论认为,技术进步是由知识和人力资本来推动的。宇泽弘文(Uzawa,H.)提出,技术变化源于专门生产思想的教育部门。社会配置一定的资源到教育部门,则会产生新知识,而新知识能够提高生产率并被其他部门零成本获取,进而提高生产部门的产出。[②] 卢卡斯运用宇泽的分析框架,将舒尔茨和贝克尔(Becker,Gary S.)的人力资本理论引入增长模型。卢卡斯给出的技术进步方程为:$\dot{h} = h\delta(1 - u)$,式中人力资本变化率 $\dot{h}$ 代表技术进步率,它取决于现有人力资本水平 h 和从事人力资本建设的时间($1 - u$),参数 $\delta > 0$[卢卡斯设生产者的全部时间为 1,假定每个生产者都将用一定比例 u 的时间从事生产,用($1 - u$)比例的时间从事人力资本建设]。[③] 罗默(Romer,P. M.)也认为,技术进步的速率是由研究部门的人力资本水平及现有技术水平决定的。[④] 总之,在新增长模型中,无须外在的“增长发动机”,仅由于人力资本的积累就能导致人均收入的持续增长。

① 参见[美]西奥多·W. 舒尔茨:《对人进行投资——人口质量经济学》,吴珠华译,首都经济贸易大学出版社 2002 年版,第 94 页。

② Uzawa, H. , 1965: Optimal Technical Change in an Aggregative Model of Economic Growth, International Economic Review, 6(January) , 18 ~ 31.

③ 参见[美]小罗伯特·E. 卢卡斯:《经济发展讲座》,罗汉、应洪基译,江苏人民出版社 2003 年版。

④ Romer, P. M. , 1990: Endogenous Technological Change, Journal of Political Economy, vol. 98. no. 5 (October) , part 2, S71 ~ S102.

尼尔森和菲尔浦斯(Nelson,R. and E. Phelps)的研究表明,新技术扩散的范围和速度与一个国家的人力资本存量具有密切的关系。在其他条件一定时,人力资本存量越大,技术扩散的范围越广,速度也越快。[1] 针对发展中国家引进技术的适宜性问题,国内外一些学者发现,发展中国家的技术吸收能力与其人均人力资本水平相关;劳动力技能水平与引进技术之间的不匹配,是阻碍发展中国家技术进步速度和经济追赶能力的重要原因。[2] 对由农民从事的农业活动来说,人力资本的技术扩散效应比技术创新效应更具直接的意义。

人力资本是以人或劳动者为载体的。教育作为人力资本投入的主要方面,对生产领域中劳动者的意义在于:第一,提高劳动生产率,增加劳动者收入。大量的劳动经济学文献显示,个人每多受一年的在校教育,一般可使今后的工资增长10%。[3] 第二,在获取信息和逐步适应现代化过程中企业家才能的增加。这种能力有助于提高资源的配置效率,加速技术进步。如果劳动力不具备所需的技能,潜在的、可以带来利润的新技术就不会被采用。第三,扩展劳动者的选择机会,使其向更好的工作机会和更适合于居住的地方迁移。第四,作为未来消费的满足感的增长。人力资本理论把每个人的健康状况当做一种资本储备,健康资本的经济意义在于:(1)增加"健康时间",改善体力劳动能力,提高工人的效率工资;(2)延长人口寿命,使人们获得更长久的职业生涯;(3)较长的预期寿命提供了一种额外的刺激,促使人们接受更多的学校教育,增加人力资本积累。

人力资本是一种特殊的生产要素,向其投资可以产生"溢出效应"。其一,卢卡斯认为,"一个思想的大部分收益——如果是真正重要的思想,则几乎是所有的收益——都被创造者以外的其他人所获得。"[4]这是因为,当

---

① Nelson,R. and E. Phelps,1966:Investment in Humans,Technological Diffusion,and Economic Growth,American Economic Review,61:69～75.

② 参见邹薇、代谦:《适宜技术、人力资本积累与长期增长》,载刘志彪主编:《南大商学评论》,人民出版社2004年版,第87页。

③ Jones,Charles I. ,1998:Introduction to Economic Growth,W. W. Norton & Company,Inc.

④ [美]小罗伯特·E. 卢卡斯:《经济发展讲座》,罗汉、应洪基译,江苏人民出版社2003年版,第6页。

今的新发现几乎在瞬间就可以传遍全世界,任何地方只要有人能够理解这种新发现,就能够分享它带来的成果。我们的大部分知识是通过向他人学习获得的,人类智慧的发展史其实就是外部效应的传播史。其二,按照卢卡斯"干中学"的第二个人力资本模型,一个人新增加的知识可以与其已经具有的知识正相关,而且,在某种商品生产上形成的技能还可以成为另一种商品生产的基础。由此决定了人力资本的积累速度是递增的。① 其三,基于在许多发展中国家存在的用一流设备只生产出二流甚至三流产品的事实,一些研究者注意到,人力资本投资的增加是物质资本生产效率提高的基础。人力资本的引入,意味着生产函数中要素的质量和技术状态的改变,这种变化使人力资本成为报酬递增的源泉。在卢卡斯的经济发展模型中,人力资本生产部门是一个关键部门,物质资本生产部门则在人力资本外部性的作用下显现出收益递增的性质。这样,经济就可以实现持续的增长。卢卡斯借鉴丹尼森经济增长经验分析的相关数据,推断"我同事的平均人力资本提高10%,我的生产率能提高3.6%"②。

巴罗(Barro,R. J.)和萨拉伊马丁(Sala-I-Martin,Xavier)指出,人力资本是比物质资本更为重要的增长源泉。人力资本的相对丰裕将导致物质资本上的大量投资,相应地导致产出的高增长率;反过来,物质资本的相对丰裕对人力资本投资及其产出增长率的影响却小得多。③ 人力资本投资率和物质资本投资率的比值与经济增长率之间的正相关结论,可以得到亚洲一些发展中国家经验数据的支持:在20世纪70、80和90年代,印度的人均实际GDP增长率分别为0.26%、3.9%和3.91%,小学加中学的毛入学率与投资率间的比值分别为4.37、5.35和5.55;相反,同期印尼的上述两组数据分别是5.32%、4.16%、2.72%和5.41、5.07、4.39。此类研究表明,在一个资本匮乏、利率偏高的国家,向人力资本投资的倾斜可能会对该国的经济增长

①　参见[美]小罗伯特·E. 卢卡斯:《经济发展讲座》,罗汉、应洪基译,江苏人民出版社2003年版,第49~58页。

②　[美]小罗伯特·E. 卢卡斯:《经济发展讲座》,罗汉、应洪基译,江苏人民出版社2003年版,第70页。

③　参见[美]罗伯特·J. 巴罗、哈维尔·萨拉伊马丁:《经济增长》,何晖、刘明兴译,中国社会科学出版社2000年版,第163页。

率产生相当大的正面影响;若采取相反的发展战略,经济增长的努力则可能收效甚微。对照这一研究结果,来检讨发展中国家农业中的物质资本投入偏好及其低水平增长,无疑是具有启迪意义的。

三、农业人力资本均衡态的转变机制

农业人力资本是如何由前一种均衡状态过渡到后一种均衡状态的? 这一问题的答案是复杂的。这里至少涉及如下几个方面问题的解决:

第一,两种均衡的临界点是如何形成的? 我们把人力资本的某一存量水平(图 3-1 中的 H^1)作为两种均衡态间的分界点。这一临界值的形成必须在传统农业时期内得到解释,因为两种均衡间的过渡是一个渐变过程,过渡所依赖的人力资本存量不是在一夜之间积累起来的。但是,依据人力资本投资的近零值均衡假说,在传统农业体系内,人力资本存量的这一临界值又不可能内在形成。因此,这一临界值只能由外部因素决定。事实上,传统农业社会中的人力资本存量在缓慢地增长。促进其增长的因素主要是:(1)较好的非农生活方式的诱使。接受较好的教育是农民跳出"农门"的途径,此时,教育投资对农民的激励还是存在的。这种投资或多或少会在农业部门形成积淀。(2)普及教育的政府计划的推行。

第二,在农业内部,对人力资本投资的激励在什么条件下产生? 农民是理性的。向提高人口质量进行的投资,不是被随机配置的,而是理性选择的结果。人力资本作为一种新型的经济资源可以为投资者带来收入,但获得它需要付出一定的成本。只有当人力资本的收益大于其成本时,向人投资才会被选择。① 也就是说,人力资本投资,是对这种投资面对的高收益率的经济机会的反映。那么,这种机会是在什么条件下出现的呢? 经验事实表明,人力资本投资的增长与物质资本形态的现代农业技术的广泛采用紧密相关。建立起物质形态的现代农业技术与人力资本投资之间的某种关联,并将前者看做后者的诱因,是我们考察传统农业人力资本近零值均衡被打

---

① 由于人力资本的外部性不能给其拥有者带来收益,个人在进行人力资本积累决策和分配时间决策时,不会考虑人力资本外部性对其生产率的影响。

破所遵循的方法。当现代农业技术日渐广泛地被采用时,就会产生物质资本与劳动者素质之间的巨大不平衡。这时,提高劳动者素质的投资,不仅可以使高技术含量的物质资本的生产力大大增长,而且能够提高农业劳动者的劳动生产率。就是说,只有在现代农业技术广泛应用的背景下,向人投资的经济合理性才会显现。罗森斯坦—罗丹(Rosenstein-Rodan,Paul N.)在研究中发现,人力资本的回报以及工人和企业投资于培训的激励,对经济中技术变化的反映非常敏感。并指出在一个技术迅速变化的环境中,教育和培训的回报往往特别高。[①] 上述认识是建立在新古典经济学资源最优配置概念基础之上的,"投资资源的有效配置乃是根据各种投资机会的相对收益率所确定的优先次序而进行的一种配置。"[②]

第三,如何保障对农业部门的人力资本的投资?贝克尔等人关于生育率与人力资本投资的家庭决策模型提供了解决这一问题的分析工具。

在引入人力资本的基础上,贝克尔和巴罗等人在一系列文献中内生地解释了生育率的决定问题。[③] 人力资本的生产和生育率的决定均与家庭有关,家庭决策的最优化过程决定了人力资本水平和生育率水平。以下两个概念对于弄清楚人力资本的形成机制及生育率的决定是至关重要的:(1)考虑了代际影响的家庭效用函数。某人的效用水平不仅与其自身的消费水平相关,也决定于其所拥有的子女数目和子女的消费水平。(2)利他性。这里的利他性是指父母对其子女的关爱所引起的时间和商品支付。正是由于这种利他性,在家庭决策过程中才有可能考虑到对子女进行更高水平的投资。代际效用函数扩展了个人效用函数中效用的源泉,而利他性则增加了个人效用函数中成本支付的内容。

根据贝克尔等人的分析, 孩子的数量和质量均可以成为家庭效用的来

---

① Rosenstein-Rodan,Paul N.,1943:Problems of industrialization of eastern and south-eastern Europe,EJ,53,6~9.

② [美]西奥多·W.舒尔茨:《经济增长与农业》,郭熙保、周开年译,北京经济学院出版社1991年版,第82页。

③ (1)Becker,Gary S. and Robert J. Barro,1988:A Reformulation of the Economic Theory of Fertility,Quarterly Journal of Economics,103,1(February),1~25. (2)Becker,Gary S.,Kevin M. Muphy and Mark M. Tamura,1990:Human Capital,Fertility and Economic Growth,Journal of Political Economy,98 no.5,Part 2,(October),S12~36.

源。在效用最大化的追求中，父母究竟偏好于子女的数量方面还是质量（人力资本）方面，取决于家庭预算约束既定条件下单位资源在这两个方面分别投资所产生的边际收益率的比较。而这两个方面投资收益率的差异，又与社会人均人力资本的初始存量水平有关。当人力资本存量水平很低时，父母未来消费的贴现率较高，此时，对子女的人力资本投资一般较少发生，而倾向于选择较大的家庭规模。在人均人力资本水平较高的条件下，向人力资本投资的收益率会大于未来消费的贴现率，这时，向子女的人力资本投资会使家庭效用函数实现帕累托改进（Pareto improvement）。在家庭既定预算约束的前提下，向子女质量投资的家庭偏好必然产生降低生育率的替代效应。如果同时考虑到父母人力资本水平的提高，也会导致较小家庭规模选择的后果。因为，养育子女是一种时间密集性活动，父母人力资本回报的上升，提高了抚养子女的机会成本，从而减少了对孩子的需求。[1] 正如卢卡斯所说："一个想由知识投资回报上升获益的家庭将通过减少子女数量部分地实现这一目标。"[2] 生育率的降低必须以收益率不断提高的人力资本作为新要素存在，当这种人力资本投资选择影响到每户家庭的生育行为时，经济社会的发展阶段就会跃升。卢卡斯把人力资本收益率上升所导致的生育率下降视为工业革命兴起的根本条件。

在人力资本收益率提高的背景下，生育率的下降又会加速人力资本的积累过程。根据贝克尔和巴罗提出的具有利他（子女）性质的父母效用函数 $V_t = u(c_t) + \alpha(n_t)V_{t+1}$，式中，$V_t$ 和 V_{t+1} 是父母和每个孩子的效用，c_t 为父母的消费，n_t 为孩子的数量，$u > 0, \alpha < 0$；$\alpha(n)$ 表示父母对每个孩子的利他程度，其与孩子的数量成反比；父母未来消费的贴现率等于 $\alpha(n)$ 的倒数，高生育率会提高未来消费的贴现率，降低父母对每一个孩子的利他程度，因而不利于对子女的人力资本投资；生育率的下降则会引致对子女人力资本投资的相反变化。即"在增长理论中引入生育决策能够使我们更清楚

---

① 参见［美］普兰纳布·巴德汉、克利斯托弗·尤迪:《发展微观经济学》,陶然等译,北京大学出版社2002年版。

② ［美］小罗伯特·E.卢卡斯:《经济发展讲座》,罗汉、应洪基译,江苏人民出版社2003年版,第163页。

地思考那些对收入增长至关重要的人力资本增长"①。在一个人口生产量质权衡的社会中，人力资本水平将内生地增长。②

四、农业"起飞"的人口条件

贝克尔和巴罗等人通过人力资本与生育率间的相互关系建立起的理论模型，可以用来说明经济增长的不同稳态，也是揭示传统农业和现代农业本质差别的有用的分析工具。传统农业中，由于人力资本存量水平低，决定了向其投资的收益率小于该项投资未来消费的贴现率。这时，收入增长不会与人力资本水平正相关而只能提高生育率，从而形成高生育率、低人力资本积累率和低产出水平的"马尔萨斯稳态"。与其相反，在现代农业中，人力资本的较高存量水平以及在此基础上对其投资的收益递增性质，会导致人口生产的一种量质权衡，出现高人力资本积累率、低生育率和高产出率的"发展稳态"。同时，这一模型也非常清楚地指明了现代农业脱胎于传统农业所必须具备的人口条件。

生育率的不同决定机制蕴涵着完全不同的发展含义。比较中国农业部门和非农产业部门、乡村和城市之间的发展差距，可以清楚地认识这一点。在中国，农村人口的生育率明显高于城市人口：2003 年，城市育龄妇女的平均生育率是 26.74‰，二孩生育率为 3.09‰，三孩及以上生育率为 0.37‰；而农村育龄妇女的上述三个数字分别为 44.28‰、14.44‰和 2.86‰。③ 根据生育率的内生决定理论，农村部门的高生育率其实是农业发展未摆脱"马尔萨斯稳态"的一种必然现象，因为人力资本还未成为增长因素进而未能对生育率产生抑制性影响；城市部门已进入"发展稳态"，高素质劳动力的高生产成本和高报酬水平，一方面诱致了人力资本的高积累率，同时使低生育率成为家庭效用最大化的一种理性选择。20 世纪 70 年代以来，中国

---

①　[美]小罗伯特·E. 卢卡斯：《经济发展讲座》，罗汉、应洪基译，江苏人民出版社 2003 年版，第 175 页。

②　关于生育率变迁对人力资本积累的影响，详见第七章的介绍。

③　参见国家统计局人口和社会科技统计司：《中国人口统计年鉴 2004》，中国统计出版社 2004 年版。统计期限为 2002 年 11 月 1 日至 2003 年 10 月 31 日。

的总和生育率是不断下降的。但在城市和农村之间,生育率下降的机制是有差异的。城市部门受人力资本收益率诱使的作用较大,而农村在早期阶段主要是计划生育政策强制性作用的结果。不同的生育率决定机制,不同的生育率水平,必然伴随着不同的人力资本存量水平①和不同的发展状态。这有助于我们重新思考城乡之间发展差距的成因。

如果说传统农业与现代农业是两种不同的长期均衡态,那么,农业发展也就可以描述为从前一种稳态向后一种稳态的转变。其中,最具实质性意义的问题是,如何突破低水平均衡陷阱实现农业的"起飞"。依照新古典增长模型的思路,摆脱低水平陷阱的途径只有两条:一是通过某种"大推进"(big push)式的资本积累活动,把人均资本猛然提高到远离贫困陷阱的水平;二是通过相关政策抑制人口增长,从而相对提高人均资本占有水平。与其不同,卢卡斯则认为:"仅有物质资本积累无法将一个静态经济转化为一个永恒增长的经济",只有人力资本回报的上升才可能"触发经济从前一种状态转移到后一种路径上"。② 进一步讲,人力资本存量达到经济稳态增长的临界水平,是传统农业走出停滞状态的根本条件。如果农业部门的初始人力资本缺乏或达不到稳态发展的水平,农业发展就难以启动,或者最终又将复归至落后的稳态。根据贝克尔等人的观点,人力资本投资又可以创造出低生育率的有利环境。当人力资本存量足够大时,人口生产替代效应的影响就会超过收入效应的影响,导致生育率水平的下降。当人力资本存量水平的增加超过进入增长轨迹的临界水平时,生育率的下降将提高人力资本投资的收益率。只要人力资本存量水平在不断提高,生育率在某一限度内就会进一步降低,这种发展进程就会持续下去。可见,低生育率和高人力资本积累率,是农业部门摆脱低水平均衡陷阱和进入持续发展轨道的关键性条件之一。

---

① 2000 年,在城市、县镇和乡村之间,具有高中文化程度的劳动力比重为4:3:1,具有大专以上文化程度的劳动力比重为20:9:1。资料来源:中华人民共和国教育部:《教育与人力资源问题报告》,http://www. Chinapop. gov. cn/rkxx/rkxw/t20040326_45749. htm。

② [美]小罗伯特·E. 卢卡斯:《经济发展讲座》,罗汉、应洪基译,江苏人民出版社2003年版,第147～148、115 页。

五、农业人力资本均衡过渡理论对中国农业发展的意义

农业人力资本均衡过渡理论,把人力资本水平看做是决定农业发展程度的关键因素。这为政府的农业发展政策赋予了新的内容。根据这一理论,在农业发展的较低阶段,存在着人力资本私人投资的不足。这既是农业落后的表现,也是制约农业发展的原因。而中国农业的发展,在总体上还未走出这一阶段。加速农业发展的政府努力的一个不可或缺的方面,应当是借助适当的干预政策,实现农业部门人力资本积累率的提高。

中国现行农业人力资本政策存在明显不足。从农村教育机会的供给来看,第一,在总体上对教育投入水平较低的基础上[1],又存在着城乡初等教育公共支出的严重不平衡。在免除农村税费政策出台之前,据教育部的一项调查,在样本地区农村义务教育的投入中,中央补助仅占约1%,省、县投入各占11%和9.8%,其余78.2%是由乡和村筹集的,而乡镇财政中的教育负担又转嫁给了农民。[2] 第二,在目前较为稀缺的高中及其以上教育机会的分配中,城乡统一的考试选拔制度其实对农村子女是极为不公平的,因为初等教育资源的城乡差别剥夺了农村孩子本应与城市孩子一样享受的较高层次教育的机会。在需求方面,农民对各种层次特别是较高层次的教育需求远远大于现行供给能力。这种过旺的需求并非是由于在现阶段农业中存在着人力资本投资的收益率递增,而主要是受城市和其他非农部门高工资率就业机会的诱使。农村教育机会供给的短缺,对中国农业乃至国民经济发展产生了一系列消极影响。首先,它把占总人口70%左右的农民固化为农业发展的一种沉重负担,而未能使其转化为经济发展可利用的人力资本优势;其次,生育率决定内生机制的作用受到制约,加大了农村地区计划生育工作的压力;再次,生育率下降所创造的发展机会未能被充分利用,人力

---

① 　财政性教育经费支出占国内生产总值的比重,发达国家在5%以上,发展中国家的平均水平也在4%左右,除个别较特殊的年份(1960)外,我国的这一比例一直徘徊在3%以下。与国内生产总值(以购买力平价计算)接近的国家相比,我国的教育公共经费支出水平也较低。参见蔡昉等:《制度、趋同与人文发展》,中国人民大学出版社2002年版,第111～112页。

② 　参见连玉民主编:《2004中国数字报告》,中国时代经济出版社2004年版,第385页。

资本投资的增长受到抑制。

提高农业部门人力资本积累率的发展政策应包括两个方面:(1)尽快改变农村教育供给短缺和教育资源配置效率低下的现状。第一,适当改变财政支出结构,增加政府对农村地区教育经费的投入。舒尔茨指出,教育不是消费是投资,而且是一项回报率很高的投资。① 明确对教育投资性质的认识,是扭转教育经费短缺局面的前提。中国教育经费的不足,主要不是经济总量小的问题,而是投资结构中的物质资本偏好的结果。中国教育投入和物质资本投资占国民生产总值的比重分别为2.5%和30%,这两项数值在美国是5.4%和17%,在韩国是3.7%和30%。② 第二,建立和完善人力资本投资的市场环境,动员和引导社会资源向农村教育投资。李建民的一项研究表明,中国教育投资的不足是一种制度性短缺,并非资源性短缺。只要能够向民间教育提供公平的成长环境,教育供给不足的状况可以有根本性改观。③ 第三,在初等教育资源城乡分配二元化特征明显的条件下,可以考虑适当降低农村子女接受高层次教育的门槛,相对增加其就学比重。第四,职业技术教育的重点应面向农村。(2)增加农民对教育需求的支付能力。虽然在整体上农民对教育特别是高中以上教育的需求大于现行教育供给,但就许多农民家庭而言,对教育的实际支付能力很有限,考上大学的农村子女的费用会成为其家庭难以承受的一笔负担。为此,可以考虑如下对农民教育需求的援助方案:第一,实行选择性的教育补贴政策。这里的选择性包含两个方面或两个方面相统一的含义,一是农村中低于某一人均收入水平的贫困户的子女,二是遵守计划生育政策家庭的子女。资助对象选择性范围的大小,由财政支付能力的强弱决定,它可以因时因地做出调整。第二,进一步完善农村教育信贷制度。李菁、林毅夫和姚洋的有关研究发现,信贷约束对教育年数存在着显著影响:与存在信贷约束的农户相比,不存在

---

① 参见[美]西奥多·W. 舒尔茨:《对人进行投资——人口质量经济学》,吴珠华译,首都经济贸易大学出版社2002年版,第18页。

② 参见中国教育与人力资源问题报告课题组:《从人口大国迈向人力资源强国》,高等教育出版社2003年版,第30页。

③ 参见李建民:《生育率下降与经济发展内生性要素的形成》,《人口研究》1999年第2期。

信贷约束的农户子女,平均受教育年数将增加 0.67 年。① 目前中国在农村教育信贷方面已经取得了一些成就,但在增加信贷规模和提高信贷资金的使用效率方面尚有诸多工作可做。

① 参见李菁、林毅夫、姚洋:《信贷约束、土地和不发达地区农户子女教育投资》,《中国人口科学》2002 年第 6 期。

第四章　人力资本驱动下的
农业劳动力转移

一、人力资本非农化对二元经济模型的挑战

农业劳动力大规模的非农转移,是 20 世纪 80 年代以来中国经济持续、高速增长的重要动因之一。[①] 这在很大程度上印证了刘易斯、费景汉和拉尼斯关于劳动力再配置是二元经济成功发展途径命题的正确性。同时,中国农业劳动力转移,也显现出刘易斯、费景汉和拉尼斯模型未能包含的一些重要内容,从而为补充和扩展该模型提供了有益的经验材料。

刘易斯—费景汉—拉尼斯模型将欠发达经济区分为传统和现代两个部门。这种二元经济的显著特征是,传统的农业部门中存在着大量的剩余劳动力[②],工业部门只需支付略高于农业部门维持生计水平的工资,就会面对一条无限弹性的劳动供给曲线。并且,在剩余劳动力消失之前,工业工资水平会维持不变[③],或仅仅出现缓慢的上升[④]。该类经济发展的根本问题,是以足够快的速度,将农业剩余劳动力重新配置到具有较高生产率的工业部

---

① 参见陈宗胜、黎德福:《内生农业技术进步的二元经济增长模型》,《经济研究》2004 年第 11 期。

② 刘易斯和费景汉、拉尼斯关于农业剩余劳动力的定义不同。刘易斯将边际生产率为零的农业劳动力定义为过剩劳动力;费景汉和拉尼斯在刘易斯的基础上,把边际生产率大于零但小于平均产出的隐蔽失业者也归入剩余劳动力范畴。

③ 在刘易斯剩余劳动力假设条件下。

④ 在费景汉和拉尼斯隐蔽失业的假设条件下。

门,以保证逃离"马尔萨斯陷阱"。① 二元经济发展完成的标志,是农业剩余劳动力的消失以及农业部门的工资决定机制转向与工业部门相同的新古典边际生产力方程。

二元经济成功发展的关键,是工业部门的劳动力吸收率必须大于总人口(或总劳动力)的增长率。② "对工业部门劳(动)力吸收的任何分析,均等于考察决定工业部门在长时期内对劳(动)力的需求曲线的水平和位置的各种力量。"③这些力量包括:工业资本积累率,创新强度,创新的要素使用倾向,劳动报酬递减率和工业工资增长率。④ 在刘易斯模型中,工业资本积累率和创新强度的提高,会推动劳动力需求曲线右移;创新的劳动力使用倾向,劳动边际报酬递减率作用的减弱,可以使劳动力需求曲线变得平直。这些均有利于提高工业部门劳动力的吸收率。同时,工业工资增长率不变或缓慢上升,也是保证工业劳动力增长的有利条件。

在边际生产力为零的假设下,农业剩余劳动力转移并不减少农业总产出和农业剩余。因此,刘易斯模型中经济发展对农业部门提出的要求仅仅是,向非农生产活动转移劳动力,以及提供由劳动力转移而产生的农业剩余。⑤ 在费景汉和拉尼斯的模型中,当技术不变时,边际生产力大于零小于平均产出的隐蔽失业者的流出,会导致农业总产出和农业剩余的减少,进而

---

① 参见[美]费景汉、古斯塔夫·拉尼斯:《劳力剩余的经济发展》,王月等译,华夏出版社1989年版,第133页。

② 费景汉和拉尼斯用工业劳动力增长速度(η_θ)表示二元经济发展中最重要的"绩效指标"。参见[美]费景汉、古斯塔夫·拉尼斯:《增长和发展:演进观点》,洪银兴、郑江淮等译,商务印书馆2004年版,第157页。

③ [美]费景汉、古斯塔夫·拉尼斯:《劳力剩余经济的发展》,王月等译,华夏出版社1989年版,第75页。

④ 费景汉和拉尼斯给出的经济成功发展关键性最低努力标准是:$\eta_P < \eta_L = \eta_K + \dfrac{B_L + J}{\epsilon_{LL}}$,$(\eta_W = 0)$。即,在工业实际工资 η_W 不变的条件下,工业资本积累率 η_K 必须足够大,创新强度 J 必须足够高,创新的劳动力使用倾向 B_L 必须足够强,劳动的报酬递减规律 ϵ_{LL} 必须足够弱,才能使它们合起来对劳动力需求 η_L 的影响超过人口增长率 η_P。参见[美]费景汉、古斯塔夫·拉尼斯:《劳力剩余经济的发展》,王月等译,华夏出版社1989年版,第101页。

⑤ 农业剩余被处理为工业部门的"工资基金"。参见[美]费景汉、古斯塔夫·拉尼斯:《劳力剩余经济的发展》,王月等译,华夏出版社1989年版,第19~22页。

使工业贸易条件恶化和工业实际工资上升,工业化进程可能由此而阻滞。与刘易斯模型不同,费景汉和拉尼斯进一步将农业生产率的提高确立为农业劳动力转移过程中经济成功发展不可缺少的条件。农业生产率的提高,被认为是农业技术变革、农业资本深化和农业商业化等因素作用的结果。①其中,技术进步是农业生产率提高的直接动因,而农业部门的商业化和资本深化则是技术变革的前提。

工业对劳动力的高吸收率,以及农业生产率的提高,并非二元经济成功转型过程中各自独立存在的条件;转型的顺利推进来自二者间的协调或平衡增长。如果农业中连续的过度的投资使农业生产率增长和农业剩余增长超过工业对劳动力吸收率的增长时,就会使贸易条件发生不利于农业部门的变化,那样,农业的改善将面临农产品市场不足的制约;相反,工业的过度投资和过度扩张同样会恶化其贸易条件,缺乏市场保障和足够的投资激励,也可能使工业化进程陷入"李嘉图陷阱"。② 两部门平衡增长的条件是,在维持部门间贸易条件③相对稳定的前提下,实现两部门劳动力释放和劳动力吸收的均衡。这一均衡应满足 $p_a w_f = p_i w_i$,或 $w_i = d w_f$ 。④

刘易斯、费景汉和拉尼斯的理论建构力令人折服。只要对传统部门存在的大量剩余劳动力进行再配置,欠发达经济的发展进程就可以启动;而且,在这一再配置过程中会内生出经济的持续发展机制。⑤ 但在分析方法上,他们简单地延续了生产函数要素同质性假设的新古典经济学传统。劳动力作为最基本的发展资源,似乎只有数量的差别,而没有质量的不同。在

①　参见[美]费景汉、古斯塔夫·拉尼斯:《增长和发展:演进观点》,洪银兴、郑江淮等译,商务印书馆2004年版,第7、102页。

②　参见[美]费景汉、古斯塔夫·拉尼斯:《劳力剩余经济的发展》,王月等译,华夏出版社1989年版,第158~159页。

③　贸易条件 $d = p_a/p_i$ 。其中, p_a 为农产品价格, p_i 为工业品价格。

④　W_f 为以农产品计算的农村劳动力工资, W_i 为以工业品计算的工业劳动力工资。显然,不同的 d 值成为改变均衡的力量。这一均衡条件成立的前提之一是,存在着劳动力自由流动市场。参见[美]费景汉、古斯塔夫·拉尼斯:《增长和发展:演进观点》,洪银兴、郑江淮等译,商务印书馆2004年版,第113页。

⑤　工业资本积累机制由转移劳动力而产生的生产剩余和农业剩余内生,农业的现代转型机制则由工业化进程中农民获得的参与收益(现代农业要素、工业消费品和工业产权)内生。

费景汉和拉尼斯的论著中,虽然可以见到他们对农民能力的关注①,但人力资本并未成为其模型建构中的分析变量。应该说,在经济发展的初始阶段,刘易斯、费景汉和拉尼斯模型的劳动力同质性假设是能够成立的。因为,根据内生增长理论,在人力资本存量很低的经济环境中,向人投资的收益率小于该项投资未来消费的贴现率,人均人力资本水平大致在趋近于零的状态下维持均衡;在经验上,传统经济中劳动力的质量差异并不显著。问题在于,刘易斯、费景汉和拉尼斯模型的分析视野是长期的经济发展。考虑到从传统到现代转型的整个过程,特别是其中的较高发展阶段,劳动力的同质性假设显然难以坚持。首先,进入工业化中期阶段以后,由于收益率的提升,人力资本成为农民家庭投资的重点,农村劳动力文化水平和劳动技能在分化的基础上普遍提高。② 其次,如果没有人力资本的引入,刘易斯、费景汉和拉尼斯模型中农业部门短缺点与商业化点重合而形成的转折点的出现也是难以设想的。

在本章,与刘易斯、费景汉和拉尼斯模型相同,仍以具有劳动力过剩特征的二元经济为分析对象,但我们将分析的起点确立为工业化中期阶段。考虑到农村劳动力文化技术能力的显著变化,拟将人力资本因素引入刘易斯、费景汉和拉尼斯模型。试图说明,引入人力资本的刘易斯、费景汉和拉尼斯模型,对处在工业化中期阶段的中国二元经济的转化是否更具解释力?

二、人力资本对劳动力非农转移行为的影响

劳动力的非农转移行为,可以从转移收益和转移成本两个方面来考察。转移收益是非农就业与农业就业在预期净生命周期内收入差距的现值,而非农就业的预期收入是在非农部门找到工作的概率与收入数量的乘积。劳

---

① 参见[美]费景汉、古斯塔夫·拉尼斯:《劳力剩余经济的发展》,王月等译,华夏出版社 1989 年版,第 39、142~143 页;[美]费景汉、古斯塔夫·拉尼斯:《增长和发展:演进观点》,洪银兴、郑江淮等译,商务印书馆 2004 年版,第 11、62 页。

② 比如:中国农村劳动力平均受教育年限 1982 年为 5. 01,1990 年达到 6. 04,2000 年提高到 7. 33。资料来源:中国教育与人力资源问题报告课题组:《从人口大国迈向人力资源大国》,高等教育出版社 2003 年版,第 49 页。

动力的转移成本包括:更换工作和生活环境而引起的心理调整成本[1]、交通成本以及由于政府实施干预政策而增加的转移农民适应新环境的困难等。[2]

劳动力的非农转移函数可记为:$M = pw_i - w_a - c$。其中,M 表示转移决策,w_i 和 w_a 分别表示劳动者在非农和农业部门的净生命周期预期收入的现值,p 表示非农就业概率,c 是转移成本。收益大于成本将导致转移行为,否则,转移不会发生。

由于二元结构下农业与非农部门间存在着技术类别和技术层次的显著差异,较高的文化技术水平是农业劳动力实现职业转换的必要条件;文化程度高的人在获取就业信息方面占有优势,因而具有较强的工作搜寻能力;根据教育程度起甄别个人生产率作用的假说[3],雇主往往把教育程度作为选择高能力雇员的识别方法,因此,人力资本有利于提高劳动者的非农就业概率 p。[4]

劳动力的非农就业收入,既依赖于其个人的边际生产力,同时决定于他所处的工作环境。即 $w_i = w(h^i, H^i)$。[5] 其中,h^i 是由人力资本水平决

---

① Sjastad, Larry 1962: The cost and Returns to Human Migration, Journal of Political Economy, 70 (5), 80～93.

② 由政府控制而产生的迁移成本在中国尤为突出,而且是多方面的。参见赵耀辉:《中国农村劳动力流动及教育在其中的作用——以四川省为基础的研究》,《经济研究》1997 年第 2 期。此外,非农就业的不确定性也可视为一种成本因素。严格地讲,不确定性是通过减低迁移的预期收入而起作用的。

③ 阿克洛夫的信息不对称假说认为,受教育程度仅仅是劳动力向市场发出的甄别个人生产率的信号,而与劳动力真实的劳动生产率无关。参见陈曦:《农业劳动力非农化与经济增长》,黑龙江人民出版社 2005 年版,第 177 页注[11]。

④ Huffman 对 276 个调查对象的研究表明,教育可直接增加劳动力从事非农工作的概率,其弹性为 1.2。参见 Huffman, W. E., 1980: Farm and Off-farm Work Decisions: the Role of Human Capital, The Review of Economics and Statistics, 62(1): 14～23. 赵耀辉发现,与没有受过正规教育的人比,高中文化程度的人外出的概率多 21 个百分点,初中文化程度的人多 11 个百分点。参见赵耀辉:《中国农村劳动力流动及教育在其中的作用——以四川省为基础的研究》,《经济研究》1997 年第 2 期。李实的统计分析表明,与文盲相比,高中文化程度的劳动力获得非农就业机会的概率在 1988 年高出近 10 个百分点,在 1995 年要高出 20 个百分点。参见李实:《中国个人收入分配研究回顾与展望》,《经济学(季刊)》2003 年第 2 期。

⑤ 参见陈曦:《农业劳动力非农化与经济增长》,黑龙江人民出版社 2005 年版。

定的劳动者的生产能力，它直接进入工资函数。在工作环境既定的条件下，劳动力工资取决于个人人力资本水平的高低，并且有 $\partial w_i/\partial h^i > 0$。$H^i$ 用来描述劳动者所处工作环境的整体质量，可以近似地将其表示为该环境劳动者的平均生产能力水平。劳动者对工作环境的选择与其所拥有的人力资本水平相关，因为，职业是人力资本的具体化。[①] 在个人生产能力给定的情况下，随着生产环境的改善，个人收入（工资率）将获得增加，即 $\partial w_i/\partial H^i > 0$。

韦尔奇（Welch，Finis）区分了来自教育的两种能力：工作者效应（worker effect）[②]和配置效应（allocation effect）。所谓配置效应是指针对改变了的环境重新调整生产要素从而获得更高生产成果的能力。这种能力有助于克服劳动力从自己的家乡和熟悉的就业环境转移到陌生的地方、进入不熟悉的工作环境所面临的一系列能力上和心理上的障碍。受教育程度越高，克服这些障碍的能力越强。[③] 由此，研究者一般假设，转移成本与以教育程度反映的人力资本水平成反比。同时，他们发现，基于成本最小化原则，在中国，教育对促进劳动力进入本地非农产业的作用比促进其外出就业的作用更大。[④]

三、非农劳动力市场的技术性分割

德瑞格和皮埃尔（Doringer，P. and M. Piore）把整体劳动力市场区分为相互间非具竞争性的两大部门：一个是工资率高、就业稳定、工作环境优越以及存在升迁机会的一级市场（Primary Market）；另一个则是在前述诸方面均差于一级市场的二级市场（Secondary Market）。其中，二级市场与新古典

---

① 参见宋丽娜、Simon Appleton：《中国劳动力市场中有权益阶层与无权益阶层的抗衡：寻求就业与政府干预》，载蔡昉、白南生主编：《中国转轨时期劳动力流动》，社会科学文献出版社 2006 年版，第 167～188 页。

② 指教育对劳动者工作能力的影响。

③ Welch，Finis 1970：Education in Production，Journal of Political Economy，vol. 78；35～59.

④ 参见赵耀辉：《中国农村劳动力流动及教育在其中的作用》，《经济研究》1997 年第 2 期。

经济学描述的竞争性劳动力市场一致;而一级市场的工资决定与劳动力配置则由管理和制度性规则来调控,市场力量的作用受到限制。① 基于双元市场结构理论的启示;大量研究文献对中国现实劳动力市场也进行了类似的划分。②

劳动力非农就业市场的分割,意味着转移劳动力的就业范围存在着限制。此类限制,在中国大多被归结为诸如户籍制度、就业政策等一系列歧视性制度安排的结果。③ 如果转移劳动力由于受教育和训练程度的差异存在着技术异质性,那么,正如产品的差别化产生产品市场的自然垄断一样,劳动力市场的区隔也会由于劳动力的人力资本差异而内生。

非农劳动力需求市场的技术分布是非匀质的。产品需求稳定的产业,资本密集型技术的生产具有合理性;如果产品需求变化难测,该类产业就会看好劳动密集型技术的生产方式。产业内的大型企业,产品差别化创新的动因,决定其对从业者的要求是高技术水准的;而采取跟随策略的中小企业,其生产技术大多属于产业内的一般技术。同样,企业内某些工种的技术和工艺是复杂的,对工作技能有着较高的要求;而另一些工种则蜕化为纯粹的简单劳动。这些不同产业、不同企业和不同工种的就业岗位,不是由转移劳动力随机填补的,而必须由相应技术类型和技术层次的劳动者来承接,即工人的技术特征需与工作岗位的技术要求相匹配。高技术的工作岗位和高人力资本的工人相结合形成一级市场,而二级市场则是低技术或非技术类工人与一般岗位结合的产物。Kremer 和 Maskin 曾解释了基于劳动力技能

① Doringer,P. and M. Piore,1971:Internal Labour Markets and Manpower Analysis,Lexington,Mass:D,C. Heath.

② (1)Knight,J. and L. Song,1999:The Rural-Urban Divide,Economic Disparities and Interactions in China,Oxford University Press. (2)王检贵:《劳动与资本双重过剩下的经济发展》,上海三联书店、上海人民出版社 2002 年版。(3)胡鞍钢、赵黎:《我国转型期城镇非正规就业与非正规经济(1990~2004)》,《清华大学学报》2006 年第 3 期。

③ 参见(1)卢周来:《当前我国劳动力市场中的歧视问题透视》,《经济体制改革》1998年第 3 期。(2)蔡昉、都阳、王美艳:《劳动力流动的政治经济学》,上海三联书店、上海人民出版社 2003 年版。(3)杨云彦、陈金永:《转型劳动力市场的分层与竞争——结合武汉的实证分析》,《中国社会科学》2000 年第 5 期。(4)徐林清:《中国劳动力市场分割问题研究》,经济科学出版社 2006 年版。

差别而导致的工资差异和职业分离(segregation)。① 在这里,人力资本是劳动力市场分割现实形成的一个无法忽略的因素。

四、多元工业化图式及其动态演化

劳动力转移的上述格局,必然使工业化②呈现出多元分立的特征。第一,工业化的空间分散化,即城市正规部门、城市非正规部门和农村工业部门的并存与发展。其中,城市正规部门可对应于一级市场,后二者大体属于二级市场。第二,工业化进程中的技术多极化。城市正规部门通常由大于平均规模的企业组成,它依赖于现代化的生产方式和资本密集的生产技术;在城市非正规部门和农村工业部门中,大多是中小型企业,充分利用来自农村的廉价劳动力成为其生产技术路线的理性选择。第三,转移劳动力中最充裕的类型是非技术或低技术人员,由此所支持的是低资本装备型工业化。或者说,工业化的主导部门③是农村工业部门和城市非正规部门。第四,工业扩张在实现国民经济结构高度化的同时,低资本装备型工业化却使工业结构低度化,即高资本装备率的工业部门中的劳动力相对比重在下降。第五,在城市正规部门和其他非农部门之间,存在着劳动力流动的技术性障碍。短期内,两级市场间的劳动力替代率近于零。④ 第六,由于人力资本和劳动力拥挤程度的差别,不同工业部门之间存在着多重均衡工资。城市正规部门的工资水平不仅高于另两类市场,在某一特定时期,且存在拉大差距的趋势。

---

① Kremer, Michael and Eric Maskin, 1996: Wage Inequality and Segregation by Skill, NBER working paper, 5718.

② 本章所使用的工业化概念是广义的,泛指非农产业的扩张。具体包括:城市正规部门、城市非正规部门和农村工业部门的成长与扩大。

③ 此处的主导部门仅指就业扩张最快的部门。

④ Kremer 和 Maskin 认为,不同技术工人是不完全替代品。参见 Michael Kremer and Eric Maskin, 1996, Wage Inequality and Segregation by Skill, NBER working paper, 5718。另有研究表明,转移劳动力进入非农市场往往呈递进的方式,即首先进入的是非技术性岗位,然后再进入城市现代部门。参见[美]M. P. 托达罗:《经济发展与第三世界》,中国经济出版社 1992 年版。

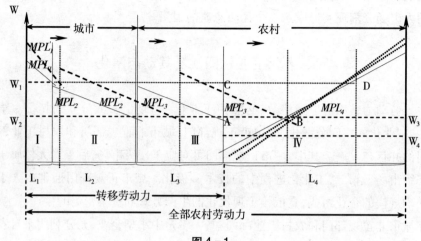

图 4 - 1

异质劳动力供给条件下的多元工业化,可由图 4 - 1[1] 给出一种形式化描述。该图以全部农村劳动力就业市场为考察对象。它由四个分市场拼接构成。其中,Ⅰ、Ⅱ、Ⅲ 分别代表城市正规部门、城市非正规部门和农村工业部门,它们共同形成农村转移劳动力的非农就业市场;Ⅳ 为农业部门,它吸纳农业劳动者的就业。横轴表示全部农村劳动力数量[2],纵轴用来度量工资率。W_1、W_2、W_3 分别为城市正规部门、城市非正规部门和农村工业部门的工资水平,同时也是三部门具有无限弹性特征的劳动力供给曲线,W_4 是农业部门的平均工资;有 $W_1 > W_2(W_3) > W_4$ 存在。[3] MPL_1、MPL_2、MPL_3 和 MPL_4 分别是相应的四个部门的劳动力边际生产力曲线或劳动需求曲线。[4] MPL_1 与 MPL_2、MPL_3 不同的斜率,反映一级市场和二级市场劳动使

---

① 该图借鉴了乐君杰"三阶层二元劳动力市场模型"的构图思路。参见乐君杰:《中国农村劳动力市场的经济学分析》,浙江大学出版社 2006 年版,第 36 页。

② 出于简化分析的需要,这里设想了人口增长对劳动力供给的影响。

③ 事实上,城市非正规部门与农村工业部门的工资率是有差异的,即 $W_2 \neq W_3$。由于这里将二者共同合并为二级市场,同时,出于简化分析的需要,设该两部门的工资率相等。

④ 遵循新古典生产函数假设,劳动边际生产力服从递减规律。因此,劳动边际生产力曲线的形状应为向下弯曲。在不影响分析结论的前提下,这里用斜率不变的直线替代。MPL_4 及与其相交的两条虚线,表示劳动力质量变化所引起的边际生产力曲线位置的变化。

用倾向的差别。在三个非农产业部门中,就业量由劳动供给和劳动需求的均衡点决定。来自农村的大于等于城市平均文化技术水平的高素质劳动者数量很少,其在城市正规部门的均衡就业量仅有 L_1;而吸收农村转移劳动力的主要部门——城市非正规部门和农村工业部门——均衡就业量分别为 L_2 和 L_3;剩余的 L_4 是农业劳动力数量,他们尚未能够按照边际产出获得劳酬。

如果说,农业现代化的一个基本指标是农业部门与非农部门工资率的趋同,那么,在多元工业化图式中,存在着两种意义上的剩余农业劳动力数量。以城市非正规部门和农村工业部门的工资率 W_2 (W_3) 作为标准,农村剩余劳动力数量由图4-1中 AB 线段的长度度量;若以城市正规部门的工资率 W_1 作为趋同目标,那么,农业剩余劳动力就增加为 CD 线段所刻画的数量了。① 从这两种意义的劳动力剩余,可以引申出农业现代化的不同阶段。消除了第一种意义上的剩余劳动力,只是实现了农业现代化的初级目标;第二种意义上剩余劳动力的消失,才是农业现代化最终完成的标志。

在图4-1上,非农部门的扩张,显示为Ⅰ、Ⅱ和Ⅲ市场上劳动边际生产力曲线的外推(即, $MPL_1 \rightarrow MPL_1'$, $MPL_2 \rightarrow MPL_2'$, $MPL_3 \rightarrow MPL_3'$),和就业均衡点的右移(如图4-1上方三个右向箭头所示)。在农村劳动力的人力资本水平整体低于城市劳动者的情况下,转移劳动力主要依靠Ⅱ、Ⅲ两市场吸纳,这由图4-1中就业均衡点右移的距离来反映。当三个非农部门就业扩张导致图4-1中 A 点与 B 点重合时,农业发展就进入一个新阶段。此时,农业部门与农村工业部门、城市非正规部门的工资率实现趋同,农业劳动力不再向二级非农市场转移,低资本装备型工业化进程即告终止。②

在此后的发展阶段,城市正规部门成为唯一的高收益率部门,而获取该部门就业岗位的关键条件是高文化技术能力。这将诱致其他部门从业者的

---

① 这里的剩余劳动力含义与刘易斯和费景汉—拉尼斯的有所不同。当部门间收益率非均衡时,存在着低收益率部门劳动力的流出倾向。收益率趋同之前,低收益率部门的劳动力流出数量仍可视为过剩劳动力。

② "一旦经济中无技能的剩余劳动力耗尽……就可预期到非农业部门逐渐离开它几乎完全集中于劳动力密集型生产结构。"[美]费景汉、古斯塔夫·拉尼斯:《增长和发展:演进观点》,洪银兴、郑江淮等译,商务印书馆2004年版,第460页。

人力资本投资和劳动者素质的整体提升。在国民文化技术素质整体不断提高的基础上,此后发生的是多元工业化向一元工业化的转化,包括农业部门工资率与城市正规部门工资率的趋同。

五、二元经济成功转变的人力资本条件

费景汉和拉尼斯用来判断二元经济成功转变的主要标志,是农业部门的下列变化:第一,剩余劳动力不断减少,最终农业劳动力成为稀缺性商品;第二,农业劳动力的边际产量不断提高,由小于平均产量逐渐转向等于或大于平均产量。决定农业部门发生这些变化的关键,是工业劳动力的需求增长率(η_{Li})大于人口(或劳动力)增长率(η_P),即 $\eta_{Li} > \eta_P$。

当劳动力存在异质性时,人均人力资本水平的变化,会引起农业劳动力边际产量和平均产量的改变,进而也会改变农业剩余劳动力的数量。此时,二元经济成功发展的条件,就相应地扩展为:

$$\eta_{Li} > \eta_P + \eta_{sh} \tag{4.1}$$

其中,η_{sh} 是人力资本变化引起的农业剩余劳动力数量的变化率。η_{sh} 的值有多大、大于零或小于零取决于人力资本的变动方向,以及生产函数中的其他投入如何给定。

设土地为常量,资本和技术投入既定,人均人力资本水平的降低,会使劳动力的边际产量在一定区间内下降,边际产量等于零的剩余劳动力数量减少,而边际产量大于零小于平均产量的剩余劳动力则增加[1];同时,由于农业部门均衡工资水平[2]的降低,平衡部门工资率[3]所需转移的劳动力数量增加了。因此,总剩余劳动力数量是随着人均人力资本水平的下降而增加的,即 η_{sh} 为正值。

如果人均人力资本水平是不断提高的,农业剩余劳动力数量就会出现

---

[1] 参见本书第五章图 5-1(a)中 TP 曲线向 TP'曲线移动时的情况。

[2] 此处的均衡工资水平指由农业部门平均收入决定的工资水平。其降低由边际产量的下降引起。

[3] 与针对发达国家的一般均衡理论不同,在发展中国家,农业部门与工业部门是不对称的。

与前相反的变化,即 η_{sh} 可能为负值。事实上, η_{sh} 为负的理论结论不可能出现,因为,在人均人力资本水平大幅度提高的背景下,资本和技术投入不变的假设是不现实的。当人均人力资本和人均资本、技术装备同时提高时,农业剩余就可以大幅度增长,由此所释放出来的农业剩余劳动力也是增长的。

前述分析表明,人力资本因素提高了二元经济成功转变的"关键性最低努力标准"①。此时,工业部门需要有更高的劳动力吸收率,才能够完成二元经济向一元经济的转化。

二元经济的转型增长是一个动态均衡系统。在劳动力同质性假设条件下,农业部门生产率进步所推动的劳动力释放量与工业部门资本积累、技术创新所支持的劳动力吸收量维持相等,是保障两部门均衡增长的条件。这一均衡条件,没有因为劳动力异质性分析变量的引入而改变。道理是,在引入人力资本因素的劳动力转移模型中,对前述均衡条件偏离,仍然会改变两部门产品市场的贸易条件。

但劳动力的异质性赋予了两部门均衡增长以新的内涵:农业部门释放的人力资本结构应当与工业化部门吸收的人力资本结构相吻合。在转移的大部分农村劳动力的文化技术水平低于城市劳动力时,低人均资本装备水平的农村工业部门和城市非正规部门快速扩张,就成为工业化结构战略的合理选择。在费景汉和拉尼斯的模型中,低资本装备型工业化仅仅被视为储蓄率增长无法超过快速转移所形成的非农劳动力增长率的结果;在本章我们给出的分析框架中,此类工业化同时被处理为新增工业劳动力特定技术素质的函数。工业化进程中的资本深化,不仅像费景汉和拉尼斯指出的那样,只能出现在农业剩余劳动力消失之后,而且,尚需以农业部门和城市非正规部门、农村工业部门中劳动力平均人力资本水平的显著提升作为新的条件存在。工业结构战略转变的拐点,大致应出现在农业部门与城市非正规部门、农村工业部门工资率趋同的发展阶段之后。

---

① 关键性最低努力标准,即 $\eta_{Li} > \eta_P$。参见[美]费景汉、古斯塔夫·拉尼斯:《劳力剩余经济的发展》,王月等译,华夏出版社 1989 年版,第四章第四节。

六、结论及一些初步的经验证据

附加人力资本因素的农业劳动力流动,赋予了刘易斯、费景汉和拉尼斯模型未曾包含的一系列含义。首先,新古典经济学统一的竞争性的劳动力市场理论在此失去了意义。就业市场因劳动力的差别化而出现了技术性分割,劳动力流动的报酬收敛效应现在须以劳动力跨市场流动能力的存在作为附加条件。其次,不断扩张的工业部门,并非如刘易斯模型描述的是匀质的和一元的,而是多元的并在不同单元之间存在着明显的技术级差。长期来看,工业化进程不单纯是规模扩张的过程,尚且需以不同部门间技术差距的相对收敛配套推进。第三,二元经济的成功转变,必须有农业人均人力资本水平的更快形成率①作为新的支撑条件存在。否则,非但农业生产率的提高会受到制约,工业化进程也只能与低端产业的扩张画等号。

表4-1显示,中国农村外出劳动力受教育程度以初、高中毕业为主,远高于农村劳动力平均受教育水平。另外,农业部对2002年全国31个省(自治区、直辖市)所属的近300个农村固定观察点约2万农户进行的劳动力外出就业情况的调查,也证实了上述结果。② 如果农村新增劳动力由于文化水平较高大多流向非农产业,那么,以受教育程度衡量的人均人力资本水平的降低,成为中国农业发展在一定时期内不得不面对的事实。

中国的农产品产量,在1996~1999年间,一直维持在6亿多吨的高位,以后连续多个年份均低于6亿吨,直到2004年才出现恢复性提高。同期,农作物总播种面积维持基本不变,农业机械总动力和化肥施用量是逐年增长的,农业劳动力投入变化不大,即使有变动,其微小变化与农产品产量的变动方向也不一致(见表4-2)。制约农业总产出增长的因素,很大程度上

---

① 此处指农业人均人力资本水平的净增长率大于零。

② 该项调查同时显示,西部外出劳动力69.8%受过初中以上教育,而西部农村劳动力中受过初中以上教育的比重是48.1%,前者高出后者近22个百分点。西部农村劳动力中很少识字的比重为14.1%,外出劳动力对应比重仅占5.5%。资料来源:http://www.jcrb.com/zyw/n126/ca69140.htm。

表 4-1　中国不同年份外出劳动力与全部农村劳动力受教育程度比较(%)

	1990 年		2000 年		2004 年	
	外出 劳动力	全部农村 劳动力	外出 劳动力	全部农村 劳动力	外出 劳动力	全部农村 劳动力
不识字或 识字很少	6.20	20.70	3.90	8.10	2.00	7.50
小学	28.73	38.90	38.00	32.20	16.40	29.20
初中	50.80	32.80	54.50	48.10	65.50	50.40
高中及以上	14.27	7.60	3.60	11.60	16.10	13.00

资料来源:国务院人口普查办公室、国家统计局人口统计司编:《中国1990年人口普查资料》,中国
统计出版社1993年版;国务院人口普查办公室、国家统计局人口和社会科技统计司编:
《中国2000年人口普查资料》,中国统计出版社2002年版;国家统计局农村社会经济调
查司编:《2006中国农村住户调查年鉴》,中国统计出版社2006年版。

要归为农业劳动力人力资本水平的降低,或农业部门物质资本与人力资本
的不相匹配。农业人力资本转移形成的发展瓶颈,无疑将影响到农业的现
代化进程。

表 4-2　1996~2005 年中国农业各项生产投入与农产品总产量

年份	农作物总播种 面积(千公顷)	农业劳动力 (万人)	农业机械总动 力(万千瓦)	折纯化肥使 用量(万吨)	农产品产量 (万吨)
1996	152381	32260.4	38546.9	3827.9	61827.9
1997	153969	32434.9	42015.6	3980.7	62029.9
1998	155706	32626.4	45207.7	4083.7	64190
1999	156373	32911.8	48996.1	4124.3	62567.3
2000	156300	32797.5	52573.6	4146.4	57680.7
2001	155708	32451	55172.1	4253.8	57755
2002	154636	31990.6	57929.9	4339.4	59873.2
2003	152415	31259.6	60386.5	4411.6	56462.7
2004	153553	30596	64027.9	4636.6	60720.4
2005	155488	29975.5	68397.8	4766.2	62052.9

资料来源:国家统计局:《中国统计年鉴2000》,中国统计出版社2000年版;国家统计局:《中国统计
年鉴2006》,中国统计出版社2006年版。

中国市场化改革以来,工业化、城市化的扩张,城乡收入差距的拉大,以及限制劳动力流动政策的逐渐松动,共同推动了农村转移劳动力的快速膨胀。但与城市劳动力相比,农村转移劳动力的职业分布呈现明显的低技术特征。Knight、Song 和 Jia 的实证研究发现,只有 1% 的移民成为管理者或技术人员,而有 19% 的非移民从事这些工作。[①] 表4-3 通过对中国大城市本地人口和外来移民从业结构的比较,反映出农村移民与城市居民在职业分布上的差别。农村进城劳动力大都集中在工业、建筑业、批发零售业和餐饮业这样一些低技术含量的领域,即使有少数所谓的技术工,也主要是传统意义上的木工、瓦工、油漆工和修理工等。[②] 除极少数农村青年通过接受中专以上高层次教育等途径转换身份之外,农村劳动力很难取得一级市场中的"正式工作"。

表4-3 城市本地人口与外来移民从业结构的比较(%)

		农业	工业	建筑业	批发和零售贸易	社会服务卫生体育	金融保险教育等	水利勘探交通仓储	合计
1990	本地人口	36.6	31.5	2.9	8.4	2.9	11.2	6.4	100
	外来人口	14.4	31.6	17	14.5	6.2	6.7	9.5	100
2000	本地人口	34.2	24.3	3.7	11.4	7.1	13.7	5.5	100
	外来人口	9	32.2	11.5	28.7	9.4	4.6	4.6	100

资料来源:根据 2000 年全国人口普查 0.95‰抽样数据汇编。

与农村转移劳动力的就业领域相适应,中国城镇非正规就业呈现高增长。1990~2004 年间,主要吸纳农村转移劳动力的未统计城镇非正规部门的就业年均增长率为 11%,累计增长 333%;明显高于同期全国城镇就业增长率的 3.2% 和累计增长的 55%。在非正规部门中,由农村向城市转移劳动力所组成的未统计从业人员,所占就业比重逐渐增大,到 2004 年,这一比

①　Knight,J.,Song Lina,and Jia Huaibin,1999:Chinese Rural Migrants in Urban Enterprises:Three Perspectives,Journal of Development Studies,35(3),73～104.

②　参见杜鹰:《现阶段中国农村劳动力流动的基本特征与宏观背景分析》,《中国农村经济》1997 年第 7 期。

重达70.6%。[①] 同时,乡镇企业也是转移农村剩余劳动力的重要渠道。1978年,乡镇企业的就业人数仅有2826.56万,1990年增至9264.75万,2004年达到13866.17万。[②] 2004年乡镇企业的就业人数占全国农村劳动力的比重为25.9%。在传统正规部门从业人员比重由1990年的81.54%下降到2004年的28.73%,新兴正规部门的就业比重由不到1%提高至12.58%的同时,非正规部门的从业比重却由17.51%猛增至58.69%,其中,未统计部门的就业比重由13.57%上升为37.86%。[③] 这与本章关于附加人力资本因素的劳动力流动将导致劳动力市场分割及工业部门多元分化和低层次扩张的结论是一致的。

---

① 参见胡鞍钢、赵黎:《我国转型期城镇非正规就业与非正规经济(1990~2004)》,《清华大学学报》2006年第3期。

② 参见国家统计局人口和就业统计司、劳动和社会保障部规划财务司:《中国劳动统计年鉴2005》,中国统计出版社2005年版。

③ 参见胡鞍钢、赵黎:《我国转型期城镇非正规就业与非正规经济(1990~2004)》,《清华大学学报》2006年第3期,附表4。

第五章 人力资本转移条件下的
农业发展机制

一、人力资本的非农化及相关研究基础

由于农业与非农产业之间比较利益悬殊差距的存在,20 世纪 80 年代以来,在劳动力市场逐渐发育的基础上,中国出现了农业劳动力大规模的非农转移。1985 年,乡村从业人员中从事非农产业的劳动力比重是 18.1%;到 1990 年、2000 年和 2005 年,这一比重分别上升至 20.7%、31.6% 和 40.5%。[①] 而且,越是经济发达的地区,转移劳动力占农村劳动力的比重越高。[②] 可以预见,在比较劳动生产率趋同之前,农业劳动力的转移现象还将继续。

与未转移劳动力相比,转移劳动力呈现如下特征:(1)以青壮年为主。在杜鹰的调查样本中,四川和安徽两省外出劳动力的平均年龄分别为 26.9 岁和 27.4 岁,比之非外出劳动力,平均年龄分别小 7.6 岁和 4.9 岁。[③] Alan de Brauw、黄季焜等人的调查样本同时显示了非农就业劳动力年龄结构的变化趋势。2000 年与 1990 年比较,21～25 岁、26～30 岁人群的非农就业

---

① 数据来源:根据国家统计局:《2006 中国统计年鉴》(中国统计出版社 2006 年版)表 13—4 中的数据计算得出。

② 如上海、北京、江苏和浙江,2005 年,农村转移劳动力比重分别达到 73.8%、60.7%、58.4% 和 57.1%。数据来源:国家统计局农村社会经济调查司:《2006 中国农村住户调查年鉴》,中国统计出版社 2006 年版,综述。

③ 参见杜鹰:《现阶段中国农村劳动力流动的基本特征与宏观背景分析》,载蔡昉、白南生:《中国转轨时期劳动力流动》,社会科学文献出版社 2006 年版,第 118～136 页。

参与率翻了一番,16～20 岁的劳动力非农就业参与率提高两倍多;尽管年龄较大的人群非农就业率也在上升,但他们的参与比例还不到 16～20 岁人群的一半。① (2)男性高于女性。农业部关于农村劳动力外出打工情况的一项调查显示,2004 年,农村外出就业的男性劳动力占到全部外出就业人数的 70.1%。② 这一特征在早先的其他一些调查样本中也得到了证实。③

　　由于教育的进展,劳动力的受教育程度随年龄呈负相关变化④;同时,教育的进展尚未消除教育机会分配中的性别歧视,一般而言,男性的教育程度高于女性⑤。劳动力转移的前述特征,意味着农业从业者的平均人力资本⑥可能趋于降低。以 2005 年为例,农村劳动力平均受教育年限约 8.16年⑦,外出务工劳动力的平均受教育年限为 9.07 年⑧。若外出劳动力的受

----

①　Alan de Brauw、黄季焜、Scott Rozelle、张秀林、张依红:《改革中的中国农村劳动力市场演变》,载蔡昉、白南生:《中国转轨时期劳动力流动》,社会科学文献出版社 2006 年版,第 199～227 页。

②　数据来源:《人民日报》2005 年 1 月 16 日。

③　杜鹰的调查显示,在四川和安徽外出劳动力中,男性的比重分别为 69.3% 和 65.2%;在赵耀辉的调查样本中,四川移民中男性劳动力的比重达 72.5%。参见杜鹰:《现阶段中国农村劳动力流动的基本特征与宏观背景分析》,载蔡昉、白南生:《中国转轨时期劳动力流动》,社会科学文献出版社 2006 年版,第 118～136 页;赵耀辉:《中国农村劳动力流动及教育在其中的作用——以四川省为基础的研究》,《经济研究》1997 年第 2 期。

④　2005 年,30 岁以下劳动力的文盲率低于 2.1%,而 50 岁以上劳动力的文盲率则在 13.8%～42.8% 之间。相反,接受高中教育的比率,前者处于 9.2%～16.5% 之间,后者则在 8.1% 以下;在大专及其以上的教育中,年轻人的比率更显著地高于年长者。数据来源:国家统计局人口和就业统计司、劳动和社会保障部规划财务司:《2006 中国劳动统计年鉴》,中国统计出版社 2006 年版,表 1—48。

⑤　比如,2005 年,在初中、高中和大专及其以上三个等级的教育中,男性分别高于女性 8.96、13.50 和 14.54 个百分点;而在 15 岁及其以上人口中,女性文盲率高达 16.15%,是男性的 2.76 倍。数据来源:国家统计局:《2006 中国统计年鉴》,中国统计出版社 2006 年版,表 4—12、表 4—13。

⑥　出于简化分析的需要,本章仅以受教育程度衡量人力资本水平。

⑦　数据来源:根据国家统计局农村社会经济调查司《2006 中国农村住户调查年鉴》表 2—2 计算得出。计算方法为各级教育年数乘以相应权重加总求和。其中,"不识字或识字很少"以 1 年计;"中专"和"大专及大专以上"合以 15 年计。

⑧　数据来源:外出务工劳动力的受教育程度构成来自国家统计局农村社会经济调查司《2006 中国农村住户调查年鉴》综述。其平均受教育年数与农村劳动力平均受教育年数的计算方法相同。

教育水平代表了全部农村转移劳动力的受教育状况①,那么,未转移劳动力的平均受教育年限就是 7.62 年②。后者低于平均水平 0.54 年。

中国的人口峰值③尚未到来。继续扩大的人口规模,要求国内粮食供给能力进一步提升;随着城市化水平的提高,一部分耕地资源还将转入非农用途,农业生产效率的不断改进成为农业产出增长的唯一途径;现代农业是用现代技术体系装备和以现代生产组织形式经营的新型产业,其集中体现是农业劳动生产率与非农产业的趋同。如果这些均是今后中国农业发展必须解决的课题,那么,在选择性转移带来的农业劳动力素质如前变化的条件下,农业部门的产出增长和现代化转变还能否发生? 如果现代化进程是不可逆转的,那么,其发展机制是什么?

劳动力转移条件下的农业发展机制,为早期发展经济学的若干经典文献所揭示。刘易斯将二元经济的发展问题简化为农业剩余劳动力在现代部门的再配置。④ 在其对这一再配置过程的理论描述中,隐含了传统农业转变为现代一元经济组成部分的两个重要机制:劳动力配置的生物学原则⑤转向与现代工业经济相一致的市场化原则;工资决定的道德取向⑥转变为市场经济的边际生产力方程。⑦ 在刘易斯理论的基础上,费景汉和拉尼斯把工业劳动吸收率大于人口增长率,以及将短缺点和商业化点推向重合的足够快的农业技术进步率,确立为农业部门与现代工业部门趋同的必要前

---

① 全部转移包括就地转移(在本乡镇地域内实现非农就业)和外出转移(转移到本乡镇地域之外)。赵耀辉的一项研究表明,有更高教育水平的劳动力在当地也会获得很好的就业机会,因而倾向于在本地从事非农工作。参见赵耀辉:《中国农村劳动力流动及教育在其中的作用——以四川省为基础的研究》,《经济研究》1997 年第 2 期。

② 未转移劳动力平均受教育年数 =(农村劳动力平均受教育年数 – 转移劳动力平均受教育年数 × 转移劳动力比重)÷ 未转移劳动力比重。

③ 对中国的人口峰值,国家计划生育委员会的预测为 14.68 亿,国家统计局人口司的预测是 15.57 亿。

④ Lewis, W. A. ,1954: Economic Development with Unlimited Supplies of Labor, Manchester School of Economics and Social Studies, Vol. 35, No. 3, pp. 45 ~ 72.

⑤ 由外生人口生产方式决定的劳动力供给及在传统农业中自然就业。

⑥ 即按照平均产出获得收入。

⑦ 必须注意到,刘易斯理论中的农业发展机制,是内生于劳动力转移这一过程之中的。但刘易斯本人并未对农业发展机制的形成和作用过程做出描述。

提;同时,将农业劳动边际产出等于平均产出,农业部门的短缺点和商业化点聚合为转折点,作为农业部门转变为现代经济的实现条件。①

刘易斯、费景汉和拉尼斯农业发展模型的有效性,是建立在劳动力同质性假设的新古典经济学传统之上的。② 前述转移劳动力和未转移劳动力质量分异的事实表明,在中国农业发展的现阶段,劳动力同质性假设的经济环境已不复存在。此时,若依据刘易斯—费景汉—拉尼斯模型而主要着眼于加速劳动力转移,并依此来构建中国农业发展的基本战略和政策环境,不仅使中国这个世界第一人口大国将面临粮食安全的巨大风险,而且农业现代化的前景也难以判测。

Stark 等、Stark 和 Yong Wang 以及 Kanbur 和 Rapoport 讨论了高素质劳动力迁移对迁出地的影响,Kanbur 和 Rapoport 同时提供了迁移与迁出地人力资本积累正反馈的分析模型。③ 但他们的迁出地不是农业部门而是欠发达国家。近年来,国内一些研究者开始关注劳动力转移的选择性对中国农业发展的影响。其观点截然不同:或认为,这种转移导致了原本就薄弱的农村人力资本的损失,视其为城市对农村的又一次剥夺,以此作为解释城乡发展差距扩大的一种原因④,并着力寻求农村人力资本非农化的补偿机

① 参见[美]费景汉、古斯塔夫·拉尼斯:《劳力剩余经济的发展》,王月等译,华夏出版社 1989 年版;[美]费景汉、古斯塔夫·拉尼斯:《增长和发展:演进观点》,洪银兴、郑江淮等译,商务印书馆 2004 年版。

② 该假设成立的依据是:第一,在经济发展的初始阶段,劳动力的质量差异在事实上并不显著。因为,根据内生增长理论,在人力资本存量很低的经济环境中,向人投资的收益率小于该项投资未来消费的贴现率,人均人力资本水平大致在趋近于零的状态下维持均衡。第二,有利于借助标准的经济学方法,将劳动力的影响分析严密化和简洁化。

③ (1)Stark, O., C. Helmenstein and A. Prskawetz, 1998:Human Capital Depletion, Human Capital Formation and Migration:a Blessing or a "Curse"? Economics Letters, 60:363 ~ 367. (2) Stark, O., Yong Wang, 2002:Inducing Human Capital Formation:Migration as a Substitute for Subsidies, Journal of Public Economics, 86:29 ~ 46. (3) Kanbur, R., H. Rapoport, 2005:Migration Selectivity and The Evolution of Spatial Inequality, Journal Economic Geography, 5:43 ~ 57.

④ 参见(1)侯风云、徐慧:《城乡发展差距的人力资本解释》,《理论学刊》2004 年第 2 期;(2)侯风云、张凤兵:《从人力资本看中国二元经济中的城乡差距问题》,《山东大学学报》2006 年第 4 期;(3)侯风云、张凤兵:《农村人力资本投资及外溢与城乡差距实证研究》,《财经研究》2007 年第 8 期;(4)侯风云、邹融冰:《中国城乡人力资本投资收益非对称性特征及其后果》,《四川大学学报》2005 年第 4 期;(5)李录堂、张藕香:《农村人力资本投资收益错位效应对农村经济的影响及对策》,《农业现代化研究》2006 年第 4 期;(6)张藕香、李录堂:《我国农村人力资本投资收益非均衡性分析》,《电子科技大学学报》(社科版)2006 年第 6 期。

制①;或认为,劳动力的选择性转移对农村居民家庭教育需求和人力资本投资呈现正向效应②,甚至对 1978~2004 年中国农村劳动力转移所形成的人力资本进行了测算。③ 前一种观点是建立在农村人力资本积累率为外生给定的假设之上的;如果现实中选择性转移在很大程度上决定着农村居民家庭的人力资本投资决策,那么,所获得的结论就可能相反。后一类文献虽然正确地把人力资本积累率处理为转移过程的内生变量,但缺乏理论化、模型化和经验实证方面的深入、细致的工作,更未能与刘易斯、费景汉和拉尼斯等人的劳动力转移文献所做出的有价值的工作衔接。

本章拟将人力资本因素引入刘易斯、费景汉和拉尼斯的劳动力转移模型,并将分析视野主要限定在农业部门,④尝试构建一种考察人力资本转移对农业发展影响的初步的分析框架。试图解决的主要问题是:(1)附加人力资本因素的劳动力转移,对刘易斯、费景汉和拉尼斯模型的发展含义将产生何种修正? 其中,完成农业发展的条件如何改变? (2)此类新条件是否人力资本转移过程的内生变量? 若是,其机制是什么? (3)与刘易斯、费景汉和拉尼斯模型相比,附加人力资本的劳动力转移模型的政策含义对于中国农业发展是否更具现实针对性?

二、农民的两部门经济及其人力资本的优化配置

农民的经济世界,可设由农业和不完全非农产业⑤两部门构成。两部

---

① 参见郝丽霞:《农村人力资本非农化补偿机制研究》,西北农林科技大学 2005 年硕士学位论文。

② 参见(1)刘文:《农村劳动力流动过程中的人力资本效应研究》,《农业现代化研究》2004 年第 3 期;(2)张利萍:《教育与劳动力流动》,华中师范大学 2006 年博士学位论文;(3)王兆萍:《迁移与我国农村区域贫困人口的人力资本积累》,《干旱区资源与环境》2007 年第 3 期;(4)郭剑雄、刘叶:《选择性迁移与农村劳动力的人力资本深化》,《人文杂志》2008 年第 4 期。

③ 参见谭永生:《农村劳动力流动与中国经济增长》,《经济问题探索》2007 年第 4 期。

④ 差别化劳动力转移对农村劳动力非农就业的影响,第四章已做了讨论。

⑤ 非农产业部门包括城市正规部门、城市非正规部门和农村非农部门。它们共同构成农业劳动力及农业人力资本转移的领域。从劳动力市场结构的角度考察,这三个部门之间是有差异的。农业劳动力(人力资本)转移的主要领域是城市非正规部门和农村非农部门。本书所谓的不完全非农产业部门,即指农村非农部门和城市非正规部门。

门的生产函数为：

$$Q_i(K_i, H_i) \text{ ①} \tag{5.1}$$

式中，Q_i 是 i 部门的产出，K_i 和 H_i 分别为投入 i 部门的物质资本和承载人力资本的有效劳动②（$i = 1, 2$。1 代表农业部门；2 代表不完全非农部门）。

假设生产函数满足规模收益不变这一条件，有：

$$Q_i = K_i \frac{\partial Q_i}{\partial K_i} + H_i \frac{\partial Q_i}{\partial H_i} \tag{5.2}$$

假设两部门之间的要素市场是开放的③；农民拥有的物质资本 K 和有效劳动（人力资本）H 可以在两部门选择性配置。

从事 i 部门生产的纯收入 I_i 是：

$$I_i = p_i Q_i - p_i^k K_i - p_i^h H_i \tag{5.3}$$

农民关于物质资本和有效劳动（人力资本）在两部门之间的配置是使两部门纯收入之和最大化：

$$\underset{K_i, H_i}{Max} \sum_i (p_i Q_i - p_i^k K_i - p_i^h H_i)$$

$$s.t. \qquad K = \sum_i K_i$$

$$H = \sum_i H_i \tag{5.4}$$

构造（4）式最优化问题的拉格朗日函数为：

$$\xi = \sum_i (p_i Q_i - p_i^k K_i - p_i^h H_i) + \eta(K - \sum_i K_i) + \theta(H - \sum_i H_i)$$

$$\tag{5.5}$$

该式的最优解是：

$$p_i \cdot \frac{\partial Q_i}{\partial K_i} - p_i^k = \eta$$

---

① 土地是农业生产必不可少的条件，现代农业也不例外。但是，一方面，土地可近似地视为常数；另一方面，在现代经济中，土地作为增长的源泉越来越不重要。加入土地要素，并不影响关于两部门人力资本优化配置的结论。所以，此处舍去了土地。现代经济增长中土地重要性下降的观点，参见［美］西奥多·W. 舒尔茨：《报酬递增的源泉》第Ⅱ篇，姚志勇、刘群艺译校，北京大学出版社 2001 年版。

② $H_i = h_i L_i$，h_i 是 i 部门的平均人力资本水平，L_i 表示 i 部门的劳动力总量。

③ 该假设虽非严格，但在目前市场化改革不断推进的中国，较接近于事实。

$$p_i \cdot \frac{\partial Q_i}{\partial H_i} - p_i^h = \theta \qquad (5.6)$$

拉氏乘子 η , θ 是资本、有效劳动(人力资本)的边际收益。

整理(5.6)式并将其带入(5.2)式可得:

$$p_i^* Q_i^* = K_i^* (\eta + p_i^k) + H_i^* (\theta + p_i^h) \qquad (5.7)$$

整理(5.7)式有:

$$I_i^* = K_i^* \eta + H_i^* \theta \qquad (5.8)$$

(5.8)式即为物质资本和有效劳动均衡配置的必要条件。此时,有效劳动亦即人力资本的两部门配置的均衡条件是:[①]

$$\frac{I_1^* - K_1^* \eta}{H_1^*} = \frac{I_2^* - K_2^* \eta}{H_2^*} = \theta \qquad (5.9)$$

三、人力资本转移背景下农业成功发展的条件

当 $\dfrac{I_1^* - K_1^* \eta}{H_1^*} < \dfrac{I_2^* - K_2^* \eta}{H_2^*}$,即农业部门人力资本的投资回报率小于不完全非农产业时,农业人力资本就会被非农化。这正是当前中国的实际情况。在此,考察这种流动对农业现代化进程产生的影响。出于简化分析的需要,第一,假定劳动增长率、物质资本积累率和人力资本积累率均为零,仅将劳动力流动产生的人均人力资本存量变化作为唯一解释变量;第二,以刘易斯—费景汉—拉尼斯模型定义农业发展。

将农业劳动者差别化的人力资本归为两类:h_1表示较少或没有接受正规教育的低文化技能的农业劳动者的人力资本状态,设他们的受教育程度低于平均水平;h_2反映大于及等于平均值的高能力劳动者的人力资本水平。相应地,农业劳动者在数量上也区分为承载 h_1 的 L_1 和承载 h_2 的 L_2;全部劳动力为 $L = L_1 + L_2$。全部农业劳动力的平均人力资本水平 h,是前述两种类

---

① 此时,同时有物质资本两部门均衡条件 $\dfrac{I_1^* - H_1^* \theta}{K_1^*} = \dfrac{I_2^* - H_2^* \theta}{K_2^*} = \eta$ 存在。若物质资本市场非完备而存在两部门的收益率差异,人力资本的均衡条件需做出相应的修正。

型人力资本的加权平均数。农业部门的总有效劳动是 $hL = h_1L_1 + h_2L_2$。

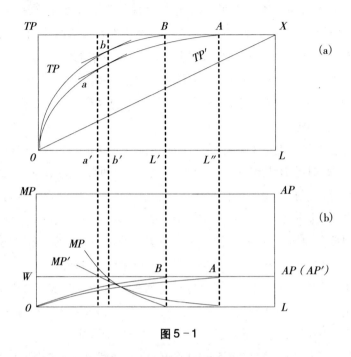

图 5-1

给定农业总量生产函数的一般形式：$Q_a(K, h_jL_j)$（$j = 1, 2$）。假定技术不变，在仅有 h_1L_1 投入的情况下，农业部门的总产量为 $Q'_a(K, h_1L_1)$；在 h_2L_2 同时投入时，农业总产量是 $Q_a[K, (h_1L_1 + h_2L_2)]$。图 5-1（a）中，两条总产量曲线分别为 TP' 和 TP。在前述两种情况下，农业部门边际生产力等于零的过剩劳动力数量分别为：$L''L$ 与 $L'L$，且 $L'L > L''L$。

假定，拥有 h_2 的劳动力 L_2 经历一段时期全部进入不完全非农部门，农业部门的劳动力投入量由 $L_1 + L_2$ 减少为 L_1；由于 $h_2 \geq h > h_1$，因此，农业劳动力的这种转移，会导致农业从业者平均人力资本的降低。农业部门的有效劳动投入由转移开始前的 $h_1L_1 + h_2L_2$ 减少至 h_1L_1。

结合中国的实际情况考虑，L_2 的全部移出，仍未能消除农业部门劳动力的过剩状态。[①] 在不考虑劳动力质量因素的条件下，L_2 的全部转移，不会减

①　此时，农业部门仍有 $L''L$ 的劳动力剩余。见图 5-1（a）。

少农业总产出。但是,由于 L_2 是较高人力资本 h_2 的载体,L_2 移出后,造成了农业劳动力平均人力资本水平降低为 h_1。这会降低农业生产函数中其他投入的产出弹性。① 在影响农业生产效率的其他因素为既定时,单位劳动的产出水平就会减少;实现既定总产量,比之于以前需投入更多劳动量。图 5-1(a) 中,承载 h_2 的 L_2 的移出,导致农业总产量曲线由 TP 下旋至 TP'。图 5-1(b) 反映了人力资本流动引起的劳动力边际产量(MP)和平均产量(AP)的变化情况。

在人力资本流失带来农业总产量曲线位置变化的过程中,农业生产的短缺点由 TP 时的 B 点移向 TP' 时的 A 点。这表明,刘易斯—费景汉—拉尼斯模型所描述的工业化无代价阶段,会由于人力资本的转移而缩短。在短缺点提前的同时,商业化点却被推后,由 b 点左移至 a 点。② 短缺点和商业化点相重合的转折点的出现,由于人力资本的转移而延期。或者说,在其他条件既定时,农业现代化进程会由于人力资本的流失而延长。

短缺点和商业化点重合为转折点,是费景汉和拉尼斯给出的判断农业发展完成的标志。农业部门转折点出现的条件是,农业生产率的进步必须足够快,以推动农业总产量曲线不断上旋,由此使短缺点和商业化点相向移动而聚合为转折点。即,使图 5-1(a) 中的 TP 曲线外旋,实现 b 点与 B 点的重合。

在引入人力资本的劳动力转移模型中,农业生产率的提高不仅要克服劳动力数量减少带来的产量损失,尚需弥补人力资本浅化而产生的效率缩水。这时,需要有更高的技术进步率,实现 TP' 的上旋,使 a 点与 A 点相合。换言之,在人力资本转移的背景下,农业部门转折点出现的新的必要条件是,农业技术进步带来的产量增长率,必须大于劳动力流动和人力资本转移共同引起的产出损失率。如果说,农业技术进步主要体现为现代投入品的增长,而农业产出对现代投入品是否敏感又决定于使用这些投入品的人的

① 在图 5-1(b) 中,平均人力资本水平的下降所导致的劳动力产出弹性的变化,可由 MP 和 MP' 两条曲线的不同斜率表示。

② 总产量曲线右移时商业化点左移的简单证明:设劳动投入量为 oa' 时,有 TP' 曲线的商业化点 a。此时,在 TP 曲线上,劳动的边际产出由于劳动者素质较高大于 TP' 曲线上 a 点时的劳动边际产出,因此,TP 曲线上的商业化点必然在 a 点之右(b 点)。

能力,那么,转折点的出现同时需要下述条件存在:

$$\Delta h / h - \Delta h^{'} / h = \dot{h} > 0 \qquad (5.10)$$

即,人均人力资本投资增长率 $\Delta h / h$,必须大于高技能劳动力转移产生的人均人力资本的损失率 $\Delta h^{'} / h$ ①,从而,农业从业者的人均人力资本水平是动态提高的。

农业劳动者的人力资本深化,是附加人力资本的劳动力转移模型在原刘易斯—费景汉—拉尼斯模型之外给出的实现农业成功发展的新的必要条件。②

四、选择性转移与农业人力资本的动态深化

(一)选择性转移与农村居民人力资本积累

这里引入人力资本积累机制。借鉴 Kanbur 和 Rapoport 提供的分析方法,构造选择性迁移条件下的农村居民人力资本积累模型如下:

农民群体的人力资本生产,可设为是其先天人力资本禀赋、个人学习能力以及很大程度上由学习能力决定的受教育者比例的函数。假定,第 t 期的每个劳动者都有从上一代遗传而来的相等的人力资本禀赋量 h_t ;同时假设,每个人具有不同的学习能力 a^i ,且 a^i 在区间 $[0,1]$ 之间均匀分布。

将农民拥有的时间分为两个阶段,每阶段均化为1。在第一阶段,他们选择是否进行教育投资。选择接受教育而分配的时间占单位时间的比例为 $e(0 < e < 1)$,未接受教育的时间为劳动时间。第二阶段全部用于劳动。该阶段劳动者的生产率水平,取决于其在第一阶段进行的人力资本投资。

假设农业与不完全非农产业之间的技术差距主要体现在人力资本回报率的差异上。若将农业部门对单位人力资本的报酬化为1,则单位人力资

---

① 取其绝对值。

② 必须注意,更高的技术进步率也是此时农业成功发展的必要条件之一。因为农业技术进步作为农业成功发展的条件,在刘易斯、费景汉和拉尼斯模型已经给出。在此,仅进一步强调了这一条件在人力资本流失背景下的作用更加重要。因此,不需要以新的条件列出。

本在不完全非农部门的报酬是 w ($w > 1$)。① 同时,假设不完全非农部门为竞争性就业市场,其工资结构不受迁入者的影响。

接受教育的劳动者面对着转移的不确定性,他们有 π 的概率可以实现转移。② 若转移是可能的,农民会比较农业部门和不完全非农部门的人力资本回报率,从而做出是否进行教育投资的决策。当受教育者的预期收入高于未受教育者的预期收入时③,即在满足(5.11)式④的条件下,接受教育就会成为理性投资者的选择:

$$(1 - e)h_t + (1 - \pi)(1 + a^i)h_t + \pi(1 + wa^i)h_t > 2h_t \quad (5.11)$$

该式等价于:

$$a^i > \frac{e}{1 + \pi(w - 1)} \quad (5.12)$$

令 $\dfrac{e}{1 + \pi(w - 1)} \equiv a^E$,$a^E$ 为农民是否选择接受教育的临界学习能力。由于每个人的学习能力被设定为是有差异的,且在区间 $[0, 1]$ 均匀分布,因此,a^E 的值越小,选择对教育进行投资的个人就越多。

依据(5.12)式,如果农民不能在两部门之间流动,即当 $\pi = 0$ 时,临界的个人学习能力 $a^F = e$⑤;当 $\pi = 1$,即转移对于受教育者是确定的,临界的个人学习能力 $a^M = e/w$;一般而言,$\pi \in [0, 1]$,临界的个人学习能力 $\in [a^M, a^F]$。由(5.12)式进一步可得:

---

① w 是扣除了迁移成本的净回报。

② 相应地,有 $1 - \pi$ 的概率不能实现转移。

③ 为简便起见,这里未考虑收入的跨期贴现问题,同时假定农民是风险中性的。

④ 若农业部门单位人力资本的报酬为 w^d,不完全非农门单位人力资本的报酬为 w($w > w^d$),则(5.11)式的完整表达式是:$(1 - e)h_t w^d + [(1 - \pi)(h_t w^d + a^i h_t w^d) + \pi(h_t w^d + a^i h_t w)] > h_t w^d + h_t w^d$。该式左边为农民选择进行教育投资时两个阶段的预期收入之和。$(1 - e)h_t w^d$ 为第一阶段农民选择进行教育投资情况下的收入;$(1 - \pi)(h_t w^d + a^i h_t w^d) + \pi(h_t w^d + a^i h_t w)$ 为第二阶段农民收入的一个期望值,其中,不迁移的概率为 $1 - \pi$,收入为 $h_t w^d + a^i h_t w^d = (1 + a^i)w^d h_t$,迁移概率为 π,收入为 $h_t w^d + a^i h_t w = (w^d + wa^i)h_t$,这里,$h_t w^d$ 为该迁移农民具有的同质型人力资本的预期收入,$a^i h_t w$ 为迁移农民具有的异质型人力资本的预期收入。该式右边为农民不选择进行教育投资时两个阶段收入之和。假设 $w^d = 1$,所以有公式(5.11)。

⑤ a^F 为不存在非农转移时的个人学习能力的临界值。$a^F = e$,由必要的政府投入给出。

$$\frac{\partial a^E}{\partial \pi} = \frac{-e(w-1)}{[1+\pi(w-1)]^2} < 0 \tag{5.13}$$

（5.13）式表明,转移概率 π 越大,临界的个人学习能力 a^E 越小,此时,选择对教育进行投资的个人越多;反之,转移概率 π 越小,临界的个人学习能力 a^E 则越大,对教育进行投资的个人就越少。前述分析所获得的一个确定的结论是,随着从落后的农业部门向相对较发达的不完全非农部门转移机会的增加,将刺激农民[1]的人力资本投资。

（二）选择性转移背景下农业人力资本深化的条件

转移可以引致人力资本投资的增长,但其直接效应是人力资本的流失。未转移劳动力的人力资本深化,是在两种效应综合影响基础上满足一定条件的结果。

若非农部门对农业部门是封闭的,受教育的农业劳动者比例是 $p^F = 1 - a^F = 1 - e$;在部门开放时,这一比例为:

$$p^E = \frac{(1-\pi)(1-a^E)}{a^E + (1-\pi)(1-a^E)} \tag{5.14}$$

若 $p^E > p^F$,说明劳动力的非农转移增加了受教育农业劳动者的比重。这一条件等价于:

$$\pi < \frac{w+e-2}{w-1} \tag{5.15}$$

令 $\frac{w+e-2}{w-1} \equiv \pi^c$, π^c 为临界转移概率。[2] 当 $\pi < \pi^c$ 时,影响同样是有利的。即,农业部门受教育劳动者的比重因劳动力的非农转移而提高。

将（5.14）式对 π 求导,并将 $a^E \equiv \frac{e}{1+\pi(w-1)}$ 代入,可得最优转移概率:

$$\pi^* = \frac{w+e-2}{2(w-1)} = \frac{1}{2}\pi^c \tag{5.16}$$

---

[1]　此处的农民包括转移农民和未转移农民。

[2]　π^c 是关于 w 的凹函数,即: $\frac{\partial \pi^c}{\partial w} = \frac{1-e}{(w-1)^2} > 0$, $\frac{\partial^2 \pi^c}{\partial w^2} = -\frac{2(1-e)}{(w-1)^3} < 0$ 。

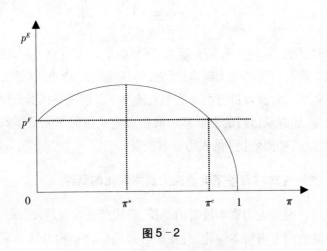

图 5-2

图 5-2 显示, 当 $0 < \pi < \pi^*$ 时, 由于 $\pi^* = \frac{1}{2}\pi^c$, 因此, $\pi < \pi^c$, 进而 $p^E > p^F$。此时, 未转移劳动力的受教育比例将因转移而增加。

当 $0 < \pi^* < \pi < \pi^c$ 时, 由于 $\pi < \pi^c$, 所以 $p^E > p^F$, 此时, 未转移劳动力的受教育比例较不存在转移时是增加的, 但由于 $\pi^* < \pi$, 减少转移更有利于受教育者比重的提高。

当 $0 < \pi^* < \pi^c < \pi$ 时, 与 $\pi > \pi^c$ 对应, 有 $p^E < p^F$, 说明转移率过大, 导致了滞留劳动力中受教育者比例的减少。

可见, 当转移率在大于 0 和小于临界转移率 π^c 的范围内取值时, 农业从业人员中受教育者的比重会较转移前提高。或者说, 只要转移率 π 是一个小于临界转移率 π^c 的正值, 转移就会带来未转移劳动者的人力资本深化。其中, 与最优转移率 π^* 相对应, 农业从业者的平均受教育水平达到最高值。

这里的分析表明, 若满足一定的条件, 农业从业者人力资本深化这一由劳动力选择性转移引出的农业成功发展的新条件, 可以在人力资本的市场化配置过程中生成。换言之, 劳动力的选择性转移, 不仅面对农业发展的主流思潮和基本实践提出新的研究课题, 同时也孕育出解决此类问题的内在机制。

五、农业的变化:农业人力资本深化的进一步解释

当劳动力的转移呈现优选性质时,实际转移率 π 小于临界转移率 π^c,仅是农业人力资本深化的必要条件;此时,吸引高素质劳动者从事农业生产经营,尚需有农业部门高人力资本投资收益率作为充分条件存在。不难证明,农业部门人力资本投资的高收益率,在很大程度上,也是劳动力选择性转移过程的函数。因为,承载人力资本的劳动力的大规模转移,会在农业内部逐渐形成向其从业者进行质量投资的有利机会。这种机会来自:

第一,土地经营规模的扩大。在人力资本因素的推动下,当过剩劳动力持续地和大量地从农业部门流出时,农业部门的劳均土地装备率[①]将因此改善,农业劳动的边际生产力也由此趋向提高。在土地稀缺性约束不断放松时,人力资本投资将成为影响农业劳动边际生产力的重要因素之一。

第二,现代农业技术手段的广泛采用。当物质资本形态的现代农业技术被日渐广泛地应用时,就会产生物质资本和劳动者能力之间巨大不平衡。这时,提高劳动者素质的投资,不仅可以使高技术含量的物质资本的生产力大大增长,而且能够提高农业从业者的劳动生产率。就是说,只有在现代农业技术广泛应用的背景下,向人投资的经济合理性才会显现。[②] 正如 Rosenstein-Rodan 在研究中曾发现的,在一个技术迅速变化的环境中,教育和培训的回报往往特别高。与土地装备水平的变化一样,农业物质资本装

---

① 即劳均(人均)土地占有率,它等于农业部门的土地面积除以该部门劳动力(人口)数量的商。

② 一些实证研究的结果表明,人力资本对农村地区产出的作用不显著,甚至有时起负向作用。这一现象被称为"农村人力资本陷阱"。事实上,"农村人力资本陷阱"仅存在于传统农业阶段或农业欠发达阶段。在现代农业技术广泛应用的发达农业阶段,农业中人力资本的作用会显著增长。参见(1)Patrick,G. F.,E. W. Kehrberg,1973:Cost and Returns of Education in Five Agricultural Regions of Eastern Brazil,American Journal of Agricultural Economics,55:145 ~ 154. (2)Phillips,Joseph M.,Robert P. Marble,1986:Farmer Education and Efficiency:A Frontier Production Function Approach,Economics of Education Review,5:257 ~ 264. (3)Knight,M.,N. Loayza,D. Villanueva,1993:Testing the Neoclassical Theory of Economic Growth-A Panel Data Approach,staff papers,40:512 ~ 537. (4)Islam,N.,1995:Growth Empirics:A Panel Data Approach,Quarterly Journal of Economics,(4):1127 ~ 1170.

备率的提高,也会发生在人力资本推动下的劳动力转移过程之中。这决定于两个方面:其一,人均农业收入因人地比例关系的变化而提高;此时,农民家庭又可得自转移劳动力的部分非农收入。比较转移之前,物质资本的供给能力增强了。其二,劳动力大规模移出之后,替代劳动的资本投入的收益率提高,对投资于农业的物质资本的需求也趋向强烈。

第三,劳动力转移带来的生产规模扩大效应,将引致农业生产组织形式的企业化转变:由产量最大化的生产导向决策转向利润最大化的市场导向决策;土地、劳动、资本等生产投入的自有份额日渐式微,其较大比重通过交易契约租入;农业与不完全非农产业间的投资收益率因农业市场化程度的提高而渐近平均化。按照 Coase 的观点,企业实质上是一个小的统制经济。在企业内部,与市场交易相联系的复杂的市场结构被企业家这一协调者所取代。① 因此,农业组织形式的企业化,会对其从业主体的生产组织能力和要素配置能力提出较高要求;同时,这也必然把农业生产者的高能力与高回报率联系在一起。

只要存在一个适当长的观察期,向农业从业者的人力资本投资的有利性,在劳动力转移过程中将逐渐显现出来。在农业与不完全非农产业人力资本报酬率趋同的背景下,高素质劳动者不再流向不完全非农产业部门②;随着教育的进展和培训的增加,将出现农业从业者人均人力资本水平的快速增长。

六、转移与中国农业劳动力受教育程度的变化

中国的经验数据,支持选择性转移与农村居民受教育程度正相关的结论。如:从 1985 年到 2005 年,农村非农从业人员比重由 18.1% 提高到 40.5%,21 年间增长了 22.4 个百分点。同期,高中及其以上文化程度劳动

---

① Coase,R. H. ,1937;The Nature of the Firm,Economic,New Series,4;386~405.

② 那时,仍存在农村人力资本向报酬率更高的城市正规部门的流动。该种流动同样具有如前所述的人力资本深化效应。农业现代化最终完成于城乡人力资本报酬率大体相同之时。

者的比重由7.25%上升为13.80%,提高6.55个百分点;①若以农村劳动力的平均受教育年数计,2005年比1985年提高了2.26年;同期的文盲率则下降了21个百分点。②

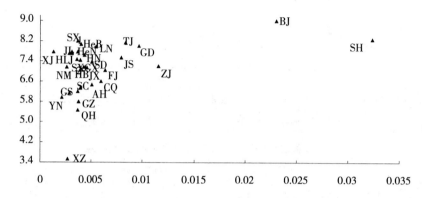

图5-3　2005年中国30个省区市农村劳动力迁移率与农业劳动力的受教育水平

注:数据点标注的字母是各省、自治区、直辖市名称的汉语拼音缩写,其中SX₁和SX₂分别是山西
　　省和陕西省。

数据来源:国家统计局网站(www. stats. gov. cn/tjsj/ndsj/renkou/2005/renkou. htm);2005年全国1%
　　人口抽样调查数据。

　　图5-3给出了2005年中国30个省、自治区、直辖市农村劳动力转移率③和农业劳动力平均受教育年限的相关关系。其中,横轴表示转移率,纵轴表示受教育年限。该图显示,转移率较高的地区,未转移的农业劳动力的平均受教育年限也相对较高。即,中国的经验在一定程度上支持选择性转移条件下农业从业人员人力资本深化的结论。④

---

　　①　数据来源:国家统计局农村社会经济调查司:《2006中国农村住户调查年鉴》,中国统计出版社2006年版。

　　②　数据来源:根据国家统计局农村社会经济调查司《2006中国农村住户调查年鉴》(中国统计出版社2006年版)表2—2计算得出。

　　③　农村劳动力迁移率＝农村转移劳动力/(农村转移劳动力＋农业劳动力)。

　　④　应当指出,选择性转移对未迁移劳动力正规教育水平提高的拉动作用的显现需要一个较长的滞后期,可能在下一代或下几代农业劳动者身上才能够充分反映出来;而对当代农业劳动者人力资本的影响主要体现为短期的技能培训。限于数据的可得性,以短期培训形成的人力资本在图5-3的相关数据中未得到反映。因此,图5-3所获得的结论只是一个近似。

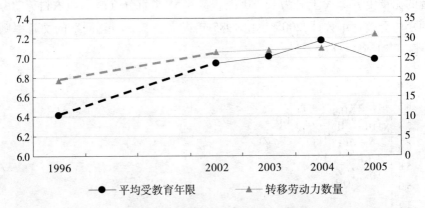

图 5 - 4　中国农业劳动力的受教育程度与转移劳动力数量

数据来源:农村劳动力转移数量的估算数据来自相应年份《中国统计年鉴》、《中国农村住户调查年鉴》;其估算方法为:转移劳动力数量 =（城镇从业人员－城镇职工人数）+（乡村从业人员－农业就业人员）①,单位:千万人。1996 年农业劳动力的平均受教育年限的数据来源于第一次全国农业普查,2002～2005 年的数据均来源于相应年份的《中国劳动统计年鉴》;受教育年限的计算方法同本章第一部分。

　　基于目前统计数据的局限,我们只能取得 1996 年、2002～2005 年的几个年份农、林、牧、渔及水利业生产人员受教育程度的数据。若以转移劳动力人数替代相同时期非农转移率,那么,可以构建转移率与广义农业劳动者受教育程度之间的相关关系如图 5 - 4。总体来看,在 1996 年到 2005 年期间,中国农村转移劳动力数量的增加拉动了农业从业人员的受教育水平;但是,当转移劳动力数量大幅度提高时,未转移的农业劳动者的平均受教育水平就可能降低(如 2004～2005 年的相关数据显示)。这印证了本章第四部分农业人力资本的深化依赖于某类条件而存在的结论;同时也说明,中国农业从业者的人力资本深化并最终实现与非农部门的趋同还任重道远。

---

　　① 本方法借鉴于陆学艺。该估算方法将城镇从业人数减去城镇职工人数得到进入城市就业的"农民工"人数,将乡村从业人员减去农业就业人数得到农村中非农劳动力数量。二者合计之和即农村转移劳动力总量。参见陆学艺:《当代中国社会流动》,社会科学文献出版社 2004 年版。

第六章　引入人力资本的中国农业生产效率评价

一、引入人力资本的农业生产效率的意义

在过去的几十年中,特别是家庭联产承包责任制改革以来,中国的农业产出一直在持续快速增长。尤其是 20 世纪 90 年代中期以后,中国农业发展进入到一个新的阶段。农业生产的投入更多地体现为现代生产要素,其中,人力资本成为重要性日渐显现的新要素。舒尔茨指出,在研究农户技术采用行为时有三个问题非常关键:农户对新要素的接受速度、对新要素的寻求能力以及对新要素的使用能力。经验事实表明,农民的技能和知识水平与其耕作的生产力之间存在着高度的正相关性。所以,农民所获得的能力是实现农业现代化的一个十分重要的条件。[1]

早期的研究者把生产率的增长归于技术水平的提高;现在,越来越多的学者把技术水平进一步分解为技术进步和技术效率两个方面。[2] 技术效率反映了在技术的稳定使用过程中某一产业内技术推广的有效程度,该产业领域中技术的更新速度以及该产业增长的质量;更进一步讲,技术效率可以推动经济结构的转变与升级过程,实现制度和体制的改革与转型。

农业技术效率的意义在于,通过农业新技术的应用,有效地突破农业部门的资源约束,实现农业全要素生产率乃至农业综合生产能力的持续提高。换言之,通过对农业生产过程增加新要素投入并合理配置资源,形成高效率

---

①　参见李富田:《论农村人力资本投资》,《农村经济》2002 年第 11 期。

②　Farrel,M. J. ,1957:The Measurement of Production Efficiency,Journal of Royal Statistical Society,130(3):353 – 381.

资源对低效率资源的替代,在此基础上生成新的资源结构和资源配置格局,进而实现农业生产整体增长率的提高。因此,技术效率在现代农业生产率问题的研究中,占有相当重要的地位。

本章通过测度中国农业部门的实际生产率,对中国农业全要素生产率增长及其构成进行估计,计量不同要素特别是人力资本在中国农业产出增长中的贡献,从而探求造成农业生产技术有效或无效的原因。这一研究,对于明确农业成功发展的关键因素以及完善农业发展政策具有重要意义。

二、生产效率测度的模型选择

20世纪50年代,在英国出现了对技术效率含义和测度方法的讨论。1957年,剑桥大学经济学家 M. J. Farrel 首次从投入的角度提出了技术效率、价格效率和效率生产函数的概念。Farrel 认为,技术效率就是在产出规模不变和市场价格不变的条件下,按照既定的要素投入比例所能达到的最小生产成本占实际生产成本的百分比,并把效率分析扩大到所有产业领域。虽然 Farrel 的技术效率理论被学术界普遍接受了,但他的研究方法是有缺陷的。主要表现在:一是边界生产函数只能由部分样本观察值决定,因而没有充分利用所有的样本资料;二是边界生产函数的估计严重地受数据质量的影响;三是由于这种方法计算出来的参数不具备统计性质,因而不可能进行统计检验和统计推断。

1966年,Leiben Stein 从产出角度出发对技术效率的概念作了新的定义。Leiben Stein 认为,技术效率是在市场价格不变、投入规模及要素比例不变的情况下,实际产出水平与所能达到的最大产出的百分比。这种从产出角度所定义的技术效率被普遍接受,因而在应用研究中被广泛使用。1972年,S. N. Afriat 第一次使用最大似然法建立了具有统计性质的边界生产函数模型。这是运用计量经济模型来研究技术效率的开端。其形式为:

$$\lg y_i = \lg [f(x_i)] - u_i \tag{6.1}$$

其中, u_i 代表第 i 个生产单位的残差, $u_i \geq 0$。(6.1)式中 $\lg [f(x_i)]$ 为边界生产函数的确定性部分。当 $u_i = 0$ 时,实际产出 y_i 落在边界上,此时技术效率为100%;当 $u_i > 0$ 时, u_i 是实际产出与最大产出之间的差距。技术效率表示为:技术效率 = $\lg y_i / \lg[f(x_i)]$, u_i 服从 γ 分布。最大似然估计方法结果受残差分布形式的影响很大,不同的假设常常导致不同的估计结果。为此,J. Richmond 于 1974 年第一次提出了用修正过的普通最小二乘法来研究边界生产函数。

以上模型均假设,被考察的所有生产单位共用一个边界生产函数,而且每个生产单位的实际产出与边界产出之间的差别纯粹是由技术低效率引起的。这些假设与生产实际情况是不相符的,尤其是在农业生产中,由于各生产单位的生产环境不同,一些非技术因素如气候等,可以引起某单位的实际产出低于边界产出。随机生产函数是为解决这一问题而产生的。随机边界生产函数于 1977 年由美国的 D. J. Aigner、C. A. Knox Lovell 等人和比利时的 W. MeeuSen 等人分别提出。随机边界生产函数的创立,使技术效率的估计由纯理论探索转向应用成为可能。从 20 世纪 80 年代初,这种可能性成为现实。Data Envelopment Analysis(简记为 DEA)是著名的运筹学家 A. Charnes 和 W. W. Cooper 等人于 1978 年提出的、以相对效率概念为基础而发展起来的一种有效性评价新方法。1985 年,他们两人与 B. Celany、L. Seiford 和 J. Stutz 合作,提出了专门用于技术效率判别的 $C^2 GS^2$ 模型。技术效率的经验研究,即测量生产单位的实际技术效率,从而研究造成生产单位技术有效或无效的原因,对于经济分析和管理研究是非常有价值的。

目前对于生产效率的测算,理论界有两种方法比较流行:一种是非参数方法,另一种是参数方法。参数方法是通过估计生产函数来实现对所考察对象的生产效率的测算的,而非参数方法是一种数据包络分析方法,它无须设定生产函数。非参数方法是在 Farrel 和 Afriat 提出技术效率的测量以后[1],由 Variran、Fare 等人从理论和运用方面发展和完善起来的。它有几种不同的模型,其中最基本的是 $C^2 R$ 模型。假设有 n 个决策单元,用 (X_j, Y_j) 表示第 j 个决策单元 DEM_j,每个决策单元的效率可以用以下指数衡量:[2]

---

[1]　Farrel, M. J., 1957: The Measurement of Production Efficiency, Journal of Royal Statistical Society, 130(3): 353 ~ 381; Afriat, S. N., 1973: Efficiency of Production Functions, International Economic Review, 13(10): 568 ~ 598.

[2]　参见魏权龄、岳明:《DEA 概论与 $C^2 R$ 模型——数据包络分析技术(一)》,《系统工程理论与实践》1989 年第 1 期。

$$h_j = \frac{u^T Y_j}{v^T X_j}, j = 1, 2, \cdots, n \qquad (6.2)$$

其中，$X_j = (x_{1j}, x_{2j}, \cdots, x_{mj})^T$，$Y_j = (y_{1j}, y_{2j}, \cdots, y_{sj})^T$，$v = (v_1, v_2, \cdots, v_m)^T$，$u = (u_1, u_2, \cdots, u_s)^T$（$x_{ij} > 0, y_{ij} > 0, v_i \geq 0, u_r \geq 0$，$i = 1, 2, \cdots, m; r = 1, 2, \cdots, s; j = 1, 2, \cdots, n$）。$x_{ij}$ 表示第 j 个决策单元对第 i 种类型投入的使用量；y_{rj} 表示第 j 个决策单元第 r 种产出的产出量；v_i 和 u_r 分别表示对第 i 种投入和对第 r 种输出的一种度量（"权"）。我们总可以适当选择权数 v 和 u，使其满足 $h_{ij} \leq 1, j = 1, 2, \cdots, n$。对于某决策单元 DEM_{j0}，有如下最优化模型：

$$\begin{cases} \max h_{j_0} = = \dfrac{u^T Y_{j_0}}{v^T X_{j_0}} \\ s.t. \ h_j = \dfrac{u^T Y_j}{v^T X_j} \leq 1, j = 1, 2, \cdots, n \\ v \geq 0, u \geq 0 \end{cases} \qquad (6.3)$$

利用 *Charnes-Cooper* 变换，可以将之化为一个等价的线性规划问题。令：$t = 1/v^T X_0$，$\omega = tv$，$\mu = tu$，则有：

$$\begin{cases} \max \mu^T Y_0 = VP \\ s.t. \ \omega^T X_j - \mu^T Y_j \geq 0, j = 1, 2, \cdots, n \\ \omega^T X_0 = 1 \\ \omega \geq 0, \mu \geq 0 \end{cases} \qquad (6.4)$$

如果有面板数据（Panel data），则我们可以用曼奎斯特生产率指数[1]来测算生产效率的变化，并将全要素生产率的变化分解为技术进步的变化与技术效率的变化。[2] 用基于产出的曼奎斯特生产率指数来测定生产率：

---

[1] Fare, R., Grosskopf, S., & Lovel, C. A. K. 1994: Production Frontiers, Cambridge University Press.

[2] Fare, R., Grosskopf, S., &Lovel, C. A. K., 1992: Productivity Change in Swedish Pharmacies 1980~1989: A Nonparametric Malmquist Approach, Journal of Productivity Analysis, (3): 85~101; Fare, R., Grosskopf, S., &Norris, M., 1997: Production Growth, Technical Progress, and Efficiency Change in Industrialized Countries: Reply, American Economic Review, 87(a): 1040~1043.

$$M_o(y_{t+1},x_{t+1},y_t,x_t) = \left[\frac{d_o^t(x_{t+1},y_{t+1})}{d_o^t(x_t,y_t)} \times \frac{d_o^{t+1}(x_{t+1},y_{t+1})}{d_o^{t+1}(x_t,y_t)}\right]^{\frac{1}{2}} \quad (6.5)$$

由此,即有:

$$M_o(y_{t+1},x_{t+1},y_t,x_t) = \left[\frac{d_o^t(x_{t+1},y_{t+1})}{d_o^t(x_t,y_t)} \times \frac{d_o^{t+1}(x_{t+1},y_{t+1})}{d_o^{t+1}(x_t,y_t)}\right]^{\frac{1}{2}}$$

$$= \frac{d_o^{t+1}(x_{t+1},y_{t+1})}{d_o^t(x_t,y_t)}\left[\frac{d_o^t(x_t,y_t)}{d_o^{t+1}(x_t,y_t)} \times \frac{d_o^t(x_{t+1},y_{t+1})}{d_o^{t+1}(x_{t+1},y_{t+1})}\right]^{\frac{1}{2}}$$

$$= E(y_{t+1},x_{t+1},y_t,x_t)\mathrm{TP}(y_{t+1},x_{t+1},y_t,x_t) \quad (6.6)$$

其中,$M_0(\cdot)$为基于产出的曼奎斯特全要素生产率指数,它测度了生产点(x_{t+1},y_{t+1})相对于生产点(x_t,y_t)生产率的变化。该指数大于1表示相对于第t期,$t+1$期的全要素生产率提高。$E(\cdot)$和$TP(\cdot)$分别测度第t+1年相对于第t年技术效率的变化和技术进步的变化。

三、指标选择与数据来源

本章中测算农业生产效率的数据是1990~2005年中国大陆31个省、自治区和直辖市的农业投入和产出数据。而人力资本对农业经济增长的贡献率的测定则是利用1982~2005年的相应时序数据。[①] 所有的数据均来自《新中国五十年农业统计资料》和历年的《中国统计年鉴》、《中国农村统计年鉴》。本章使用的农业投入和产出变量的定义如下:[②]

1. 农业产出指标(Y):农业产出是以1990年不变价格计算的农、林、牧、渔业总产值,它代表中国农业的总体发展水平。

2. 农业投入指标:农业投入变量包括劳动力、土地、机械动力、化肥四个方面。其中,劳动力投入状况涵盖了劳动力的数量和质量;而农业部门的资本投入主要从机械动力和化肥两种投入来反映。具体指标如下:

---

① 因为1990年以前及1991~1994年农村居民的受教育程度的截面数据不可得,因此在面板数据测算中国农业生产效率时以1990年为基期,剩余年份为1995~2005年。而利用模型(6.2)所测算的人力资本贡献率则使用1982~2005年的时序数据。

② 除了劳动力受教育年限,其他变量均取自然对数。

（1）劳动力数量投入（L）：劳动投入以乡村年底农、林、牧、渔业从业人员数计算，乡村从事工业、服务业的劳动不包括在农业劳动投入内。

（2）劳动力质量投入（H）：劳动力的质量（即人力资本）投入以年底农村居民的平均受教育年限来衡量。平均受教育年限的计算方法如下：文盲 ×0 + 小学 ×6 + 初中 ×9 + 高中和中专 ×12 + 大学 ×16。

（3）农业机械动力投入（P）：机械动力投入以农业机械总动力计算，为主要用于农、林、牧、渔业的各种动力机械的动力总和，包括耕作机械、排灌机械、收获机械、农用运输机械、植物保护机械、牧业机械、林业机械、渔业机械和其他农业机械；不包括专门用于乡镇、村组办工业、基本建设、非农业运输、科学实验和教学等非农业生产方面用的机械和作业机械。

（4）化肥投入（F）：化肥投入以当年度实际用于农业生产的化肥折纯数量计算，包括氮肥、磷肥、钾肥和复合肥。

四、中国农业生产效率评价与人力资本贡献率测算

（一）中国农业生产效率的 DEA 评价

基于面板数据利用数据包络分析技术，不但可以用曼奎斯特全要素生产率指数来测算生产效率的变化，并且可将其进一步分解为技术进步变化与技术效率变化，以便我们考察各决策单位全要素生产率、技术进步和技术效率的变化情况，而且还可以对所考察期间各决策单位的效率变化作出动态分析。另外，用该项分析还可以将技术效率的变化进一步分解为纯技术效率的变化和规模效率的变化，进一步揭示生产率变化的源泉。[①] 表6－1 给出了 1995～2005 年期间各年农业生产效率相对指数，表6－2 给出了在此期间中国各省区市农业部门的平均曼奎斯特生产率变化指数及其分解情况。

---

① Fare, R., S. Grosskopf, & C. A. K. Lovel, 1994: Production Frontiers, Cambridge University Press.

表6-1 1995～2005年各年农业部门平均曼奎斯特生产率指数的变化

年份	技术效率 变化指数	技术进步 变化指数	纯技术效率 变化指数	规模效率 变化指数	曼奎斯特全要素 生产率变化指数
1995	0.816	1.468	0.882	0.925	1.198
1997	0.960	1.142	1.000	0.961	1.097
1998	0.984	1.003	0.980	1.005	0.987
1999	0.964	1.005	0.967	0.996	0.968
2000	0.990	1.021	0.964	1.028	1.012
2001	0.998	1.019	1.067	0.935	1.017
2002	1.005	0.998	0.929	1.083	1.004
2003	1.011	1.117	1.098	0.921	1.130
2004	1.021	1.100	0.966	1.056	1.123
2005	0.990	1.068	0.977	1.013	1.058
平均值	0.972	1.087	0.981	0.991	1.057

从生产率变化的分解来看,期间技术进步变化指数为1或大于1时,说明该生产部门或单元的生产活动的技术创新及其更新已处于最大可能性边界,生产的发展必须通过技术效率的提升来实现。表6-1的测度结果显示,1995～2005年的10多年间,中国农业部门全要素生产率增长约为5.7个百分点,期间技术进步变化指数只有在2002年小于1,其余年份均在技术进步的最大可能沿面上;而技术效率却在大部分年份低于1,说明中国农业生产率的增长主要是由技术进步导致,而非效率的改善。从构成上看,20世纪中期以后,中国农业生产的技术进步年均增长8.7%,而技术效率的变化指数反而年均下降2.8%,农业生产整体上处于农业技术进步和技术效率损失并存的状态。这一结果与薛春玲等没有考虑农业劳动力的人力资本因素而对我国农业生产技术效率的测度结果不相吻合。[①] 进一步地从技术效率变化的分解情况看,农业生产的纯技术效率与规模效率呈现出此消彼

---

① 在未考虑人力资本因素的情况下,中国农业生产的技术进步变化受到限制,并且技术进步缺乏效率。参见薛春玲等:《农业生产的技术效率测度模型及实证分析》,《农业科技管理》2006年第2期。

长的态势,说明农业生产无论纯技术效率还是规模效率方面均没有得到充分的发挥。因此,现有农业技术的巩固、推广和扩散成为解决技术效率缺失的主要途径。而农业技术的巩固、推广和扩散需要一支文化和技能水平较高的农业劳动力队伍,因此,解决这一问题需要从提升乡村劳动力的人力资本水平着手。

表6-2　中国各省区市农业部门1990~2005年间平均生产效率指数

地　区	技术效率 变化指数	技术进步 变化指数	纯技术效率 变化指数	规模效率 变化指数	曼奎斯特全要素 生产率变化指数
北　京	1.000	1.130	1.000	1.000	1.130
天　津	0.986	1.101	0.998	0.989	1.086
河　北	0.991	1.095	0.992	0.999	1.085
山　西	0.901	1.110	0.927	0.972	1.000
内蒙古	0.969	1.110	0.976	0.994	1.076
辽　宁	1.000	1.112	1.000	1.000	1.112
吉　林	0.981	1.111	0.985	0.996	1.090
黑龙江	0.969	1.112	0.976	0.992	1.078
上　海	1.000	1.123	1.000	1.000	1.123
江　苏	1.000	1.099	1.000	1.000	1.099
浙　江	1.000	1.089	1.000	1.000	1.089
安　徽	0.955	1.076	0.973	0.982	1.028
福　建	1.000	1.097	1.000	1.000	1.097
江　西	0.960	1.064	0.968	0.992	1.022
山　东	1.000	1.097	1.000	1.000	1.097
河　南	0.995	1.072	0.997	0.998	1.067
湖　北	0.979	1.082	0.983	0.996	1.059
湖　南	0.982	1.082	0.986	0.997	1.063
广　东	1.000	1.090	1.000	1.000	1.090
广　西	0.950	1.081	0.964	0.985	1.026
海　南	1.000	1.082	1.000	1.000	1.082
重　庆	0.960	1.049	0.968	0.992	1.007
四　川	1.000	1.069	1.000	1.000	1.069

地 区	技术效率 变化指数	技术进步 变化指数	纯技术效率 变化指数	规模效率 变化指数	曼奎斯特全要素 生产率变化指数
贵　州	0.943	1.051	0.952	0.990	0.991
云　南	0.951	1.073	0.970	0.981	1.021
西　藏	0.988	1.026	1.000	0.988	1.014
陕　西	0.916	1.078	0.941	0.974	0.988
甘　肃	0.928	1.070	0.945	0.982	0.993
青　海	0.970	1.058	0.978	0.992	1.026
宁　夏	0.899	1.099	0.960	0.936	0.988
新　疆	0.981	1.118	0.988	0.994	1.097

表 6-2 给出了 1990~2005 年期间中国各省区市的农业全要素生产率的增长及其构成变化的计算结果。测算结果表明,1995~2005 年间,只有陕西和宁夏两个省区的农业全要素生产率是负增长,其余省区市的农业全要素生产率都实现了正增长。从增长速度看,农业全要素生产率的省际差异明显。年均增长率在前 11 名的除新疆和辽宁外,都位于东部地区;而农业全要素生产率的年均增长率在倒数 11 位中,除山西省之外全部位于西部地区。显然,省际农业全要素生产率增长的差异性与经济发展水平具有较高的一致性。从生产率增长的构成上看,农业技术的进步与农业技术效率缺失仍然并存,仅有东部几个省区农业效率保持不变,而且从技术效率的分解来看,其纯技术效率与规模效率在省际的差异与上面的分析一致,尤其是西部地区农业的纯技术效率与规模效率提升的空间更为广阔。

采用 *nearest neighbor* 的聚类方法(测量间距为欧几里德距离平方和),对中国各省区市农业生产的技术效率变化指数和技术进步变化指数作聚类分析,结果见表 6-3。北京、上海和辽宁无论是技术效率变化指数,还是技术进步变化指数都处在第一个层面;江苏、浙江、福建、广东和山东等五个省的技术效率变化处于第一层面,而技术进步变化处于第二层面,说明这五个省的农业技术进步效率需要改进;内蒙、新疆、吉林和黑龙江等四个省区的技术进步变化处于第一层面,技术效率变化处于第二层面,说明这些省区的农业生产存在技术效率的提升空间;青海、西藏两个省区的农业生产相对于其技术效率变化而言,技术进步的速度显得更加缓慢,技术进步的相对停滞也是可能的,因此需要大力提高农业生产技术的更新速度;安徽、江西、广西、云南、重庆、贵州、陕西和甘肃这些中西部省区市农业生产的技术效率和技术进步都存在一定的滞后性,这些省区市处于传统农业向现代农业转变的初始阶段,农业投入结构需从传统的土地或资源投入增长型转向技术投入增长型,农业增长需要更多地依托农业技术与知识创新。要建立效率主导型农业,提高农业产出效率,必须开发以现代农业技术,用资源节约型技术取代资源消耗型技术,实现由"资源依存型"向"科技依存型"转变。

表 6-3　1990~2005 年中国各省区市技术效率变化指数和
技术进步变化指数的聚类分析

地　区	技术效率	技术进步	地　区	技术效率	技术进步
北　京	1	1	河　北	2	2
上　海	1	1	湖　北	2	3
辽　宁	1	1	湖　南	2	3
江　苏	1	2	青　海	2	4
浙　江	1	2	西　藏	2	5
福　建	1	2	山　西	3	1
广　东	1	2	宁　夏	3	2
山　东	1	2	安　徽	4	3
河　南	1	2	江　西	4	3
海　南	1	3	广　西	4	3
四　川	1	3	云　南	4	3
内蒙古	2	1	重　庆	4	4
新　疆	2	1	贵　州	4	4
吉　林	2	1	陕　西	5	3
黑龙江	2	1	甘　肃	5	3
天　津	2	2			

(二)人力资本对中国农业经济增长贡献率的测定

根据丁伯根(Tinbergen,Jan)对 C-D 函数改进的指数形式的生产函

数①,即

$$Y = Ae^{rt}L^{\alpha}K^{\beta} \tag{6.7}$$

其中,Y 为产出,L 和 K 分别代表劳动力和资本的投入,α 和 β 分别为劳动力和资本的弹性系数,r 为科技教育进步增长率②,t 为时间变量,A 是一个常数。将这一生产函数应用于农业生产中,根据投入产出关系,可以建立以下模型:

$$Y = Ae^{Ht}L^{\alpha}P^{\beta}F^{\gamma} \tag{6.8}$$

将(6.5)式两边取对数后,得到相应函数的线性形式。对各个指标(农业总产值、劳动力、机械总动力、化肥施用量)的相应数值也取对数后得到表6-4。

表6-4　C^2R 模型输入输出指标数据表

年份	农业总产值 Y	劳动力 L	机械总动力 P	化肥施用量 F	受教育程度 H
1982	8.32327	10.33718	7.415416	7.322114	4.73
1983	8.39316	10.34660	7.496763	7.414452	4.90
1984	8.52409	10.33748	7.575431	7.461525	5.07
1985	8.53382	10.34593	7.645517	7.482006	5.60
1986	8.56213	10.34990	7.738488	7.565586	5.73
1987	8.59540	10.36290	7.817464	7.600752	5.81
1988	8.60174	10.38124	7.885141	7.669262	5.92
1989	8.60222	10.41106	7.939765	7.765187	6.03
1990	8.94404	10.56911	7.962336	7.859529	6.20
1991	9.00663	10.57383	7.985777	7.939194	6.55
1992	9.11435	10.56357	8.016595	7.982826	6.63
1993	9.30524	10.53688	8.065158	8.055761	6.76
1994	9.66463	10.50857	8.125705	8.107087	6.86
1995	9.92039	10.47813	8.191973	8.186938	6.99

---

① 丁伯根认为,C-D 生产函数反映技术对经济贡献的 A 是随时间呈指数变化的。

② 科技教育进步增长率表现为农村劳动力文化水平的提高,也即农村劳动力的文化程度增长指数。

年份	农业总产值 Y	劳动力 L	机械总动力 P	化肥施用量 F	受教育程度 H
1996	10. 01475	10. 45795	8. 257046	8. 250072	7. 25
1997	10. 07695	10. 45852	8. 343211	8. 289213	7. 37
1998	10. 10814	10. 46815	8. 416438	8. 314759	7. 45
1999	10. 10721	10. 48481	8. 496911	8. 324652	7. 54
2000	10. 12326	10. 49247	8. 567384	8. 329996	7. 67
2001	10. 17274	10. 50542	8. 615628	8. 355568	7. 74
2002	10. 21796	10. 51515	8. 664404	8. 375491	7. 80
2003	10. 29863	10. 50633	8. 705936	8. 391993	7. 82
2004	10. 49789	10. 47076	11. 067074	8. 441737	7. 88
2005	10. 58281	10. 43323	11. 133096	8. 469305	8. 03

根据表 6 - 4, 结合 C^2R 模型, 利用 LIN6. 1 解相应的线性规划(即 6. 4), 得到:

$u = 0.094493$; $w_1 = 0.035591$, $w_2 = 0.008587$, $w_3 = 0.036959$, $w_4 = 0.027404$。

各投入要素的贡献率分别为:

$L = 10.43323 \times 0.035591 = 37.133\%$, $P = 11.133096 \times 0.008587 = 9.600\%$, $F = 8.469305 \times 0.036959 = 31.302\%$, $H = 8.03 \times 0.027404 = 22.005\%$。

测度结果显示, 反映农业生产现代化水平的机械总动力对经济的贡献率仅为 9.60%, 显著低于其他指标的贡献。中国的基本国情和统分结合的土地基本经营制度, 决定了中国农业生产的基本特征是单个家庭的小规模分散经营①, 这在一定程度上制约了农业机械化技术的推广应用, 影响了农业机械的使用效率和经济效益, 进而也影响到农业生产的规模效率。

农业生产函数中劳动力数量和化肥施用量的贡献率分别为 37.13% 和 31.30%, 大于人力资本贡献率 22.00%, 表明这两个变量在农业经济增长

---

① 据统计, 2005 年中国农村居民家庭人均耕地面积 2.08 亩, 世界人均耕地面积为 3.76 亩, 其中, 澳大利亚 38 亩、加拿大 22.5 亩、俄罗斯 13.6 亩、美国 10.5 亩。资料来源: [美]世界资源研究所等编:《世界资源报告 1998 ~ 1999》, 胡珊珊等译, 中国环境科学出版社 1999 年版。

中发挥重要作用,也就是说中国农业仍带有明显的传统农业的特点。同时人力资本水平对农业经济的贡献表现出显著的正向外部效应,进一步从经验上说明人力资本水平的提高有利于农村经济的发展。

五、提升劳动力人力资本水平的效率含义

从中国当前农业发展的实际情况来看,农业全要素生产率的增长主要源自于农业技术进步,技术进步对中国农业全要素生产率的提高起着关键作用,尤其是对于经济较发达的东南部沿海省份,因为这些省份的技术效率为1,即它们处于生产前沿面上。由于中国地域分布较广,对于经济发展落后的一些农业省份和西部省份,如河南、山西、安徽、湖南、陕西、贵州、云南、甘肃等,它们与发达地区的经济发展条件相差悬殊、很难发挥追赶效应。这些省份的农业生产条件特殊,市场体系不健全,市场经济不发达,产业结构不合理,农业比较效益低,技术推广难度大,造成农业生产总是远离其生产前沿。因此这些省份的农业生产率提高,在效率改善方面还有很大的空间,其中,农业生产的纯技术效率与规模效率均有待提升。结合其他农业投入要素的贡献,劳动者人力资本的提升,有助于其有效应用现有技术,提高农业的技术效率。

虽然多年来中央政府实施的一系列体制改单和政策调整,对农业生产产生了显著的影响,但目前农业技术低效率,与农业生产者对技术的驾驭和推广能力不足直接相关。另外从区域性差异来看,造成技术效率省际差别的原因固然有自然条件和历史因素的作用,但更为重要的还是在于不同区域间农业技术运用的差别而导致的农业技术效率的分异。

中国目前实行以土地承包关系为基础的农户家庭经营形式,一方面,由于规模小必然产生一系列的"不经济",尤其由于农户对于农业技术投资的边际效率递减,使农业技术投资受到很大限制;另一方面,分散经营的农户难以获得现代技术的支持,农业技术运用的专业化管理和社会化服务水平也相对较低。而且,中国农民整体的科技文化素质较低,在很大程度上使农业和农村的科技机制难以有效运行,并最终影响技术的推广范围和扩散速度,进而影响到农业综合生产能力的持续提高。在美国,一项先进技术在全

国推广只需一年半的时间,而在中国平均需要 6 年。林毅夫曾研究了教育在一个农户决定采用杂交水稻时所起的作用。他的研究表明:教育可以提高一个决策者获得和理解信息的能力,使新技术可能带来的风险降低,因此教育对新技术的扩散有促进作用。①

结合前面所分析的中国农业生产效率的现状,通过增加人力资本的积累来提高各种生产要素的利用效率,从而提高农业的整体生产效率,对提高农业产出水平和农业发展阶段具有重要的意义。随着人力资本的积累,农业生产的可能性边界会逐渐向外扩展,人力资本将逐渐取代其他要素成为对农业生产效率贡献最大的因素。现代农业建设,日益依赖于农民的人力资本水平。

---

① 林毅夫:《制度、技术与中国农业发展》,上海三联书店、上海人民出版社 1999 年版。

第 三 篇

生育率、人力资本与农业发展

第七章 生育率、人力资本逆向变动之机制及发展含义

一、经济发展过程中生育率与人力资本的逆向变动

两个多世纪以前,马尔萨斯首次建立了一个包含人口变量的经济增长模型。[①] 该模型的核心思想可以概括为如下两个基本方程:

$$\frac{\dot{p}}{p} = \lambda(y - y_0) \qquad\qquad (7.1)$$

$$\frac{\dot{y}}{y} = (\beta - 1)\frac{\dot{p}}{p} \qquad\qquad (7.2)$$

式中 p 代表人口, y 表示人均产出, y_0 为与最低生存水平对应的人均产量;参数 $\lambda > 0, 0 < \beta < 1$。(7.1)式显示,人口增长率是人均收入的增函数,且存在一个最低生存水平,当人均收入高于这一水平时,人口增长率大于0,反之则小于0。(7.2)式表明,人均收入增长率又是人口增长率的减函数,即在技术和总产出既定的条件下,生育率的提高会降低人均收入水平,使 y 向 y_0 趋近。因此,在马尔萨斯理论所刻画的世界中,技术进步所带来的生产能力的提高,只会导致人口的增加,而不会改变真实人均收入[②],人均收

---

① 参见[英]马尔萨斯:《人口原理》,朱泱等译,商务印书馆1992年版。
② 马尔萨斯模型的突出优点是,能够在人口和技术冲击下预测到不变的生存消费水平的存在。或者说,在一个人均收入保持不变的世界中,人口增长本身就能测量生产增长,从而也能测量技术变化率。参见[美]小罗伯特·E.卢卡斯:《经济发展讲座》,罗汉、应洪基译,江苏人民出版社2003年版,第五章《工业革命:过去与未来》。

入长期收敛于仅能够维持生存的低水平均衡陷阱。① 在西方经济学界,马尔萨斯模型是被用来作为解析具有超稳态结构的传统经济的有效工具。

后马尔萨斯时代,世界经济的发展呈现出与以前大不相同的特征。第一,在工业革命发生并成功推进的国家或地区,人均收入出现快速和持续的增长。以1985年美元计,1800年美国的人均GDP为870美元,到1900、1950和1990年,分别增长到3943、8772和18054美元。1990年与1800年相比,先行工业化国家人均GDP的增长均超过了15倍,有的甚至超过20倍。后起的工业化国家或地区,人均收入的变动也显现了同样的趋势(见表7-1和图7-1)。② 第二,在这些国家或地区,人口增长率并未与人均收入增长率同步提高,相反却下降了。1871~1901年间,英格兰和威尔士妇女的生育率下降了26个百分点;1920~1930年、1960~1972年,美国妇女的生育率分别降低24和38个百分点;生育率的类似变化同样发生在日本、中国台湾等国家和地区的工业化高速推进时期(见图7-2)。人均收入高速增长经济体的生育率下降趋势至今一直在延续着。比如,美国家庭户均人口数1970年是3.33人,1980年减少为2.76人,2003年进一步降至2.57人。③ 第三,与此同时,以受教育程度衡量的人口质量或人力资本水平显著改善。图7-2同时提供了美国、英国、日本和中国台湾的与生育率变化同期的受教育人口增长率数据。另据资料,1920年,美国完成高中教育和4年及以上大学教育的人数的百分比分别是16.4%和3.3%;到1960年,这两项数据成为41%和7.7%;2003年则分别高达84.6%、27.2%。④

---

① 从人类社会最早期开始直到19世纪初左右,世界人口以及商品和服务的产出量大致以不变的速度缓慢增长着。人均收入水平大致维持在600美元左右(1985年美元),穷国与富国的人均收入差距不超过±200美元。参见[美]小罗伯特·E.卢卡斯:《经济发展讲座》,罗汉、应洪基译,江苏人民出版社2003年版,第五章《工业革命:过去与未来》。

② 数据来源:[美]小罗伯特·E.卢卡斯:《经济发展讲座》附录表5.2,罗汉、应洪基译,江苏人民出版社2003年版,第181页。

③ 数据来源:陈奕平:《人口变迁与当代美国社会》,世界知识出版社2006年版,第102页。

④ 数据来源:陈奕平:《人口变迁与当代美国社会》,世界知识出版社2006年版,第301页附表10。

表7-1　不同国家(地区)的人均GDP(1985年美元)(1800~1990年)

	1800	1850	1875	1900	1925	1950	1960	1970	1980	1990	1990/1800
英国	840	1864	2633	3527	4362	5395	6823	8537	10167	13217	15.7
美国	870	1519	2581	3943	6034	8772	9895	12963	15295	18054	20.8
法国	752	1207	1612	2152	3110	4045	5823	9200	11756	13904	18.5
德国	738	1048	1488	2179	2974	3122	5843	8415	11005	13543	18.4
加拿大	854	1279	1923	3095	4254	6380	7258	10124	14133	17173	20.1
日本	636	625	681	1025	1401	1430	2954	7307	10072	14331	22.5
东欧	620	709	797	911	1078	1340	1823	2621	3986	3970	6.4
苏联	620	697	815	991	1114	1713	2397	4088	6119	7741	12.5
东亚	630	630	630	630	630	630	1004	1812	3458	6807	10.8*
中国	630	630	630	630	630	500	568	697	973	1325	2.7*

说明:带 * 号的为1990/1950的数据。

资料来源:[美]小罗伯特·E.卢卡斯:《经济发展讲座》附录表5.2,罗汉、应洪基译,江苏人民出版社2003年版,第181页。

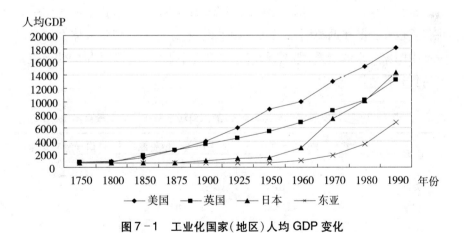

图7-1　工业化国家(地区)人均GDP变化

经济发展及人均收入持续、快速增长过程中生育率下降和人均人力资本水平提高的规律性变化,同样可以在世界各国的横截面数据中观察到。表7-2显示,高收入国家20世纪80年代的人口增长率大多低于10‰,有的仅为2‰~3‰,甚至等于0。1985年,这些国家的人口平均受教育年数

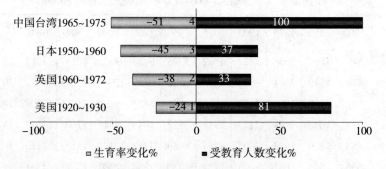

图 7-2   不同国家（地区）不同历史时期的生育率和受教育水平变化

说明：图中生育率的变化均为负，美国、英国是 15~44 岁妇女的出生率，日本、台湾是 15~49 岁妇女的总和生育率；受教育人数的变化率均为正，美国为在中学注册的 14~17 岁的人数，日本为完成初中教育的 25~34 岁的人数，台湾为完成高中教育的 25~34 岁的人数，英国是有文化的男性人数。资料来源：［美］加里·斯坦利·贝克尔：《家庭论》，王献生、王宇译，商务印书馆 2005 年版，第 177~180 页。

介于 6.3~11.8 年之间。与此形成显著反差的是低收入国家，他们同期的人口增长率高达 25‰以上，而人均受教育年限一般低于 4.3 年，个别国家甚至不到 1 年。处于中等收入水平的国家或地区，人口增长率和人均受教育程度也介于前述两类国家之间。如果说，发达国家的现状大体上展示了发展中国家未来的情景，那么，经济发展过程中人口数量与质量的转变就是一条具有普适性的规律。

表 7-2   不同发展水平国家（地区）的人口增长率和平均受教育年限

国家（地区）	劳均 GDP （1990）（美元）	平均人口增长率 （1980~1990）（‰）	平均受教育年限 （1985）
美国	36810	9	11.8
加拿大	34233.3	10	10.4
瑞士	32760.9	6	9.1
意大利	30920.4	2	6.3
法国	30184.2	5	6.5
西德	29448	3	8.5
瑞典	28343.7	3	9.4
英国	26871.3	2	8.7

国家(地区)	劳均 GDP (1990)(美元)	平均人口增长率 (1980~1990)(‰)	平均受教育年限 (1985)
丹麦	25030.8	0	10.3
日本	22454.1	6	8.5
中国台湾	18405	13	7
韩国	15828.3	12	7.8
阿根廷	13251.6	14	6.7
巴西	11043	21	3.5
南斯拉夫	9938.7	7	7.2
巴基斯坦	4785.3	31	1.9
津巴布韦	2576.7	34	2.6
赞比亚	2208.6	35	4.3
加纳	1840.5	33	3.2
肯尼亚	1840.5	37	3.1
卢旺达	1472.4	29	0.8
马里	1104.3	25	0.8

资料来源:[美]查尔斯·I.琼斯:《经济增长导论》附录 B"经济增长数据",舒元等译校,北京大学出版社 2002 年版,第 176~179 页。

　　经济发展的这一现实背景蕴涵着诸多富有挑战性的研究课题。其中突出的问题有:(1)工业革命以来,生育率为什么会下降? 人力资本投资为什么会增长? (2)经济发展是如何跳出"马尔萨斯陷阱"进入持续增长轨道的? 生育率及人力资本的变化与经济增长(发展)是什么关系? (3)生育率下降与人力资本投资增长之间是否关联? 以及如何关联? 本章我们把讨论的重点放在第(3)个问题上。以下的内容安排是:第二部分借助贝克尔建立的包含子女数量和质量的家庭效用函数,寻求人均收入增长过程中生育率与人力资本相互关系的微观机制解释;第三部分将人力资本和生育率关系的讨论引入经济增长框架,运用"贝—墨—田模型"等内生增长理论工具,试图在宏观层面上对二者关系作出解答;第四部分,我们将着眼点落在中国。首先考察中国经济高速增长以来生育率与人力资本关系的演变,其次阐明这种变化对中国经济发展所蕴涵的意义。

二、代际效用函数中子女数量与质量的关系

诺贝尔经济学奖获得者、美国芝加哥大学教授加里·贝克尔，以"经济学方法"研究"非经济问题"著称于世。贝克尔抱守"经济人"信条，认为经济人假设不仅可以用来解释经济活动领域人们的行为，而且是剖析歧视、犯罪、婚姻和家庭等各种人类行为的有效工具。总之，在贝克尔看来，经济学研究方法提供了应用于分析一切人类行为的结构。① 贝克尔对经济学发展的重大贡献之一，是"在家庭范畴全面应用了传统上只用于研究企业及消费者的分析框架"，② 由此重新构造了家庭经济理论。贝克尔的新家庭经济理论，可以对经济发展过程中人口的量质转变现象提供某种解释。

在将微观经济学方法引入家庭问题分析时，贝克尔遵循了如下若干假设：(1)家庭不仅是通过购买市场产品实现效用最大化的消费单位，同时，也是综合运用家庭成员时间和家庭物质资源生产非市场产品的生产组织。③ 家庭生产的产品诸如睡眠、健康、声望、亲情、子女的数量与质量等等。家庭效用函数中的自变量，可以是家庭成员提供市场活动而获得的市场产品，更包括家庭生产的非市场产品。④ (2)与传统消费者理论的单人家庭不同，贝克尔的家庭由多人组成。多人家庭的特征是：第一，各个家庭成员拥有的时间、技能和资源，在生产家庭基本产品时具有"联合效用"，因而

---

① 瑞典皇家科学院在向贝克尔颁发诺贝尔经济学奖的授奖词中指出，贝克尔"把微观经济学的研究领域延伸到人类行为及其相互关系"，"不仅对经济学，而且给其他社会科学学科带来了较大影响"。转引自[美]加里·斯坦利·贝克尔：《家庭论》译者的话，王献生、王宁译，商务印书馆2005年版。

② [英]马克·布劳格：《现代百名著名经济学家》，毕吉耀译，北京大学出版社1990年版，第60页。

③ 贝克尔将家庭非市场产品的生产函数记作：$Z_i = f_i(x_i, T_i)$。Z_i 是家庭生产的第 i 种基本产品，x_i 表示市场产品向量，T_i 表示用于生产第 i 种产品的时间投入向量。一般来说，Z_i 对于 x_i 与 T_i 的偏导数非负。参见[美]加里·斯坦利·贝克尔：《家庭论》，王献生、王宁译，商务印书馆2005年版，第111～112页。

④ 与传统消费理论相比，贝克尔对家庭的功能做出了重要的拓展。

家庭是有效率的经济组织;第二,不同家庭成员具有相互依赖的效用函数。
(3)家庭内每个人存活两代。在第一代,他(她)是孩子,父母对他(她)成
人的生产投入时间和其他资源;第二代里,他(她)是成年人,他(她)创造收
入,进行消费,并对自己的孩子进行投资。这样,在静态上,一个家庭由两代
人组成;若将家庭结构动态化,可以产生一个由代际序列形成的家庭王朝。
(4)父母对孩子是利他主义者,即父母的效用函数正向依赖于其子女的效
用函数。[①] 一个利他主义者的家庭,可以看做存在一个家庭效用函数,家庭
成员都自愿地使这一函数极大化。

从前述假设条件出发,贝克尔构建了一个由两代人组成的家庭的效用
函数。如果父母的效用(U_0)是他们自己的消费(c_0)、他们所拥有的子女
的数量(n_0)和每个子女效用(U_1 , i)的加法离散函数,那么,

$$U_0 = v(c_0, n_0) + \sum_{i=1}^{n_0} \psi_i(U_{1,i}, n_0) \qquad (7.3)$$

其中 v 是一个标准的即期效用函数。假设父母对孩子之间差异的反映无足
轻重,即对所有孩子来说,函数 $\psi_i = \psi$ 。在每个孩子的效用中,如果该函数
是增加的且呈凹形抛物线,那么,当每个孩子得到相同水平的效用时,父母
的效用就极大化:即对所有的 i 和 j 来说, $U_{1i} = U_{1j}$ 。此时,父母的效用函数
就变成:

$$U_0 = v(c_0, n_0) + n_0\psi(U_1, n_0) \qquad (7.4)$$

另外,假设 U_0 线性依赖于 U_1 ,所以, $\psi(U_1, n_0) = a(n_0)U_1$,父母的效用函
数可由下式给出:

$$U_0 = v(c_0, n_0) + a(n_0)n_0U_1 \qquad (7.5)$$

$a(n_0)$ 项衡量父母对每个孩子的利他主义程度,亦即把孩子的效用转化成
父母效用的程度。[②]

---

① 严格地说,利他主义应该被定义为: $U_i = U(Z_{1i}, \cdots, Z_{mi}, \psi(U_j))$, $\partial U_i/\partial U_j > 0$ 。这
里, i 和 j 分别代表父母和子女。对孩子的利他主义意味着,通过动态效用函数可以把家庭中
所有各代人的福利融为一体。参见[美]加里·斯坦利·贝克尔:《家庭论》,王献生、王宁译,
商务印书馆2005年版,第326、212页。

② 参见[美]加里·斯坦利·贝克尔:《家庭论》,王献生、王宁译,商务印书馆2005年
版,第187~188页。

在贝克尔看来,子女长大成人时的效用,等于子女长大成人时所获得的收入,也等于子女的质量。[1] 这样,家庭效用函数就可以进一步简化为:

$$U = U(n, q, y) \qquad (7.6)$$

式中的 q 表示子女的质量(假设所有子女的质量相同), y 表示所有其他商品的消费比率。(7.6)式是一个简洁的包含子女数量和质量在内的家庭效用函数。该函数表明,父母的效用不仅取决于他们自己的消费,而且还与他们生育的子女数量和每个孩子的质量有关。[2] 该效用函数服从如下预算约束条件:

$$I = nq\pi + y\pi_y \qquad (7.7)$$

这里, I 表示家庭收入, π 表示 n 、 q 的价格, π_y 是 y 的价格。受预算限制的家庭效用函数极大化的一阶条件是:

$$MU_n = \lambda q\pi = \lambda p_n \ ; \ MU_q = \lambda n\pi = \lambda p_q \ ; \ MU_y = \lambda \pi_y = \lambda p_y \qquad (7.8)$$

其中, MU 表示边际效用, p 是边际成本或影子价格, λ 表示货币收入的边际效用。[3]

在贝克尔的家庭效用函数中,子女数量和子女质量成为决策变量。因而,在服从预算约束的前提下,在实现家庭效用极大化的行为选择中,不可避免地会涉及子女数量与子女质量间关系的权衡。影响这种权衡的因素包括:

1. 收入。子女在贝克尔的父母效用方程中被视为耐用消费品,因而,耐用消费品的需求理论在关于子女需求的分析中同样是一个有用的框架。[4]

---

① 参见[美]加里·斯坦利·贝克尔:《家庭论》,王献生、王宁译,商务印书馆2005年版,第273、280~282页。

② 贝克尔给出的将子女纳入父母效用函数的理由是,对于父母来说,子女是一种心理收入或满足的来源。按照经济学的术语,子女可以看成是一种消费商品,有些时候,子女还可以提供货币收入,因而又是一种生产品。而且,由于用于子女的支出和子女带来的收入都不是一成不变的,而是随子女年龄变化而有所不同,使得子女既是一种耐用消费品,又是一种生产品。参见[美]加里·贝克尔:《人类行为的经济分析》,上海三联书店、上海人民出版社1995年版,第211页。

③ 参见[美]加里·S.贝克尔:《人类行为的经济分析》,王业宇、陈琪译,上海三联书店、上海人民出版社1995年版,第236页。

④ 参见[美]加里·S.贝克尔:《人类行为的经济分析》,王业宇、陈琪译,上海三联书店、上海人民出版社1995年版,第211页。

假定子女的价格不变,提高家庭收入的结果,会导致对子女需求或对子女支出的增加,这称为对子女需求的收入效应。这里潜在的前提是,子女是正常商品而非劣质品。如同对普通商品的需求一样,收入效应并非主要表现为购买的此类商品数量的简单增加,而是更突出地体现在对所使用商品质量提高的追求方面。从与普通耐用品的类比中,贝克尔得出了对子女数量需求的收入弹性与对子女质量需求的收入弹性间的关系:随着收入的增加,后者远远大于前者。"对汽车、房屋或电冰箱等几乎所有其他耐用消费品来说,同质量的收入弹性比较,数量的收入弹性通常较小,在高收入水平,家庭购买的东西质量更好,数量也更多。如果子女方面的支出也有类似的性质,那么,增加的子女支出的绝大部分将包含子女质量的提高。虽然一般来说数量的减少是个例外,但经济理论并不保证子女数量一定增加,因此,收入的增加可能既增加子女数量,又增加子女质量,但是数量弹性应低于质量弹性。"①这样,收入效应就可以对经济成功发展过程中人口质量和数量的差别化变动趋势做出部分解释。②

2. 时间价值。人们所拥有的时间可以划分为市场活动时间和非市场活动时间两部分。在市场活动时间,人们通过出售劳动获得货币收入或市场产品;非市场活动时间里,则通过家庭活动生产非市场产品。考虑到非市场产品对消费者福利的重要影响,家庭消费的均衡应是市场活动时间与非市场活动时间的最适组合。经济发展中人均收入水平的提高,首先改变了劳动者市场活动时间的价值,因为单位时间里劳动的收入流增加了③;同时,也改变了市场之外家庭活动时间的价值,因为家庭时间的消费是以放弃市场工作机会为代价的,相对于工作时间生产力的持续提高,家庭时间的消费就变得更为昂贵。收入提高所带来的家庭活动时间价值的增长可以得到

---

① [美]加里·S.贝克尔:《人类行为的经济分析》,王业宇、陈琪译,上海三联书店、上海人民出版社1995年版,第213页。

② 由于收入变动并不能保证人口数量的收入弹性为负,因此,收入效应不是人口量质转变的充分条件。生育率的下降和与此并存的平均人力资本水平的提高,还需结合下面给出的其他一些因素的作用做出解释。

③ 人们的收入由劳动报酬、资产受益和遗赠等部分构成,其中,劳动报酬是构成全部收入的主要内容。本章讨论的收入仅限于劳动收入。

大量经验事实的支持。比如,相对于贫穷国家而言,"美国民众……具有强烈的时间观念:他们不断地作时间记录,安排约会计较分分秒秒,来去匆匆,吃饭也要节省时间"[1];尽管"闲暇"时间在增加,但"现代人们的时间使用变得比一个世纪以前更加精打细算……随时记录用去的消费时间、精心盘算消费时间的支出"[2]。孩子是家庭生产的时间密集型"产品",家庭消费时间价值的前述变化,提高了生育子女的直接成本和机会成本。这成为收入高增长国家或地区妇女生育率下降的重要的经济动因。在经济高增长时期及成熟经济阶段,人力资本与个人收入正相关。这又会激发利他主义父母增加对其子女的人力资本投资,他们期望子女成人后能得到高质量的生活。

3. 价格效应。无论是增加子女的数量还是提高子女的质量,都需要投入家庭活动时间和其他家庭资源,因此,子女的数量和质量都是有价格的。在生产时间收入增加或在非生产时间所放弃报酬增多的条件下,子女的价格在提高,即子女变成日益昂贵的"产品"。在分析价格变动效应对子女数量和质量的影响时,贝克尔引入影子价格这一概念。此时,贝克尔将(7.7)式的预算限制扩展为如下(7.9)式。其中,子女成本中的成分 $n\pi_n$ 由依赖于数量而非质量的成本构成;类似地,成分 $q\pi_q$ 取决于质量而非数量。

$$I = n\pi_n + nq\pi + q\pi_q + yp_y \qquad (7.9)$$

子女数量、子女质量以及消费品的影子价格 p [3]分别是:

$$p_n = \pi_n + q\pi \ ; \ p_q = \pi_q + n\pi \ ; \ p_y = \pi_y \qquad (7.10)$$

可见,质量的影子价格 p_q 依赖于数量 n ,数量的影子价格 p_n 亦依赖于质量 q。表明子女的数量与质量密切相关。此时,相对于数量的子女的影子价格愈高,子女的质量愈高;相反,相对于子女质量的影子价格愈高,子女的数量就愈多。[4] 在贝克尔家庭经济理论中,价格效应似乎是解释人口数量与质

---

① [美]加里·S.贝克尔:《人类行为的经济分析》,王业宇、陈琪译,上海三联书店、上海人民出版社 1995 年版,第 133 页。

② [美]加里·S.贝克尔:《人类行为的经济分析》,王业宇、陈琪译,上海三联书店、上海人民出版社 1995 年版,第 133 页。

③ 贝克尔的影子价格即边际成本。此处的边际成本包括边际机会成本。

④ 贝克尔还发现,子女数量的价格弹性超过子女质量的价格弹性。这同前面分析到收入弹性的数量—质量排序刚好相反。参见[美]加里·S.贝克尔:《人类行为的经济分析》,王业宇、陈琪译,上海三联书店、上海人民出版社 1995 年版,第 242 页。

量反向变动关系最为精致的工具。

4. 利他主义投资的贴现率。家庭中的利他主义,主要表现为父母对子女的转移支付,包括对子女的人力资本投资和物质资产遗赠。相对于遗产赠与而言,人力资本投资是更为普遍的形式。① 父母的利他主义程度 $[a(n_0)]$ 决定着对子女人力资本投资的强度,即"利他主义的父母乐意负担孩子人力资本投资的成本"②。在"经济人"的分析框架中,父母对子女的人力资本投资亦是图求回报的。这种回报,间接地取决于子女的质量(等价于子女成人后获得的收入或其获得的效用)③;直接地决定于子女的质量或效用在多大程度上折合为父母的效用,亦即父母对子女人力资本投资的贴现率的高低。影响父母利他主义投资贴现率的因素有多种,比如孩子的利己主义程度④,它与该贴现率正相关;比如人力资本投资的收益率,父母的利他主义程度既定,人力资本投资的收益率与该项投资的贴现率负相关;就我们此处讨论的问题而言,孩子数量对贴现率的影响应更受到关注。贝克尔认为,对每个孩子的利他主义程度,从而父母效用与未来相关的权数,会随着孩子数量的增加而减少,因而,出生率的上升提高了对未来的贴现率,这将阻碍对孩子的人力资本投资;反之,出生率下降,贴现率降低,对子女的人力资本投资则会增加。⑤ 这里,人力资本与生育率之间的联系也是反向的。

借助贝克尔的代际效用函数,可以获得如下几点基本结论:第一,家庭

---

① 能够同时提供人力资本投资和遗产的仅存在于较富裕的家庭,在此类家庭,人类资本投资和遗产赠与之间存在着一定程度的替代关系;对于低收入家庭,父母的利他主义更普遍地表现为对子女的人力资本投资。

② 参见[美]加里·斯坦利·贝克尔:《家庭论》,王献生、王宇译,商务印书馆2005年版,第273、10页。

③ 因为父母的效用正向地依赖于子女的质量或效用。

④ 贝克尔用"价值产品"来度量孩子的品质。所谓"价值产品"是指"父母所关心的孩子的特殊品质和行为,即他们是否懒惰、在学校是否用功、是否经常去看望自己的父母、是否酗酒、婚姻是否美满及对自己的兄弟姐妹是否友善"。贝克尔认为,孩子减少对"价值产品"的消费,会降低父母对孩子的利他主义程度。参见[美]加里·斯坦利·贝克尔:《家庭论》,王业宇、陈琪译,商务印书馆2005年版,第273、15页。

⑤ 参见[美]加里·斯坦利·贝克尔:《家庭论》导论,王业宇、陈琪译,商务印书馆2005年版。

的满足并非消费品的一元函数,孩子的数量和质量均可以成为父母效用的来源。第二,在不同的经济环境中,子女数量及其质量的边际效用对父母的意义是不同的。第三,决定孩子数量效用和质量效用差异的因素有:人均收入水平及由此决定的时间价值,数量与质量的影子价格,人力资本投资的贴现率等。第四,随着经济发展,前述诸因素的变化会导致来自孩子数量的效用下降,来自孩子质量的效用提高。因此,生育率下降和人力资本的提高,是经济发展进程中的一般性规律。

值得强调的是,不能简单地把生育率下降看做人力资本提升的直接原因,二者之间的联系是建立在前面所列举的诸多因素作用机制之上的。生育率的降低仅仅意味着,向人力资本投资的有利环境同时存在。

三、内生增长模型中的生育率与人力资本

以一元的工业社会为背景,索洛(Solow)建立了一个经典的新古典经济增长模型。[①] 索洛模型所依据的总量生产函数是

$$Y = f(AL, K) \tag{7.11}$$

其中,Y 表示总产出,L、K 代表劳动和资本的投入量,A 为技术状态变量。该生产函数的性质为一次齐次函数,即产出关于资本 K 和有效劳动 AL 的规模报酬不变。在索洛的经济增长模型中,当人口增长率[②]和技术进步率不变时,人均收入增长率($\tilde{y}$)决定于有效劳动的平均资本占用量($\tilde{k}$),即

$$\tilde{y} = f(\tilde{k}) \tag{7.12}$$

在稳态条件下,即当

$$\Delta \tilde{k} = 0 \ \text{或} \ sf(\tilde{k}) = (n + g)\tilde{k} \tag{7.13}$$

时,经济增长率则取决于人口增长率 n 和技术进步率 g(设资本折旧率等于零)。虽然给明了经济增长的源泉,但索洛模型令人遗憾地将决定经济长期增长的因素 n、g 设定为外生变量。这样,关于经济长期动态增长的机制

---

① Solow, Robert, 1956: A Contribution to the Theory of Economic Growth, Quarterly Journal of Economics, Vol. 70, pp. 65~94.

② 等于劳动增长率。

仍然是一个未被解释的"黑箱"。

　　20世纪80年代中期以来兴起的新增长理论,首先着手于索洛模型中技术进步率的内生化处理。罗默将技术进步的源泉归结为知识的创造,并在增长模型中引入了知识资本变量。他认为,长期的经济增长是由具有前瞻性的、总是力图最大化利润的微观经济主体的知识积累力量所驱动的。①在卢卡斯看来,知识积累与技术进步是以人为载体的。因而,他将舒尔茨的人力资本概念与索洛的技术进步概念结合起来,试图以人力资本积累率来表征技术进步率,并认为增长的主要动力是人力资本的积累。② 基于此类对技术进步源泉认识的进展,知识资本或人力资本被引入经济增长模型,技术进步率外生的新古典模型由此被改造为内生增长模型。③

　　经验研究的发现坚决地拒绝了对经济增长而言人口增长率是外生的观点。总体来看,在经济发展水平很低且经济增长十分缓慢的时期,人口增长率也很低;当经济增长率提高时,人口增长率相应地上升;但是,当经济发展到较高水平后,人口增长率则开始下降,甚至在一些国家出现负增长。因此,将人口变化排除在经济规律之外是不合理的,一个完备的经济增长理论应当包含有一个内生的人口变量。经济增长模型中人口增长率或生育率的内生化处理,可以在前述贝克尔的人口量质转化模型的基础上来完成。当人力资本成为经济决策变量时,生育行为就会由对人力资本投资收益率做

---

　　① 罗默采取了如下代表性厂商的生产函数形式:$Y = F(k_i, K, x_i)$,其中,k_i代表每个厂商的知识资本存量,K是社会总知识水平,定义$K = \sum_{i=1}^{n} k_i$,x_i则以向量的形式表示一系列其他生产要素。在罗默的模型中,新知识被认为是技术研究部门的产物,而且,知识的生产遵循报酬递减规律;同时,由于对知识的投资存在外部溢出效应,所以在一般消费品生产中会出现知识资本的递增报酬。Romer, Paul M., 1986: Increasing Returns and Long-Run Growth, Journal of Political Economy, Vol. 94, pp. 1002 ~ 1037.

　　② 卢卡斯将生产函数的形式表达为:$Y = A \cdot K(t)^{\beta} [u(t)h(t)N(t)]^{1-\beta} h_a(t)^{\gamma}$。假定经济中共有$N$个劳动力,每个劳动力都有相同的技术水平或人力资本水平h。每个劳动力都将他全部时间的u部分用于当期生产,$(1 - u)$部分用于接收在校教育,即进行人力资本投资。个人的人力资本除具有提升自身的生产能力外,还具有提升社会整体生产能力的外部效应:$h_a^{\gamma} = h^{\gamma}$。同时,卢卡斯采用的产出形式包含了递增规模报酬假定。Lucas, Robert E., 1988: On The Mechanics of Economic Development, Journal of Monetary Economics, 22, pp. 3 ~ 42.

　　③ 技术进步内生的增长理论,不仅是经济增长理论,同时也是人力资本理论。

出反应的家庭或个人的决策所决定。因此,技术内生的经济增长理论可以与人口内生的经济增长理论处于同一分析框架之中。贝克尔、墨菲和田村(Becker,Murphy,Tamura)①以及卢卡斯②等人把生育决策和人力资本积累决策同时整合在一个经济增长模型之中,将内生生育率和内生人力资本积累率同时作为经济发展或经济增长的基本解释变量。在他们的模型中,不可避免地涉及了不同经济发展水平下人力资本与生育率关系的讨论,其中,以贝克尔、墨菲和田村对生育率与人力资本关系的揭示最具代表性。

贝克尔、墨菲和田村在《人力资本、生育率与经济增长》这一重要文章中,首先把人力资本投资作为经济增长的核心问题,"不论是马尔萨斯模型还是新古典模型都没有重视人力资本的作用,然而事实证明,目前,人力资本投资与经济增长之间存在着极为密切的关系。"③并认为,一个经济落后的国家要进入经济成熟发展阶段,最重要的因素是并不是物质资本,而是人力资本。④ 其次,人力资本投资收益率被设定为人力资本存量的函数。当人力资本存量较少或低于某一临界水平时,对现有人力资本进行投资的收益率也较低,因而,此时人力资本的投资很少发生;反之,则会出现相反的结果。由此,人力资本的初始存量,被认为决定着一个国家经济发展的基本走向。再次,基于一个人获取新知识的能力与他已经具备的知识正相关的基本事实,与物质资本不同,人力资本投资的回报率被设定为递增而非递减。

在贝克尔—墨菲—田村模型中,联结生育率与人力资本积累率之间关系的直接因素是人力资本投资收益率。因为,人力资本投资收益率的高低反映着时间价值的变化,时间价值又体现为生产和养育孩子的成本或价格。这意味着较高的人力资本回报率可以产生一种由于孩子成本提高而对生育率的替代效应;另一方面,人力资本投资收益率的提高将降低未来消费的贴

---

① Becker,Gary S. ,Murphy,Kevin M. ,Tamura,Robert F. ,1990:Human Capital,Fertility, and Economic Growth,Journal of Political Economy,98:S12~S37.

② 参见[美]小罗伯特·E.卢卡斯:《经济发展讲座》,罗汉、应洪基译,江苏人民出版社2003年版。

③ Becker,Gary S. ,Murphy,Kevin M. ,Tamura,Robert F. ,1990:Human Capital,Fertility, and Economic Growth,Journal of Political Economy,98:S12~S37.

④ Becker,Gary S. ,Murphy,Kevin M. ,Tamura,Robert F. ,1990:Human Capital,Fertility, and Economic Growth,Journal of Political Economy,98:S12~S37.

现率,从而会激发家庭对其子女的人力资本投资。这样,生育率的下降和人力资本积累率的增长就会成为一种共生现象。在更深的层次,生育率与人力资本积累率关系的决定因素是一个社会人力资本的存量规模。如前所述,人力资本的收益率相对于其存量而言具有递增的特征。在人力资本稀缺的社会,人力资本投资的收益相对于增加子女数量的收益要低;而当人力资本丰裕的时候,对人力资本投资的收益则会高于增加孩子数量的收益。因此,在人力资本存量极其有限的社会中,人们选择较高的生育率,并且对每一个孩子的投资较少;相反,则会呈现低生育率与高人力资本积累率伴行的结果。尽管在人力资本存量丰裕或稀缺的社会中,人力资本积累率和生育率的关系结构不同,但二者间总是负向关联的。[1]

在贝克尔、墨菲和田村的经济增长框架中,生育率与人力资本积累率之间的关系可推演如下:

(一)两部门生产模型和家庭资源配置

假设每个人都是相同的,且生存于少儿和成人两个时期。一个成年人的工作时间为 T,少儿期的全部时间用于人力资本投资。一个人在其成年开始时选择生育孩子的数量为 n,养育每个孩子需花费时间 v 和 f 单位商品,并假设 v 和 f 不变。每个孩子的人力资本禀赋能力为 H^0。孩子的人力资本取决于其与生具有的人力资本,教师和父母的人力资本 H,以及花费在教育上的时间 h。假定 H^0 和 H 可以完全替代,孩子的人力资本生产函数可记为:

$$H_{t+1} = Ah_t (bH^0 + H_t)^\beta \tag{7.14}$$

系数 A 表示投资生产率, b 为使 H^0 等于一个单位 H 的数量, $\beta \leqslant 1$ 表示人力资本生产的规模效应。

消费部门的生产函数为:

---

① 卢卡斯强调了与生育率相关的人力资本的特定含义。"人力资本是个宽泛的术语,它所涵盖的认知成就范围包括从基础的科学发现直到儿童学会怎样阅读和用马耕作……在任何一个真实社会中,知识积累将同时采取这两种极端方式以及二者之间任何一种可能性,但只有第二种极端才能帮助我们解释生育的减少"。参见[美]小罗伯特·E.卢卡斯:《经济发展讲座》,罗汉、应洪基译,江苏人民出版社 2003 年版,第 163～164 页。

$$c_t + fn_t = Dl_t(dH^0 + H_t) \tag{7.15}$$

式中的 c 为成年人的人均消费，D 为消费部门的生产率，l 为每个成年人用于消费品生产的时间，d 为 H^0 和 H 间的兑换率。如果假设消费部门对有效时间数量规模收益 $l(dH^0 + H)$ 固定不变，把生育、消费和人力资本投资的时间相加，就可得到时间预算公式如下：

$$T = l_t + n_t(v + h_t) \tag{7.16}$$

（二）家庭效用函数的最优解及生育率与人力资本的关系

设家庭效用函数为[①]：

$$V_t = u(c_t) + \alpha(n_t)n_t V_{t+1} \tag{7.17}$$

如果只考虑生育率的影响。假定 $b = d = 1$，即排除人力资本用在人力资本生产部门相对于用在消费部门的比较优势。同时假定人力资本的积累不会导致收益的减少：$\beta = 1$。父母最大化动态效用，就会同时涉及生育和人力资本投资花费的时间。此时，效用函数可以简化为：

$$\alpha(n) = \alpha n^{-\varepsilon} \text{ 和 } u(c) = \frac{c^\sigma}{\sigma} \tag{7.18}$$

式中，ε 是随着孩子数量的增加对每个孩子利他的不变弹性，$0 \le \varepsilon < 1$，$0 < \sigma < 1$，α 为纯粹的利他程度（当 $n = 1$ 时）。

在 t 时期和 $t + 1$ 时期，人均消费之间的套利条件为：

$$\frac{u'(c_t)}{au'(c_{t+1})} = \alpha^{-1} n_t^\varepsilon \left(\frac{c_{t+1}}{c_t}\right)^{1-\sigma} \ge R_{ht} \tag{7.19}$$

当投资为正值时，该等式成立，收益率由下式决定：

$$R_{ht} = A(T - vn_{t+1}) = A(l_{t+1} + h_{t+1}n_{t+1})^2 \tag{7.20}$$

与生育率相关的效用最大化的一阶导数可以从公式（7.17）中取 V_t 对 n_t 的微分：

$$(1 - \varepsilon)\alpha n_t^{-\varepsilon} V_{t+1} = u'(c_t)[(v + h_t)(H^0 + H_t) + f] \tag{7.21}$$

该等式的左边给出了增添一个孩子的边际效用，右边为生育并抚养一个孩

---

① 贝—墨—田模型中的家庭效用函数与贝克尔早期提出的家庭效用函数基本相同。参见公式(7.5)。

子的时间和商品成品的总和。对公式(7.21)中的生育率求一阶导数,简化了稳定状态,$H = h = 0$,故有:

$$\frac{(T - vn_u)H^0 - fn_u}{vH^0 + f} = \frac{\sigma(1 - \alpha n_u^{1-\varepsilon})}{(1 - \varepsilon)\alpha n_u^{-\varepsilon}} \qquad (7.22)$$

公式左边给出了在稳态条件下从孩子身上获得的货币收益率,即成人消费与因生育一个孩子所放弃的消费之比。当 H^0 较大时,用于生育孩子的时间(v)和商品(f)较小,亦即孩子的生育成本较低,且当孩子具有收入能力时,父母就会多生孩子。生育孩子所获得的足够高的收益率将减少父母对孩子的投入,阻碍对孩子的人力资本投资。故 $H = 0$ 是一种低水平均衡状态。

生育率与人均收入水平间的正相关关系是马尔萨斯模型的特性之一,并且巩固了 $H = 0$ 的稳定状态。此时,即使 $H > 0$,高生育率会提高预期消费的贴现率并降低投资收益率,这将减少对投资的刺激,使经济退回到低水平均衡状态。

但是,当一个国家进入某种发展阶段,这一假设就不成立了。那时,既使父母不向孩子投资,投入的时间成本也一定会随着 H 的增加而增加。当 H 足够大时,对孩子需求的替代效应就将开始支配收入效应,生育率就开始下降,并最终导致对孩子投资的收益率等于贴现率。那时,由于经济理性的驱使,父母开始对孩子进行人力资本投资,即有 $h > 0$。当 H 增加超过进入增长轨迹的临界人力资本存量水平时,生育率的下降不仅可以降低未来消费的贴现率,而且还能够带来人力资本投资收益率的递增。这两种变化都可以刺激人力资本投资。只要 $H_{t+1} > H_t$,生育率就会进一步下降,发展进程就会持续下去。[1]

四、超越"贝—墨—田转折点"的中国经济发展

在贝克尔、墨菲和田村模型中,存在着两种发展稳态:一是高生育率、低

---

[1]　参见李建民:《生育率下降与经济发展内生要素的形成》,《人口研究》1999 年第 2 期。

人力资本积累率和低人均收入水平的"马尔萨斯均衡态";一是低生育率、高人力资本积累率和高人均收入水平的持续增长的稳定状态。一个国家或经济社会处于何种发展状态,贝克尔等人认为,取决于其在发展起步阶段所拥有的人力资本存量。若初始存量水平很低,由于未来消费的贴现率大于人力资本投资的收益率,即

$$[a(n_u)]^{-1} > R_h \qquad (7.23)$$

人力资本投资一般不会成为家庭的理性决策,此时,收入增长的结果是较大的家庭规模和不变的人均收入。当初始人力资本存量大于某一临界水平时,公式(7.23)中的关系就会颠倒过来,人力资本投资和人均收入将不断增长,而生育率转为下降。可见,贝克尔、墨菲和田村把人力资本的存量水平视作决定一个国家经济发展基本走向的关键性因素。一个国家的经济发展要跳出"马尔萨斯陷阱"进入持续增长阶段,必须使其人力资本存量的积累达到这样一种水平,在这一水平上,

$$[\alpha(n_u)]^{-1} = R_h \qquad (7.24)$$

满足(7.24)式的人力资本存量水平是经济发展的一个非稳态点。低于这一点的人力资本存量水平,由于公式(7.23)的作用存在,经济发展会退回到落后状态;人力资本存量越过这一点,经济发展就会在人力资本的驱动下远离"马尔萨斯陷阱"。因此,达到人力资本投资收益率等于未来消费贴现率的人力资本存量水平,是区分落后均衡与发达均衡的临界点,我们将此点称为"贝克尔—墨菲—田村转折点"。

在$[a(n_u)]^{-1} > R_h$的条件下,人们趋向于不对人力资本进行投资,那么,对于一个落后经济体来说,$[\alpha(n_u)]^{-1} = R_h$的人力资本临界存量水平是如何积累起来的?贝—墨—田模型和卢卡斯都认为,来自一系列技术进步和制度变革——诸如使用煤资源方法的改进,更发达的铁路和海洋运输,对外贸易,减少价格管制等——的外在冲击,是促发一个落后社会进行人力资本积累的原始动力,因为这些事件增加了对人力资本的需求。一个国家或社会是否经历这些外在冲击,在很大程度上被解释为"机遇"或"运气"。"时机和巨大的冲击的发生需要相当的运气,才能给人力资本和物质资本以足够大的推动。但是这看似不可能发生的事情确实发生在千年历史过程中。我们认为西方世界在中世纪开始处于领先,部分地取决于西方国家在

技术和政治改革上'幸运'的时机。"[1]

与西方世界相比,中国这种"幸运"的机遇来得较晚。20世纪70年代末的市场化经济体制改革,极大地激发了经济主体的收入创造动机,刺激了人们对收入创造手段和能力的巨大需求,物质资本积累和技术进步加速,国民生产总值和人均收入呈现持续和高速的增长。与此同时,人力资本投资回报率大幅度上升[2],人力资本积累率加快,人均受教育年限显著提高,国家人力资本存量规模迅速扩大。[3] 与此同时,妇女的总和生育率下降,特别是进入20世纪90年代末以后,农村居民的意愿生育水平在行政性控制措施渐近减弱的情况下转变,农民家庭的一孩率和两孩率比例明显提高。表7-3及图7-3表明,中国经济已进入低生育率、高人力资本积累率和高人均收入增长率的发展阶段。据此,我们可以判断,中国经济总体发展已经越过"贝—墨—田转折点",即在中国经济发展的现阶段,人力资本存量水平超过了满足 $[\alpha(n_u)]^{-1} = R_h$ 关系的临界值水平。中国经济已实现超越"马尔萨斯稳态"的"起飞"。

与早期发展阶段相比,越过"贝—墨—田转折点"的中国经济,面临着过去不曾有过的诸多有利发展条件:第一,由于国民生育偏好的普遍转变,收入增长将产生人均物质资本的快速增长,导致国民经济中物质资本的迅速深化。第二,日益提高的投资回报率,激发着国民人力资本投资的巨大需求,而生育率的降低和人均收入的增长,又为人力资本投资创造出极其有利

---

① Becker, Gary S., Murphy, Kevin M., Tamura, Robert F., 1990: Human Capital, Fertility, and Economic Growth, Journal of Political Economy, 98: S12~S37.

② 有关研究显示,城镇教育投资收益率,1988年为3.8%(李实、李文彬,1994,全国样本);1995年是5.73%(赖德胜,1998,全国11省市样本);1999年达到8.1%(李实、丁赛,2003)。参见侯风云:《中国人力资本投资于城乡就业相关性研究》,上海三联书店、上海人民出版社2007年版,第152页。

③ 胡鞍钢、门洪华的资料显示,中国的总人力资本存量1980年为27亿人年,1990年是41.7亿人年,1999年提高到60亿人年,1999年是1980年的2.22倍。参见胡鞍钢、门洪华:《中美日俄印有形战略资源比较——兼论旨在"富国强民"的中国大国战略》,《战略与管理》2002年第2期。侯风云的研究显示,1980年,中国的人力资本总量是2825.58亿元,1990年为8597.65亿元,2001年达到40989.93亿元,2001年是1980年的14.51倍。参见侯风云:《中国人力资本投资于城乡就业相关性研究》,上海三联书店、上海人民出版社2007年版,第50页。

表 7-3　1982 年以来中国的人均 GDP、总和生育率和人均受教育年限

年份	人均 GDP(元)	总和生育率	人均受教育年限(年)
1982	528	2.86	4.985
1986	963	2.42	5.010
1987	1112	2.59	5.398
1990	1644	2.31	5.823
1995	5046	1.78	6.876
1996	5846	1.81	6.950
1997	6420	1.82	7.151
1998	6796	1.82	7.225
1999	7159	1.80	7.313
2000	7858	1.70	7.716
2001	8622	1.80	7.728
2002	9398	1.80	7.836
2003	10542		8.009
2004	12336	1.59	8.926
2005	14040	1.74	8.868

　　人均 GDP 的数据来源:《中国统计年鉴 1990》和《中国统计年鉴 2006》。生育率数据来源:1982~1989 年数据依第四次全国人口普查数据调整;1990 年数据是根据人口变动抽样调查结果推算的;1995~1999 年数据来自相应年份的《中国统计年鉴》;2000 年数据根据于学军《对第五次全国人口普查数据中总量和结构的估计》(《人口研究》2002 年第 3 期);2001、2002 年是国家计生委的测算数据;2004、2005 年数据来源于《2006 年全国人口和计划生育抽样调查主要数据公报》(2007 年第 2 号)。人均受教育年限数据来源:各年份《中国统计年鉴》。其计算公式如下:人均受教育年限 = 不识字或识字很少 ×1 + 小学 ×6 + 初中 ×9 + 高中 ×12 + 大学及以上 ×16。

的环境。特别值得强调的是,生育率下降对农村居民人力资本投资的积极影响。这时,人力资本的积极变化表现在两个方面——受教育和培训人口数量的增加(广化)及人均受教育和培训程度的提高(深化)。第三,人力资本逐步取代物质资本成为经济发展的主要动力。这一转变的积极意义是,推动产业结构的转变,降低经济发展对初级资源的压力。适应这一发展环境的变化,配套的发展政策应是调整教育结构,实现高等教育的大众化,普遍提高国民的文化技术素质。

　　同时应当注意到,进入成熟发展阶段也会面临一些新问题的挑战。比

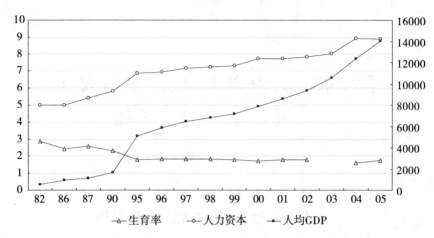

图7－3　中国人均GDP、总和生育率及人均受教育年限的变化趋势

如,"人口红利"将逐渐消失,劳动力成本开始上升,劳动密集型产业的比较优势将不复存在;人力资本驱动的高技术产业比重逐渐加大,产业结构趋向高度化。换言之,人口生产的转型与产业结构的转变并非相互独立的事件。人口转型推动着产业结构的升级,产业结构的转变也成为人口转型的一种拉力。成功的发展政策应是实现二者间的有效衔接与协同推进。

第八章 人力资本、生育率与农业发展动力的内生化

一、农业发展动力相关文献的回顾及评论

第二章中我们介绍到,在刘易斯、费景汉和拉尼斯的二元经济理论中,农业部门与工业部门工资决定机制的趋同,即工资率的决定由古典经济学的制度因素转变为新古典经济学的边际生产力方程,被视为农业完成现代化改造的基本标志。农业与工业工资决定机制趋同的前提是,农业剩余劳动力被不断扩张的工业部门所吸收。那时,农业部门的工资率将沿着它的边际生产力曲线提高,经济的二元性质不复存在,农业成为现代经济的组成部分。① 在这一模型中,"农业部门……现代化的动力产生于工业部门"②。

根据投入要素的类型,舒尔茨区分了传统农业与现代农业。传统农业"完全以农民世代使用的各种生产要素为基础",而现代农业则由"装在被称为'技术变化'的大盒子里"的新要素所装备。③ 农业发展的基本问题,即实现由现代要素对传统要素的替代。④ 高效率的现代农业要素是可再生

---

① 参见(1)[美]阿瑟·刘易斯:《二元经济论》,施炜等译,北京经济学院出版社1989年版;(2)[美]费景汉、古斯塔夫·拉尼斯:《劳力剩余经济的发展》,王月等译,华夏出版社1989年版;(3)[美]费景汉、古斯塔夫·拉尼斯:《增长与发展:演进观点》,洪银兴、郑江淮等译,商务印书馆2004年版。

② [美]费景汉、古斯塔夫·拉尼斯:《增长与发展:演进观点》,洪银兴、郑江淮等译,商务印书馆2004年版,第143页。

③ [美]西奥多·W.舒尔茨:《改造传统农业》,梁小民译,商务印书馆1987年版,第4、79页。

④ 参见[美]西奥多·W.舒尔茨:《改造传统农业》,梁小民译,商务印书馆1987年版。

资源,这些资源由高技术含量的现代物质投入品和成功地使用这些投入品所需要的技艺与能力两方面组成。就前一方面而言,它们不可能产生于农业内部,只能由现代工业部门供给;而农村地区人力资本水平的提高,很大程度上,取决于政府教育政策的设计。

速水佑次郎和弗农·拉坦的诱致技术变迁模型,一方面把技术进步视为农业发展的关键,另一方面又对技术变迁做出一种内生化解释:农业技术进步,首先是对摆脱随着农产品需求增长和农业初始资源相对稀缺程度变化而形成的发展瓶颈的反应;同时是对现代农业要素价格下降使其成为相对廉价的增长源泉的反应。在速水和拉坦的模型中,技术进步的决定因素包括:一是初始农业资源禀赋,它形成对不同技术进步类型的需求;二是现代农业要素的相对价格,它决定了农业技术进步类型的供给条件。其中,现代农业要素的相对价格由工业部门的生产效率给定。①

第二章同时介绍了在中国颇为盛行的一种政府主导型农业发展观。或许是由于长期推行计划经济体制形成的一种思维惯性,也可能与特殊的政治体制有关,破解农业发展种种障碍的任务,人们更愿意或更自然地交给政府。在加大政府财政支农投入、减免农业税费、实施反哺农业等等惠农政策的主张中,离开了政府,似乎很难看到农业部门的发展还有哪些出路和希望。

前述若干理论和观点代表了20世纪50年代以来农业发展研究领域最具影响力的认识。这类理论成果的主要特征是,均直接或间接地把农业发展的驱动力,归结为独立于农业部门之外的一些因素:主要是非农产业的扩张和政府相关政策的调整。如果把农业部门作为一个独立的发展系统,这些理论则将该系统的"引擎"外置于其他部门。依据此类理论,给发展中国家农业发展开出的最有效"处方",是工业化、城市化以及有利于推进这一进程的政策设计。

经典农业发展理论的经验基础是欧美等先行工业化国家的农业成长之

---

① Yujiro Hayami and Vernon W. Ruttan, 1980: Agricultural Development: an International Perspective, The John Hopkins University Press, Baltimore and London, Chapter4.

路。不难设想,发展中国家也无法绕过工业化、城市化实现农业的现代化。也不能否认,政府在农业发展过程中的重要作用。问题在于,当一国经济发展进入到工业化中期阶段以后,工业化、城市化及政府支持政策是否是农业发展的充分必要条件? 此时,倘若农民的文化技术水平没有显著改善,二元经济结构必然内生出分割的要素市场,农业过剩劳动力就无法与现代部门的资本有效对接,从而形成劳动与资本的双重过剩;①或者,进城农民工只能跻身于工资低廉、工作条件差和就业不稳定的次级劳动力市场②,使城市化与"城市病"相伴;更为重要的是,在农业内部,劳动替代型技术由于缺乏互补性条件难以大规模形成,农业技术进步所带来的生产能力的增长不能补偿劳动力转移所造成的生产能力的损失,使国家粮食安全压力凸显。这说明,没有农业部门的适应性变化,外部条件不可能有效地推进农业的现代化。

本章试图阐明,农业发展离不开工业化、城市化以及政府政策等外部条件的支持,更需要内部发展因素的积累形成内在动力系统来推动。在进入工业化中期阶段以后,最关键的内部发展因素是农业人口人均人力资本水平的提高和有利于这一变化的农民家庭的生育决策的改变。这一观点的形成,获益于内生增长理论的若干重要思想,主要是:(1)把人力资本确立为现代经济增长最重要源泉的卢卡斯模型;③(2)可用来说明人力资本形成机制的代际效用函数;④(3)把生育率和人力资本同时整合在一个增长模型中来描述经济发展不同均衡态的贝克尔—墨菲—田村模型。⑤ 本章的研究思

---

① 参见王俭贵:《劳动与资本双重过剩下的经济发展》,上海三联书店、上海人民出版社 2002 年版。

② 郭继强:《中国城市次级劳动力市场中民工劳动供给分析》,《中国社会科学》2005 年第 5 期。

③ Lucas, Robert E. ,1988: On the Mechanics of Economic Development, Journal of Monetary Economics,22:3~42.

④ (1) Barro, Robert J. , Gary S. Becker and Nigel Tomes,1986: Human Capital and the Rise and Fall of Families. Journal of Labor Economics 4, no. 3, Part 2(July). (2) Becker, G. S. and R. J. Barro,1988: A Reformulation of the Economic Theory of Fertility. Quarterly Journal of Economics103.

⑤ Becker, Gary S. , Kevin M. Muphy and Mark M. Tamura, 1990: Human Capital, Fertility and Economic Growth. Journal of Political Economy 98 no. 5, Part 2, (October) , S12~36.

路是,将内生增长理论提供的相关分析工具运用于农业发展问题研究,建立起农村部门人力资本、生育率与农业发展间的相关关系,获得农村生育率下降带来的人力资本积累率的提高和人力资本存量的增加,是进入工业化中期阶段以后驱动农业发展根本动力的结论。

二、农业发展即农业生产函数的转变

本章的分析对象是典型的劳动力过剩的具有二元结构特征的发展中经济。在该类型经济中,存在着刘易斯模型给出的一般特征:农业与非农产业部门之间的发展程度存在显著差异;非农产业部门的工资率明显高于农业部门的人均产出;农业发展面临着一个高劳动/土地比率和边际上日益增长的人口压力的不利资源禀赋,从而农业部门不存在出清的劳动力市场。与刘易斯模型不同,我们放弃了劳动力的同质性假设,通过人力资本的引入将农村劳动力视为是异质的。本章的分析结论,不适应于已经完成二元经济改造的发达经济类型,也不适合相对于土地而言劳动力短缺的其他发展中经济。

我们的分析以市场经济体制为基本制度背景。无论在现代非农产业部门、具有传统特征的农业部门还是两部门之间,市场机制都是配置资源的基础性手段。资源在部门之间的流动,假设不存在制度性障碍[①],但技术性障碍不排除。

从技术角度看,传统农业是主要依赖劳动和土地这类初始资源获取产出的经济类型[②],其生产函数可记为: $Q_T = f(L, N)$,其中, L 为劳动, N 代表土地。在宏观上和短期内,土地为不变量,因此,农业生产函数又可简化为: $Q_T = f(L)$ 。由于传统农业中技术长期不变,生产函数的典型形式为静态函数。现代农业是以资本和高素质劳动力等现代投入为主要特征的经济形式,并且,随着时间的推移,技术水平在不断提高,其生产函数获得了与现代

---

① 该假设与中国截至目前的现实不符。在非农产业部门中剔出城市正规部门,该假设近似成立。

② 刘易斯认为,传统农业是"不使用再生产性资本"的经济部门。参见[美]阿瑟·刘易斯:《二元经济论》,施炜等译,北京经济学院出版社 1989 年版,第 8 页。

工业相同的形式：$Q_M = f(K, hL, t)$。K 代表物质资本，h 表示农业劳动力的平均人力资本水平，t 用来刻画随时间而发生的技术进步。在静态条件下，可将现代农业生产函数近似地表示为：$Q_M = f(K, H)$。[1] 这里的 H 表示农业部门的人力资本存量。

农业发展一般被界定为从传统农业向现代农业的转型。[2] 依据两类不同生产函数的假设，可以把农业发展定义为农业生产函数的改变，即由传统农业生产函数过渡到现代农业生产函数，或实现农业部门与工业部门生产函数的趋同。[3] 从生产函数转变的角度，农业发展的基本内容可以概括为：(1)农业劳动力的转移及农业的小部门化。以劳动为基本投入的传统农业资源配置格局的改变，依赖于农业劳动力大规模的非农转移。这一转移的结果，是以劳动力比重衡量的农业部门的日渐式微和非农部门的不断扩张。(2)现代投入品大规模进入或生成于农业部门并对传统要素形成替代。在边际生产力低下的过剩劳动力消除之后，农业生产的有利性提高，物质资本和使用新型投入品的技艺与能力替代劳动成为农业生产的基本要素，农业部门发生现代化转变。(3)农业人均产出的增长。产出依赖于创造产出的源泉。生产函数的转变，将通过资本深化和技术效率的改进提高单位劳动的产出率。

三、人力资本、生育率与农业生产函数的转变

(一)人力资本与农业生产函数的转变

在发展经济学和经济增长理论的相关文献中，农业劳动力转移被认为

---

① $H = hL$。在现代农业中，劳动力数量投入的贡献是微弱的，因此，舍去了这一要素。这一生产函数形式的建构借鉴了内生增长理论的"AK"模型。

② 费景汉和拉尼斯指出："把发展视为在两大时代，即农业时代和现代增长时代之间的转型，不仅有助于思考发展问题，而且抓住了发展问题的本质。"[美]费景汉、古斯塔夫·拉尼斯：《增长与发展：演进观点》，洪银兴、郑江淮等译，商务印书馆 2004 年版，第 5 页。

③ 发展即生产函数转变的观点，参见张培刚：《农业与工业化》(上卷：农业国工业化问题初探)中工业化的定义，华中工学院出版社 1984 年版。

是农业与非农产业之间工资差距的函数。[①] 像资本从低报酬率的地方流向高报酬率的地方一样,劳动力也趋向于从低工资率和其他不利特征的乡村流向高工资率与优良生活环境的非农部门和城市。刘易斯注意到,大约30%的城乡工资差距就足以把农村劳动力吸引到工业部门。[②] 巴罗和萨拉伊马丁等人使用来自美国各州、日本各地区和5个欧洲国家的数据,估计了一国内部迁移对人均收入差异的敏感性,得出净迁移速度对初始人均收入的对数回归系数平均每年为0.012。[③] 在托达罗(Todalo, M. P.)看来,农村对城市的劳动力供给,同时是城市就业机会的函数: $S = f_s(w\pi - r)$。式中的 w 为城市实际工资, r 是平均农村工资, π 表示在城市获得工作的概率。[④] 显然,在其他条件既定时,就业概率与劳动力转移率正相关。如果农村劳动力存在着由于人力资本水平差异而产生的质量阶梯,那么,哪一类劳动力更易于向城市转移?结论是不言而喻的。城市现代产业对从业人员的文化、技术水平有着较高的要求,受教育越多的人,获得就业机会的概率越高,向城市转移的可能性越大。米凯·吉瑟发现,乡村地区的教育水平提高10%,会多诱使6%~7%的农民迁出农业。[⑤] 博尔哈斯、布罗纳尔斯和特雷霍(Borjas, George J., Stephen G. Bronars, and Stephen J. Trejo)对1986年美国男性青年所作的计量分析表明,移民的学校教育年限要比他们母州当地人的平均受教育年限高出2%。[⑥]

---

① 托达罗(1971)给出的人口迁移函数是: $S = f_s(d)$, d 为预期的城乡工资差距。巴罗和萨拉伊马丁的城乡人口迁移模型为: $u/u = b(w_I - w_A)/w_A$。其中, u/u 表示人口迁移率, w_I 和 w_A 分别表示城市和乡村的工资率。参见[美]罗伯特·J. 巴罗、哈维尔·萨拉伊马丁:《经济增长》,何晖、刘明兴译,中国社会科学出版社2000年版,第312页。

② 参见[美]阿瑟·刘易斯:《二元经济论》,施炜等译,北京经济学院出版社1989年版,第10页。

③ 参见[美]罗伯特·J. 巴罗、哈维尔·萨拉伊马丁:《经济增长》,何晖、刘明兴译,中国社会科学出版社2000年版,第276页。

④ 参见[美]M. P. 托达罗:《经济发展与第三世界》,印金强译,中国经济出版社1992年版。

⑤ 参见[美]西奥多·W. 舒尔茨:《经济增长与农业》,郭熙保、周开年译,北京经济学院出版社1991年版,第123页。

⑥ Borjas, George J., Stephen G. Bronars, and Stephen J. Trejo, 1992: Self-Selection and Internal Migration in the United States, Journal of Urban Economics, 32, 2 (September), 159 ~ 185.

持续的资本深化是现代经济增长的一个程式化事实。发达国家的历史经验表明,迅速的资本积累和资本深化不仅发生在工业部门,而且同时出现在农业的现代化进程中。根据内生增长理论的有关研究,物质资本投入并不是单独的增长要素,它必须有相适应的人力资本作为互补条件。当一项承载新技术的物质资本的操作需要新技能时,其实施速度取决于对所需技能的投资速度。尼尔森和菲尔普斯的研究表明,新技术扩散的范围和速度与一个经济体的人力资本存量相关。在其他条件既定时,人力资本存量越大,技术扩散的范围越广,技术扩散的速度也越快。① 劳动力技能与引进的高技术性能的物质资本间的不匹配,是阻碍发展中经济技术进步速度和追赶能力的重要原因。所以,人力资本存量的高低被认为是生产中引入更先进、更复杂生产技术的先决条件。物质资本投入中同时存在着人力资本投资增长的激励机制。一项隐含新技术的物质资本的出现,使与该技术相联系的专门知识或技能的报酬率提高,这会刺激劳动者对新知识和新技术的学习。② 尽管现代化进程中各新要素的引入需要同时考虑,但人力资本被认为是比物质资本更重要的增长源和发展动力。在巴罗和萨拉伊马丁看来,物质资本与人力资本间的两类不平衡,对经济增长率会产生不同影响:如果人力资本相对丰裕,对于一个广义产出概念而言的增长率仍会随着物质资本与人力资本之间的不平衡变大而增加;相反,增长率则会随着二者不平衡的增大而下降。③

人力资本引入农业生产函数,农业人均产出会源于以下三种机制而获得提高。(1)刘易斯人口流动机制。农业部门的劳动力份额同该部门的劳动生产率负相关。农业劳动力文化、技术水平的提高在增强农业劳动力的转移能力的同时,改善了滞留在农业部门的劳动力的土地装备率,从而使单位劳动的产出水平提高。(2)索洛资本深化机制。劳动力转移与农业部门的资本替代往往是同时发生的,农业部门的资本深化是这两种进程的结果;

① Nelson, R. and E. Phelps, 1966: Investment in Humans, Technological Diffusion, and Economic Growth, American Economic Review, vol. 61.

② 内生增长理论的"干中学"模型,就是对这一机制的形式化描述。

③ 参见[美]罗伯特·J. 巴罗、哈维尔·萨拉伊马丁:《经济增长》,何晖、刘明兴译,中国社会科学出版社 2000 年版,第 157～158 页。

在索洛增长模型中,人均资本装备率的变化将改变人均稳态产出水平。人力资本作为这两种进程的加速因子,必然会对人均产出水平产生影响。(3)卢卡斯人力资本增长机制。在以技术进步为主要动力的现代经济中,技术创新资源的丰裕程度成为决定增长的关键。在卢卡斯看来,技术进步是由人力资本推动的。技术进步率被认为取决于人力资本建设部门拥有的人力资本存量和从事人力资本建设的时间。人力资本投入的增加,还能够提高物质资本的产出弹性,使物质资本边际收益下降的临界点推后,边际收益下降速度减缓。更为重要的是,人力资本投资中存在着规模经济,已有投资越多,新投资的回报率越高。这种递增的收益源于人力资本投资的外部性:构成人力资本核心内容的技术与知识是一种公共品,在其使用中存在着非排他性;而且,知识存量能够直接参与新知识的创造。人力资本形成的这种扩散性和累积性,使得以其为动力的经济增长呈现为一种自我强化的持续过程。

(二)生育率与农业生产函数的转变

在人力资本作为农业发展关键因素确立之后,如何加速农业部门人力资本的积累,就成为需要进一步讨论的问题。在说明人力资本积累的微观机制时,生育率成为不得不涉及的分析变量。

关于生育率变迁与人力资本积累间的关系,第七章提供了相关的理论解释和经验证据。此处,我们给出二者间逆向变动关系的更为简洁的证明如下:

假设:家庭收入由人力资本决定,人力资本规模报酬递增;人力资本积累是上期人力资本的函数:$h_{t+1} = \gamma h_t$;成人拥有单位时间。

家庭效用函数为:$v(h) = Bh = W(c,n,u')$。其中,B 为正常数,表示家庭效用是人力资本的增函数。c 是父母的消费,n 表示子女的数量,u' 是子女的效用。

设父母的消费:$c \leqslant h[1-(r+k)n]$。其中,k:用于子女物质产品消费的时间比例;r:用于子女人力资本消费的时间比例;$1-(r+k)n$:表示父母用在自己消费上的时间比例。设子女的效用为:$u' = v[h\varphi(r)]$。

第 t 代人的代际效用函数为:

$$v(h) = \max_{n,r} W\{h[1 - (r + k)n], n, v[h\varphi(r)]\} \tag{8.1}$$

假设,β,η 独立于 h

考虑,$W(c,n,u') = (cn^{\eta}u'^{\beta})^{1/(1+\beta)}$

因为,$v(h) = Bh$

则 B 满足:$B = \max_{n,r} W[1 - (r + k)n, n, B\varphi(r)]$

解:$\max\{[1 - (r + k)n]n^{\eta}B\varphi(r)^{\beta}\}$

求得花在子女上的总时间为:$(r + k)n = \eta/(1 + \eta)$。

设 $\varphi(r) = pr^{\varepsilon}$,其中 p 为常数,ε 人力资本的回报率。

代入家庭效用函数解得:

$$n = \frac{\eta - \beta\varepsilon}{k(1 + \eta)}; r = \frac{\beta\varepsilon k}{\eta - \beta\varepsilon} \tag{8.2}$$

显然,在人力资本收益率提高的背景下,家庭决策的最优化过程,是生育率的下降和人力资本投资的提高。换言之,"在增长理论中引入生育决策能够使我们更清楚地思考那些对收入增长至关重要的人力资本增长"[1];同样,在农业发展动力的形成机制中,引入生育决策,有助于我们更好地理解农业部门的现代化转变。

对于农业生产函数的转变,生育率不仅通过与人力资本的关联而存在着间接影响,而且具有直接效应。第一,生育率的下降减少了在一定时期内向农村剩余劳动力蓄水池的注入量,减轻了农业人口非农转移的压力。费景汉和拉尼斯认为,在劳动力过剩的二元经济中,当人口增长率大于农业劳动力转移率时,经济发展是失败的;在二者相等时,经济发展处于停滞状态;只有后者大于前者时,经济发展才是成功的。[2] 从这一意义上说,生育率下降与农业人口转移率的提高对农业发展具有相同的意义。第二,在索洛模型中,人口增长率 n 的下降有着和储蓄率 $sf(k)$ 增加相类似的效应——导致资本深化。如图 8-1 所示,在农业产出和其他条件既定时,当人口增长率由 n 降为 n',有效折旧率曲线 $(n + \delta)k$ 由于斜率变小而下旋至 $(n' +$

① [美]小罗伯特·E.卢卡斯:《经济发展讲座》,罗汉、应洪基译,江苏人民出版社 2003 年版,第 175 页。

② 参见[美]费景汉、古斯塔夫·拉尼斯:《增长与发展:演进观点》,洪银兴、郑江淮等译,商务印书馆 2004 年版,第 287 页。

$\delta)k$。这时,人均稳态储蓄水平由 s 提高到 s',人均资本装备水平由 k 增加至 k'。

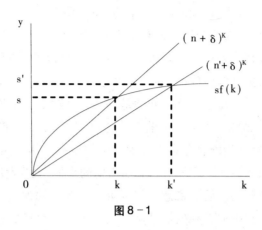

图 8-1

(三)人力资本、生育率与传统农业向现代农业的过渡

根据本书第三章的分析,传统农业是仅仅依靠人的天赋能力提供的简单劳动来推动的经济形式,通过教育、培训和健康投资而形成的人的更高能力在这种经济中基本没有体现。因此,在这种经济中,既不会产生出对人力资本投资的需求,也缺乏对人力资本供给的激励。人力资本的低存量水平,决定了向其投资的收益率小于该项投资未来消费的贴现率。这时,收入增长不会与人力资本正相关而只能产生提高生育率的收入效应,从而形成高生育率、低人力资本积累率和低产出率的"马尔萨斯稳态"。

与传统农业相反,人力资本则被用来作为解释现代农业增长的主要变量。舒尔茨认为,"有能力的人民是现代经济丰裕的关键。"[①]离开大量的人力资本投资,要取得现代农业的成果和达到现代工业的富足程度是不可能的。速水和拉坦也认识到,以有知识、有创新精神的农民、称职的科学家和技术人员、有远见的公共行政管理人员和企业家形式表现出来的人力资本

---

① [美]西奥多·W.舒尔茨:《经济增长与农业》,郭熙保、周开年译,北京经济学院出版社1991年版,第92页。

的改善,是农业生产率能否持续增长的关键。① 人力资本的较高存量以及在此基础上对其投资的收益递增,会导致人口生产的一种量质权衡,出现高人力资本积累率、低生育率和高产出率的"发展稳态"。正如第三章所分析的,传统农业与现代农业分属于两种完全不同的经济均衡类型。前者由于缺乏增长的发动机而陷入贫困陷阱,而后者不仅获得了高速增长的源泉,而且存在着增长动力持续生成的机制。

农业发展最具实质性意义的问题是,如何突破"低水平均衡陷阱"实现农业的"起飞"。依据卢卡斯等人的有关理论,人力资本存量达到经济稳态增长的临界水平,是传统农业走出停滞状态的根本条件。如果农业部门的初始人力资本缺乏或达不到发展稳态所需要的水平,农业发展就难以启动,或者最终又会复归到落后的稳态。根据贝克尔等人的观点,人力资本投资可以创造出低生育率的有利发展环境。当人力资本存量足够大时,人口生产的替代效应会超过收入效应,导致生育率水平的下降。当人力资本存量的增加超过进入增长轨迹的临界水平时,生育率的下降将降低未来消费的贴现率并提高人力资本投资的收益率。只要人力资本存量水平在不断提高(即 $H_{t+1} > H_t$),生育率就会进一步降低,这个发展进程就会持续下去。因此,低生育率和高人力资本积累率,是传统农业过渡到现代农业不可或缺的重要条件。

四、人力资本、生育率作为农业发展动力的条件

在第三章的分析中我们已经指出,农民向提高人口质量进行的投资,不是被随机配置的,而是理性选择的结果。人力资本作为一种新型经济资源可以为投资者带来收入,但获得它也需要付出成本。只有当人力资本投资的收益率大于该项投资未来消费的贴现率时,向人的质量投资才会被选择。② 也就是说,人力资本投资,是对这种投资面对的高收益率的经济机会

---

① 参见〔日〕速水佑次郎、〔美〕弗农·拉坦:《农业发展的国际分析》,郭熙保、张进铭等译,中国社会科学出版社 2000 年版。

② 由于人力资本外部性不能给其拥有者带来收益,个人在进行人力资本投资决策时,不会考虑人力资本外部性对其生产率的影响。

的反映。那么,这种机会是在什么条件下出现的呢?

经验事实表明,人力资本投资高收益率的机会没有出现在传统农业的生产活动中。由物质资本的简单性和技术的落后性决定,在传统农业生产中,人力资本投资的边际产出近乎于零。正如舒尔茨所指出的,"采用并有效地播种和收割甘蔗看来并不取决于那些在地里干活的人的教育水平。在锄棉中与教育相关的能力也没有任何经济价值。"[①]当可再生性资源和现代技术在农业部门被日渐广泛地采用时,产生了物质资本与劳动力素质之间的巨大不平衡,此时提高劳动者技艺和能力的投资,不仅成为提高物质资本产出弹性的需要,而且能够显著改善农业劳动生产率。就是说,只有在现代农业技术广泛应用的背景下,农业生产中向人投资的经济合理性才会显现。罗森斯坦—罗丹曾在研究中发现,人力资本的回报以及工人和企业投资于培训的激励,对经济中技术变化的反应非常敏感。并指出在一个技术迅速变化的环境中,教育和培训的回报往往特别高。[②]

在内生增长理论中,人力资本投资的收益率被视为人力资本存量的函数。在人力资本存量水平不足或小于稳态增长临界值的条件下,由于向人力资本投资的收益率小于该项投资未来消费的贴现率,人力资本的均衡水平总是向其初始状态靠近。相反,当人力资本存量达到经济持续增长的临界水平时,人力资本投资借助外部效应可获得递增收益,向人投资的有利性才充分显示,人力资本才可能成为经济增长与发展的主要动力。这一理论工具表明,人力资本存量达到经济持续增长的临界水平,是人力资本投资收益率大于其未来消费贴现率的必要条件。欲使人力资本成为农业发展的动力,农业部门就必须通过积累使人力资本存量达到上述临界值。根据贝克尔等人的观点,人力资本的较高存量以及在此基础上对其投资的收益递增,又会通过家庭效用函数导致人口生产的一种量质权衡,出现高人力资本积累率、低生育率和高产出率的"发展稳态"。

在农业部门,无论是现代要素或现代技术的广泛使用,还是人力资本达

---

① [美]西奥多·W.舒尔茨:《改造传统农业》,梁小民译,商务印书馆1987年版,第141页。

② Rosenstein-Rodan,Paul N.,1943:Problems of industrialization of eastern and south-eastern Europe,EJ,53,6～9.

到某一临界值的存量,均依赖于工业化较高程度的发展。首先,由于人力资本投资的低收益率,在传统农业体系内,人力资本存量的上述临界值不可能内生地形成,而只能产生于某些外生因素的影响。事实上,传统农业社会中的人力资本存量在缓慢地增长。促成其增长的主要因素是:(1)工业化、城市化引致的农业人口流动。当接受较好的教育成为农民跳出"农门"的途径时,向人的教育投资就会受到激励。这种投资或多或少会在农业部门形成积淀。(2)普及教育的政府计划。在来自城市工业经济和其他非农经济的税源不断增长的条件下,重点面向农村的不同层次的普及教育计划就会被实施。其次,在工业化程度不断提高时,工业部门能够以日益低廉的价格向农业提供现代要素,在使农业部门向现代要素投资变得有利可图的同时,又产生出对人力资本投资的巨大需求。当工业化、城市化推进到较高阶段,农业部门人力资本存量水平就会达到某一临界值,向人投资的有利性就会显现。

当一个国家的经济发展进入到工业化中期阶段以后,人力资本水平的提高以及有利于这一条件形成的生育率下降,对于农业发展的意义日益突出起来。因为,这一阶段农业发展的主要问题成为:第一,如何使农业转移劳动力与技术层次不断提升的城市现代产业创造的就业机会有效对接;第二,如何在农业劳动力大规模转移的条件下,通过现代要素和现代技术的大量投入,实现农业生产能力不降低甚至提高,以保障农业剩余的不断增长和国家的粮食安全。先行工业化国家的发展经验表明,工业化中期阶段的到来,意味着工业化和城市化进入加速发展期。这时,农业发展的关键已非是否工业化、城市化,而是依赖何种条件保证工业化和城市化的成功推进。农业部门人力资本的提高和生育率决策的改变,正是这一阶段工业化、城市化发展以及农业现代化转变的重要支撑条件。

五、结论及对中国农业发展的启示

与现行发展理论把农业发展的主要动力视为城市部门和政府部门不同,本章通过对贝克尔和巴罗等人关于人力资本和生育率内生决定理论的引入,阐明了农民家庭生育率下降以及与此相关的人力资本积累率的提高,是农业部门摆脱"马尔萨斯稳态"进入持续增长阶段的关键条件。农业劳动力人力资本的改善，将通过提高非农就业概率，加速城市现代经济规模的扩张和农业的小部门化进程；将打破传统部门资源配置的低效率均衡，加速传统部门现代要素的引进和生成速度；将提高农业投入的产出弹性，促进部门间的收入均衡。在人力资本投资收益递增时，农业部门生育率的下降，为人力资本的提高创造出有支付能力的需求，因而成为农业发展的依赖条件。① 在工业化和城市化的加速发展时期，人力资本、生育率的变化成为影响农业发展的最重要因素。这样，我们就把农业发展的动力设置由现行农业发展理论的外部世界转入农业内部，农业部门由此成为一个自主的发展系统。在既有农业发展理论中，工业化、城市化以及政府的相关政策，对于农业部门的发展作用而言，是外生给定的；在本章提出的农业发展观中，人力资本不仅是农业发展的解释变量，同时是农村家庭代际效用函数以及生育率的被解释变量。② 也就是说，我们不仅把农业发展的动力置于农业内部，而且将这一动力处理为农业发展的内生变量。③

　　在现代化实现之前，农业部门始终存在着人力资本私人投资的不足。这既是农业落后的表现，也是制约农业发展的原因。在经济发展进入工业化中期阶段以后，加速农业发展的政府努力的一个不可或缺的方面，应当是借助于适当的政策，增加面向农村的教育和培训机会的供给，满足农民家庭生育率下降而产生的不断增长的对人力资本的投资需求，实现农村地区人力资本积累率的提高和人力资本存量的增长。

---

　　① 本章的分析对象是典型的劳动力过剩的二元经济。本书的分析结论，不适应于已经完成二元经济改造的发达经济类型，也可能不适合相对于土地而言劳动力短缺的发展中经济。

　　② 参见第七章。

　　③ 本章提出的观点与现行农业发展理论并非排斥、替代关系。事实上，工业化、城市化是农业发展的必要条件，而农村地区生育率下降和人力资本的提高是进入工业化中期阶段后农业发展的充分条件。二者同为农业现代化不可或缺的因素。

第九章 人力资本、生育率与农业发展:多国经验证据

根据本书前面几章的分析,一个国家经济发展进入到工业化中期阶段以后,人力资本日益成为推动农业发展的关键性要素,而生育率的下降又为人力资本这一重要发展要素的积累创造出有利的环境。因此,我们主张,应将生育率和人力资本作为一个国家或地区进入工业化中期阶段以后农业发展的基本解释变量。那么,这一分析结论能否获得经验事实的广泛支持呢?

本章试图开展的工作是,以历史上或现实中进入到工业化中期阶段的国家为分析样本,选取这些样本中人力资本、生育率和农业发展的相关衡量指标,建立起人力资本、生育率与农业发展相关关系的分析模型,利用多国经验考察的结论,对我们在前面几章中所提出假说的可靠性给予检验。

一、二元反差指数:农业发展的间接测度指标

由于纳入分析范围的国家数较多,难于获得度量这些国家农业发展水平的统一的数据集。为此,从数据可得性角度出发,我们用二元结构反差指数作为农业发展的间接测度指标。

人们通常从农业与非农业的角度来形成二元经济结构的分析架构。其中一元为乡村农业(以下称农业部门),另一元为由城市和乡村二、三产业共同组成的非农产业(以下称非农业部门);按照三次产业的划分,通常将第一产业归为一元,而将第二、三产业合并后归为另一元。

根据二元经济理论,在未完成现代化改造的国家,一般均程度不同地存

在着二元经济结构。在二元经济部门之间,又存在着技术状态和发展水平间的显著差异。二元反差指数就是用来描述一个经济体二元结构特征的一种指标。二元反差指数是指,两部门产值(或收入)比重与劳动力比重之差的绝对数的平均值。其计算公式是:

$$R = \frac{1}{2}(\,|\,y_1 - l_1\,| + |\,y_2 - l_2\,|\,) \tag{9.1}$$

式(9.1)中,y_1、l_1 为农业部门产值比重和劳动力比重,y_2、l_2 为非农部门产值比重与劳动力比重。

如果二元反差指数较小,说明农业部门与非农部门之间的发展差距较小,亦即农业部门较发达;反之,二元反差指数较大,则表明农业发展水平较低、农业部门较落后。经验事实也显示,已经完成农业现代化改造的国家,其二元反差指数均很小;相反,在发展中国家,二元反差指数则要大得多。比如,在2001年,美国、加拿大、德国和澳大利亚的二元反差指数分别仅为1.33、1.02、1.44 和1.36;同一年,巴西、印度尼西亚、埃及与巴基斯坦等发展中国家的二元反差指数分别高达 15.64、29.53、25.76 和 20.65(见表9-1)。

表9-1 1995年、2001年部分发达国家和发展中国家的二元反差指数

发达国家	二元反差指数		发展中国家	二元反差指数	
	1995	2001		1995	2001
美国	1.27	1.33	马来西亚	7.02	6.56
日本	3.72	3.80	巴西	16.12	15.64
加拿大	1.08	1.02	南非	7.49	8.19
德国	1.96	1.44	印度尼西亚	29.71	29.53
意大利	3.28	2.48	埃及	30.69	25.76
澳大利亚	1.55	1.36	巴基斯坦	22.29	20.65

资料来源:劳动力比重数据来自国家统计局人口和社会科技统计司、劳动和社会保障部规划财务司编:《中国劳动统计年鉴2004》,中国统计出版社2004年版,第633、635页;农业比重数据来自世界银行网站(http://www.worldbank.org.cn)。

二、人力资本、生育率与二元反差指数的变化：
美国和日本的经验证据

（一）美国和日本工业化中期阶段的确定

这里,我们以资源富裕型国家美国和资源短缺型国家日本作为先行工业化国家的例子,考察这两个国家在进入到工业化中期阶段以后,各自的人力资本和生育率的变化对其二元结构反差指数变化的影响。

关于一国工业化阶段的划分,目前尚无统一的标准。为了简化工业化中期阶段的界定,本章把一个国家从工业产值超过农业产值到重工业占优势之前这段时期划分为工业化初期阶段,把重工业占优势向服务社会过渡这段时期看做工业化中期阶段,而把进入服务社会以后的时期视作工业化后期阶段。依据这一标准,1900年美国工业结构实现重工业化,到20世纪50年代中期,零售业占有重要地位。因此,大体可以认为1900~1960年是美国的工业化中期阶段。同样,根据产业结构和就业结构的变动,日本的工业化中期阶段可确立为1936~1972年。①

（二）指标选取与数据来源

出生率是最基本的生育率度量指标之一,它能较准确地反映生育对人口总数增长的影响。基于数据的可得性,我们采用人口出生率来衡量美国、日本工业化中期阶段的生育率。

教育投资是人力资本投资的主要部分,所以也可以把人力资本投资视为教育投资问题;而人力资本投资形成的存量,一般用平均受教育年限来衡量。② 由于资料收集的限制,我们利用各年份的每万人的大学生人数和人

---

① 1936年日本建立了以重工业为主的工业体系。至1972年,日本第三产业的劳动力和国民收入构成比例达到49.4%,超过第二产业的35.7%。

② Barro(1991)用平均受教育年限作为人力资本的间接度量。这种方法否定了教育的质的差别,并假定接受过不同教育水平的劳动者是完全可替代的。Barro, Robert 1991: Economic Growth in a Cross Section of Countries, Quarterly Journal of Economics 106,2 (May),407~433.

均国家教育经费作为衡量相应时期人力资本的指标。对于少量缺失数据依据插值法进行修补。①

基于本章第一部分的限定，用二元反差指数的变化来衡量农业部门的发展。

各项数据均取自中国社会科学院世界经济与政治研究所综合统计研究室编《苏联和主要资本主义国家经济历史统计集(1800～1982)》(人民出版社1989年版)。

(三)人力资本、生育率与二元反差指数的变化趋势

从图9-1中可以看到，在美国的工业化中期阶段，其人口出生率呈现下降趋势，从32.3‰降低至9.5‰。人均国家教育经费呈现出指数增长的态势，从工业化中期阶段开始的2.8美元，上升到1960年的136.7美元；每万人口中的大学生人数，从期初的31.3人大幅度上升到期末的178人。在此期间，二元经济反差指数总体上趋于下降，从1900年的16.36下降到1960年的4.00。

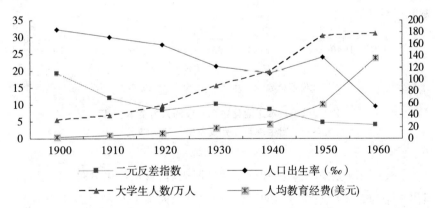

图9-1 美国工业化中期阶段的人力资本、人口出生率与二元反差指数变化情况

1935年日本的二元反差指数是30.25，到工业化中期阶段结束时，这一指数降为6.70。需要说明的是，日本在1945～1946年，连续两次进行

---

① 由于统计期较长，而且口径一致，所以，利用插值法所得数据可信度也很高。

土地改革。土地改革的结果令95%农民获得耕地,农业经济随之好转,农业生产水平获得提高。由于战争期间日本的工业衰落,战后初期国民经济和生产能力严重下降,此期间的生产总额仅达1934~1936年间平均产量的27.6% 。[①] 因此,此特殊阶段的经济和就业结构出现较大幅度变化。

在日本的工业化中期阶段,人口出生率从期初的31.6‰,下降为期末的17.1‰;在战后恢复的1945~1950年期间,人口出生率同样也出现了小幅上升。人均国家教育经费在此期间持续增加,尤其是1960~1975年的15年间,人均教育经费增长了16.4倍;同时,每万人口的大学生人数也持续线性增加,到1970年,全国大学生人数增长到166.97万人,是1945年的近17倍。

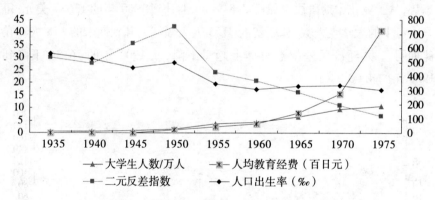

图9-2 日本工业化中期阶段的人力资本、人口
出生率与二元反差指数变化情况

从先行工业化国家美国和日本的情况来看,自工业化中期阶段以后,人口出生率与二元反差指数同向变化,用每万人大学生人数、人均教育经费衡量的人力资本与二元反差指数反向变动,这些变量之间可能存在相互作用的内在机制。

---

① 参考《战后经济恢复:1945~1955》,http://web.cenet.org.cn/upfile/。

(四)人力资本、生育率与二元反差指数的 Granger 检验——以日本为例

生育率(人口出生率 Birth)、人力资本(每万人大学生人数 H_1 和人均国家教育经费 H_2)与二元反差指数(Index)之间可能互为因果关系。我们通过对日本工业化中期阶段(1936~1975 年)的各相关指标作 Granger 检验,来判断它们之间存在的逻辑因果关系。按照现代计量经济思想,高度相关的两个变量并不意味着它们之间就存在因果关系。一般使用最小二乘法进行因果检验。我们知道,在使用该方法时,如果样本容量大且时间序列都服从单位根过程(即是非平稳的),即使它们之间不存在任何相关性,以一个时间序列对另一个时间序列回归也总能得到显著的参数,这就是所谓"伪回归"(spurious regression)问题。为了避免这种"伪回归",根据计量方法的要求,在作 Granger 检验之前对数据进行平稳性检验。[①]

1. 工业化中期阶段日本各指标的平稳性分析与协整检验

首先对各序列采用 Augmented Dickey-Fuller (ADF) 方法进行单位根检验,考察各序列是否为稳态。结果如表 9-2 所示,其中,ADF 检验是根据具有最小 Akaike 信息准则 (AIC) 的滞后期的检验值。从结果可以看到,所有序列经过二阶差分后都拒绝单位根假设,其中大部分都在 0.01 的显著性上拒绝零假设。这说明各变量的时间序列均为 I (2),可以进行下一步检验。

表 9-2 ADF 单位根检验

变量	ADF-t 检验值	滞后	AIC	DW 值	R^2
Index	-9.814749	2	3.776	2.056	0.809
Birth	-11.65327	2	4.747	2.349	0.804
H_1	-5.701061	2	5.178	1.984	0.468
H_2	-7.773717	2	17.665	1.282	0.798

注:单位根检验的显著性水平为5%。

[①] 本章采用计量经济软件 Eviews5.0 进行各项检验及回归。

在单位根检验的基础上进行 Johansen 协整检验。通过建立迹统计量和最大特征值似然比统计量来确定各变量之间的协整关系。二元反差指数等各变量的检验结果见表 9 - 3。可以看到,迹检验和最大特征值检验表明,5% 的显著性水平上,人口出生率、每万人口的大学生人数、人均国家教育经费和二元反差指数之间存在三个协整方程。由 Johansen 协整检验的模型分析可知,二元反差指数与其他变量的协整关系均与第七、八章的理论预期相吻合,表明前述分析框架是有效的。

表 9 - 3　Johansen 协整检验结果

协整方程个数假定	特征根	迹统计量	5% 的临界值	P 值
0	0.7816	82.5576	55.2458	0.0000
至多 1 个	0.5997	46.0473	35.0109	0.0023
至多 2 个	0.4736	24.0744	18.3977	0.0072
至多 3 个	0.3034	8.67589	3.84147	0.0032

2. Granger 因果关系检验

基于以上两个检验,Granger 因果关系检验采用二阶差分后的数据(在表 9 - 4 中仍然使用原序列表示),通过对日本工业化中期阶段的人口出生率(Birth)、表征人力资本的相关变量(H_1 和 H_2)与二元反差指数(Index)进行 Granger 因果关系检验,以考察生育率、人力资本与农业发展的相互作用机制。由于某些变量样本数的限制,根据 AIC 或者 SC 最小准则,选取不同的滞后阶数。

由表 9 - 4 的 Granger 因果关系检验结果可知,人口出生率、每万人大学生人数和人均国家教育经费均可以作为二元反差指数变动的 Granger 原因,证明日本工业化中期阶段二元经济转化和农业发展的内生性。更进一步地,每万人口大学生人数与人口出生率是互为 Granger 原因的,说明此阶段日本的人力资本与生育率处于良性变动状态。但人均国家教育经费并非人口出生率的 Granger 成因,而人口出生率却是人均国家教育经费的 Granger 成因。对此,可能的解释为,人均国家教育经费的增加,在短期内无法形成人力资本,从而无法对生育率做出影响。

表 9 - 4　**Granger 因果关系检验**

原假设	样本数	F 统计量	P 值	结论
Birth does not Granger Cause Index	25	3. 50456	0. 07455	拒绝
H_1 does not Granger Cause Index	25	56. 0936	1. 7E－07	拒绝
H_2 does not Granger Cause Index	25	10. 6710	0. 00353	拒绝
H_1 does not Granger Cause Birth	38	3. 87366	0. 05701	拒绝
Birth does not Granger Cause H_1	32	4. 10901	0. 01175	拒绝
H_2 does not Granger Cause Birth	34	0. 31479	0. 57879	接受
Birth does not Granger Cause H_2	30	2. 47735	0. 08678	拒绝

注:以上检验中的结论是在 10% 的显著性水平上做出的。

三、人力资本、生育率与二元结构转变：
多国经验的实证结果

(一)样本的扩展

为了进一步验证人力资本与生育率变化是农业发展或二元结构转变的原因，在本部分，我们将样本国家扩大到世界范围内 1960 年以来进入到工业化中期阶段、到 2005 年已经基本进入工业化后期阶段的中、高收入国家。

城市化是工业化进程中的伴生现象，一般情况下，工业化与城市化呈高度正相关关系，因而城市化水平常被用来反映工业化发展阶段。城市化水平一般用城市人口占总人口的比例来衡量。当城市人口占总人口比例在20% 以下时，被认为是非城市化阶段，此时经济大体处于工业化初期阶段；当该比例超过 50% 时，被认为基本实现城市化，此时经济大体处于工业化中后期阶段；当此比例超过 70% 时，被称作高度城市化阶段，此时经济大体处于后工业化阶段。

据此，我们将 1960 年城市化率在 30% ~50%、1990 年城市化率提升到55% ~70%，进而到 2005 年基本进入工业化中后期阶段或已完成工业化的国家作为样本。① 样本国家城市化率的数据取自世界银行:《世界发展指标2002》、《2007 World Development Indicators》,具体数据详见附录。

(二)数据来源及性质

对于二元经济结构特征的变化,因缺乏各产业劳动力比重的数据,因此,改用农业产值比重(G)来衡量。② 在此使用总和生育率(F)来表征生育率。总和生育率指一定时期(如某一年)各年龄组妇女生育率的合计数。这一指标不受育龄妇女年龄构成的影响,反映了随时间推移由于各种因素的影响总和生育率的年变化情况。人力资本是体现在人身上的体能、技能、知识和经验的总和,因此我们可以利用出生时预期寿命(L)和初等教育完成率(P)来衡量各经济体的人力资本。

本部分数据均取自世界银行网站(http://www.worldbank.org.cn/)公布的世界发展指标(World Development Indicators)数据库。

表9-5给出了各变量的基本统计量。③ 由 Panel A 的中等收入国家与 Panel B 的高收入国家比较可以看到,高收入国家的二元结构特征明显弱于中等收入国家,而且波动幅度也较小;其他变量的特征亦是如此。这说明人力资本的迅速增加与生育率的下降与二元经济转化过程相伴随。

---

① 在研究中,我们的分析样本根据1960年世界银行以人均国民收入为标准对世界各国进行分类(包括低收入国家、中等收入国家和高收入国家),包括1个低收入国家:埃及;32个中等收入国家(地区):玻利维亚、摩洛哥、多米尼加、厄瓜多尔、刚果、萨尔瓦多、巴拉圭、秘鲁、哥伦比亚、突尼斯、土耳其、罗马尼亚、波兰、巴拿马、哥斯达黎加、阿尔及利亚、保加利亚、马来西亚、黎巴嫩、蒙古、尼加拉瓜、墨西哥、南非、巴西、匈牙利、捷克、特立尼达、韩国、希腊、沙特阿拉伯、伊拉克、利比亚;5个高收入国家:爱尔兰、奥地利、阿拉伯联合酋长国、芬兰、瑞士。

② 二元经济向一元经济转化的过程中,二元反差指数会趋于降低,同时,农业在国民经济的比重也趋于降低,但是,二元经济的转化过程并非仅仅是农业比重的降低,还包括其他产业、城市经济等诸多问题,在此,由于资料收集限制,我们只是利用农业比重来代替二元经济指数趋于下降的趋势。

③ 在实证分析的过程中,我们将低收入国家埃及与中等收入国家合并为 Panel A,高收入国家合并为 Panel B。

表9-5　各变量的描述性统计

	农业比重(G)		总和生育率(F)		预期寿命(L)		初等教育完成率(P)	
	Panel A	Panel B	Panel A	Panel B	Panel A	Panel B	Panel A	Panel B
平均值	10.24	3.00	2.36	1.90	71.01	77.73	90.54	91.82
标准差	6.04	1.27	0.98	0.64	5.05	1.79	12.80	14.04
最大值	39.00	6.34	5.89	4.26	79.41	81.24	119.57	106.20
最小值	0.68	1.29	1.08	1.34	44.61	73.2	44.50	51.69
观测数	232	46	232	46	232	46	232	46

（三）面板数据的平稳性与 Granger 关系检验

由于我们分析的是各个国家（地区）的时间序列数据，为防止出现谬误回归，先对数据进行平方根检验。①

对于农业产值比重这一变量的检验，忽略样本不足的国家，根据对各国相关变量序列的平稳性检验可知，除了萨尔瓦多、秘鲁、罗马尼亚、尼加拉瓜外，其余国家都是一阶单整的，即 I(1)；妇女总和生育率变量，除了摩洛哥是二阶单整，玻利维亚、厄瓜多尔、萨尔瓦多、保加利亚、墨西哥、特立尼达、伊拉克是水平平稳外，其余国家也同样是一阶单整；出生时预期寿命、初等教育完成率除少数国家（厄瓜多尔、萨尔瓦多等）外，均为一阶单整。需要指出的是，初等教育完成率不像其他变量检验结果显著。这主要是因为在我们收集的数据中，大部分国家的初等教育完成率数据年份不长，大都是从1985 年以后统计的。

进一步，对各变量进行 Granger 因果关系检验，以考察各国人力资本、生育率与二元经济转化的因果关系（见表9-6）。

检验结果表明，对于生育率与农业产业比重，埃及、特立尼达、伊拉克由于样本数据不足不能检验；摩洛哥、厄瓜多尔、秘鲁、土耳其、巴拿马、马来西亚、蒙古、南非生育率与农业产业比重间关系相互独立，说明这些国家二元

---

① 本部分仍然使用软件 Eviews5.0 提供的 ADF 检验法，先根据基本时序图确定截距项和时间趋势是否存在，再根据 AIC 和 SC 准则确定滞后阶数，最后比对 Σ 统计量和临界值判定是否平稳。

表9-6 各国生育率、人力资本与农业比重序列的
单位根检验及 Granger 检验结果

国家	单位根检验				Granger 因果检验				
	G	F	L	P	F 和 G	L 和 G	P 和 G	F 和 L	F 和 P
埃及	I(1)***	不足	I(1)**	I(1)***	样本不足	L→G**	P↔G**	L→F*	P→F*
玻利维亚	I(1)***	I(0)***	不足	I(1)***	F→G**	L→G*	P→G	样本不足	样本不足
多米尼加	I(1)***	I(1)***	I(1)***	I(0)***	F→G	相互独立	P↔G*	F↔L*	F→P*
摩洛哥	I(1)***	I(2)**	I(1)***	不足	相互独立	L→G**	样本不足	样本不足	P→F**
厄瓜多尔	I(1)***	I(0)***	I(2)***	I(0)*	相互独立	L→G	P→G	F↔L	F→P*
刚果	I(1)***	不足	I(1)***	I(1)***	F→G*	相互独立	样本不足	L↔F*	样本不足
萨尔瓦多	I(0)***	I(0)***	I(1)**	I(2)*	F→G**	L→G**	P→G***	样本不足	F→P*
巴拉圭	I(1)***	I(1)**	I(1)***	I(1)***	F→G**	L→G*	P→G*	L↔L**	P→F*
秘鲁	I(0)***	I(1)**	I(0)***	I(1)**	相互独立	L→G*	P↔G*	F→L**	相互独立
哥伦比亚	I(1)***	I(1)**	I(1)**	I(1)	F→G*	L→G	P→G***	F→L***	F→P*
突尼斯	I(1)***	不足	I(1)***	不足	F→G**	L→G*	样本不足	相互独立	相互独立
土耳其	I(1)***	I(1)	I(1)***	I(0)***	相互独立	相互独立	P→G***	L→F*	F↔P*
罗马尼亚	I(0)***	I(1)***	I(1)***	I(1)***	F→G**	G→L**	P→G	F↔L**	相互独立
波兰	I(1)***	I(1)**	I(1)***	I(1)**	F→G**	L→G*	P→G*	F→L***	P→F**
巴拿马	I(1)***	I(1)**	I(1)**	不足	相互独立	L→G*	样本不足	相互独立	样本不足
哥斯达黎加	I(1)***	不足	I(0)**	I(1)*	F→G*	相互独立	G→P*	L→F*	样本不足
阿尔及利亚	I(1)***	I(1)	I(1)**	I(1)*	F→G**	L→G*	P→G**	相互独立	P→F*
保加利亚	I(1)***	I(0)***	I(1)	I(1)**	F→G**	L→G***	P↔G*	F↔L*	F→P**
马来西亚	I(1)***	I(0)***	I(1)**	I(1)**	相互独立	L→G**	P↔G**	L→F*	样本不足
黎巴嫩	I(1)***	I(1)**	I(1)**	I(1)**	F→G*	L→G**	P→G*	F↔L	F↔P*
蒙古	I(1)***	I(1)**	不足	I(1)	相互独立	L→G	样本不足	L→F*	样本不足
尼加拉瓜	I(0)*	I(1)**	I(1)**	I(1)**	F→G**	L→G**	P↔G*	相互独立	F↔P*
墨西哥	I(1)***	I(0)***	I(1)***	I(1)**	F→G**	L→G*	G→P*	F→L**	P→F*
南非	I(1)***	不足	I(1)**	I(1)**	相互独立	L→G*	相互独立	L→F*	样本不足
巴西	I(1)***	I(1)**	I(1)**	I(1)**	F→G*	L→G*	P→G*	L→L*	F↔P**
匈牙利	I(1)***	I(1)**	I(0)**	I(1)	G→F*	G→L***	P→G*	L↔L**	F→P*
捷克	I(1)***	I(1)**	I(1)***	I(1)**	G→F*	L→G**	相互独立	L→F**	相互独立
特立尼达	I(1)**	I(0)	不足	不足	样本不足	样本不足	样本不足	L↔F*	P→F**

国家	单位根检验				Granger 因果检验				
	G	F	L	P	F 和 G	L 和 G	P 和 G	F 和 L	F 和 P
韩国	I(1)***	I(1)***	I(1)**	I(1)*	F→G***	L↔G**	P→G*	相互独立	相互独立
希腊	I(1)***	I(1)***	I(1)***	不足	相互独立	L→G*	样本不足	L↔F**	P→F**
沙特阿拉伯	I(1)***	I(1)**	I(1)**	I(1)***	F→G*	样本不足	P→G**	F→L**	样本不足
伊拉克	I(1)***	不足	I(1)***	不足	样本不足	样本不足	样本不足	样本不足	样本不足
利比亚	I(1)**	I(1)**	不足	I(1)**	F→G	样本不足	P→G*	F→L*	P→F
奥地利	I(1)***	I(1)*	I(1)***	不足	相互独立	L→G*	样本不足	L→F*	样本不足
阿联酋	I(1)**	I(1)*	不足	I(1)**	样本不足	样本不足	相互独立	样本不足	样本不足
芬兰	I(1)***	I(1)***	I(1)***	I(1)***	G→F**	L→G*	相互独立	相互独立	F→P
瑞士	I(1)***	I(1)***	I(1)***	I(1)	G→F*	相互独立	相互独立	相互独立	F↔P*
爱尔兰	I(1)***	I(1)***	不足	I(1)***	F↔G**	相互独立	相互独立	相互独立	相互独立

注:* 表示单位根和 Granger 因果关系的检验显著性水平,***、**、* 分别为 1%、5%、10% 的显著性
　　水平,没有 * 表示显著性水平为 20%。X→Y 表示 X 是 Y 的 Granger 成因,X↔Y 表示 X 与 Y 互
　　为 Granger 原因。

经济的转化与生育率变动均处于外生状态;匈牙利和捷克的时序数据表明农业产值比重是生育率的 Granger 原因,证明这两个国家人口转变伴随着二元经济转化过程;其余国家的检验结果均显示生育率是农业产值比重的 Granger 原因,说明在大部分国家的生育率的下降与二元经济结构转化具有较强的相关性。

出生时预期寿命与农业产值比重之间相互独立的只有多米尼加、刚果、土耳其和哥斯达黎加,说明这四个国家用预期寿命表征的人力资本的提升与二元经济的转化均来自外部作用;除罗马尼亚和匈牙利外,其余国家的检验结果,表明预期寿命是农业产值下降的 Granger 原因,证明这些国家偏向于二元经济转化的内生状态。

另一个表征人力资本的初等教育完成率,忽略样本不足的国家后,只有捷克的结果显示两者相互独立;墨西哥和哥斯达黎加的结果显示农业产值比重是初等教育完成率的 Granger 原因;其余近 1/3 的国家,检验结果显示初等教育完成率与农业产值比重互为因果,二者间有较强的相关性,证明这些人力资本与二元经济的转化处于良性循环中。

总之,20 世纪 60 年代以来,样本中的大多数国家的发展历程显示出二元经济转化的内生性,而妇女总和生育率、人口出生时预期寿命、初等教育完成情况和二元经济的转化有着明显的关联性。

(四)计量模型及实证结果

我们采用一国农业产值比重(G)作为被解释变量来分析生育率(F)和人力资本(L 和 P)对各国二元经济转化的影响。计量模型设定如下:

$$G_{it} = \alpha + \beta_1 F_{it} + \beta_2 L_{it} + \beta_3 P_{it} + \varepsilon_{it} \tag{9.2}$$

其中,i 表示截面变量,t 为时间序列,ε 为扰动项,α 和 β 为待估系数。

基于面板数据特征,为了减少由于截面数据造成的异方差影响,执行可行的广义最小二乘法(GLS)对各国 1960~2007 年的相关数据进行估计。分别采用面板数据的截面固定效应模型(模型 1)、成分变异系数 Swamy-Arora 截面随机效应模型(模型 2)和成分变异系数 Wansbeek-Kapteyn 截面随机效应模型(模型 3)进行估计。模型拟合结果如表 9-7。

表 9-7 中等收入国家与高收入国家 1960~2007 年二元经济转化模型

	Panel A			Panel B		
	模型 1	模型 2	模型 3	模型 1	模型 2	模型 3
C	50.1828***	36.4093***	37.4571**	52.2754***	56.9445***	55.8135***
	(4.6859)	(2.7831)	(2.8779)	(9.0353)	(11.2149)	(7.8970)
lnF	1.1923**	1.4694**	1.5342**	-2.3207***	-1.0449**	-2.4267***
	(2.0892)	(2.2374)	(2.3633)	(-5.0604)	(-2.5276)	(-5.5676)
lnL	-0.5502***	-0.3099**	-0.3303*	-0.5795***	-0.6841***	-0.6208***
	(-2.3404)	(-2.3788)	(-2.5809)	(8.7381)	(-10.9062)	(-7.1430)
lnP	-0.0407***	-0.0930***	-0.0907***	-0.0020	-0.0133**	-0.0005***
	(-4.2766)	(-4.2611)	(-4.2774)	(-5.2866)	(-2.0930)	(-0.0075)
ADR²	0.9879	0.2901	0.3073	0.9211	0.6413	0.7398
DW	0.7804	0.5263	0.5478	0.5103	0.0808	0.3010
F 值	570.8374	32.4628	33.7111	76.0292	21.8173	43.647
P 值	0.0000	0.0000	0.0000	0.0000	0.0000	0.0000

注:括号内是系数估计的 T 统计量。* 表示在 10% 水平上显著,** 表示在 5% 水平上显著,*** 表示在 1% 水平上显著。

从模型的实证结果来看,中等收入国家的生育率在截面固定效应模型(模型1)与截面随机效应模型(模型2、模型3)中都是在5%水平上显著为正,而且系数分别是1.1923、1.4694、1.5342,这与我们预期的结果和相关的经验研究是一致的。20世纪60年代以来,总和生育率在中等收入国家总体趋于下降,这对二元经济的转化具有很强的积极作用。但是,对于高收入国家而言,三个模型的估计结果均显示总和生育率与农业产值比重负相关,且通过1%显著性水平的检验,也即总和生育率的下降,会导致农业产值比重的上升。对这一结果的可能性解释如下:纳入我们分析的高收入国家的样本显示(表9-5),总和生育率的平均值为1.90,出生时预期寿命达到77.7岁,说明样本国家在估计期已经进入了后人口转变时期。① 在人口发展的低位静止(low stationary)阶段②,人力资本的作用更为明显和关键,因此,农业部门的劳动生产率会上升,造成比重很少的农业部门产出的增加,从而影响到农业比重的变化。

影响二元经济结构转化的另一个重要变量——人力资本的估计显示,无论中等收入国家还是高收入国家,它与农业比重始终是负向关系,仅仅在高收入国家的截面固定效应模型(模型1)中,初等教育的完成率检验结果在10%的水平上不显著,但这并不影响各模型总体结果。更进一步,人力资本(尤其是出生时预期寿命)估计系数(绝对值)也较大,说明人力资本水平越高,二元结构性越不明显。而且,高收入国家的人力资本系数(绝对值)大于中等收入国家,反映出人力资本是现代(一元)经济发展的关键因素。

四、人力资本和生育率关系的进一步考察

基于前面关于日本工业化中期阶段人力资本与生育率Granger因果关系的检验(表9-4),可以得到生育率是人力资本的Granger成因的结论,亦

---

① 判断人口转变完成的两个标准是:(1)妇女总和生育率下降至更替水平以下,即TFR<2.1;(2)人口出生时的平均预期寿命达到或高于老年人口年龄下限,即e>65岁。

② 关于人口转变的阶段,参考查理斯·布莱克(Charles Blacker)提出的人口发展五阶段论。参见李仲生:《中国的人口与经济发展》,北京大学出版社2004年版,第1页。

即,人力资本内生于生育率的变动模式中。从 20 世纪 60 年代以来样本国家的妇女总和生育率与出生时预期寿命、初等教育完成率(表 9-6 中 F 和 L、F 和 P)的 Granger 检验结果来看,生育率与预期寿命相互独立的有 8 个国家,其中有 4 个是高收入国家;出生时预期寿命为生育率 Granger 成因的国家有 10 个,生育率是预期寿命的 Granger 成因的有 8 个国家,有 11 个国家的检验结果表明二者之间互为 Granger 成因;生育率与初等教育完成率间相互独立的有 6 个国家;初等教育完成率为生育率的 Granger 原因的有 9 个国家,二者互为 Granger 成因的共有 11 个国家。从所有样本国家的总体检验结果来看,人力资本是生育率内生变量的比例居多。

因高收入国家 Panel B 处于后人口转变时期,总和生育率变动非常小,所以,我们采用样本国家 Panel A 的人力资本(L 和 P)作为解释变量来分析人力资本对妇女总和生育率(F)的影响。计量模型设定如下:

$$F_{it} = c + \theta_1 L_{it} + \theta_2 P_{it} + u_{it} \tag{9.3}$$

其中,i 表示截面变量,t 为时间序列,u 为扰动项,θ 为待估系数。由于前述二者间并非单一的因果关系,使用此模型进行估计,实际上我们仅仅需要判定待估系数 θ 的正负,就能验证二者的逆向变动关系。

我们仍然执行可行的广义最小二乘法(GLS)对各国 1960~2007 年的人力资本与生育率数据进行估计。结果如表 9-8,其中,模型 1 为截面随机效应,模型 2 为截面固定效应,模型 3 为时期随机效应,模型 4 为时期固定效应,模型 5 为双向固定效应。

表 9-8　中等收入国家 1960~2005 年人力资本与生育率的估计模型

	模型 1	模型 2	模型 3	模型 4	模型 5
C	10.2427***	11.5463***	9.852536***	8.7145***	5.2612***
	(9.4138)	(33.7496)	(8.8162)	(9.0471)	(5.1629)
$\ln L$	-0.0824***	-0.1149***	-0.058002***	-0.0551***	-0.03270**
	(-5.5172)	(-18.5728)	(-3.5933)	(-4.5347)	(-2.3927)
$\ln P$	-0.0205***	-0.0113***	-0.037472***	-0.0269***	-0.006247**
	(-4.5389)	(-7.9791)	(-5.6577)	(-3.9390)	(-2.1041)
ADR^2	0.5583	0.9986	0.4342	0.3939	0.964987

	模型1	模型2	模型3	模型4	模型5
DW	0.2406	0.4061	0.0799	0.5478	0.4309
F值	150.7562	5112.1550	91.9535	9.1081	134.3048
P值	0.0000	0.0000	0.0000	0.0000	0.0000

注:括号内是系数估计的 T 统计量。** 表示在 5% 水平上显著,*** 表示在 1% 水平上显著。

从估计结果中可以看到,无论采用截面固定(随机)效应模型,还是时期固定(随机)效应模型,或是双向固定效应模型,各系数的 T 检验值均在 5% 的水平上成立,估计系数均为负,充分验证了人力资本与生育率的逆向变动机制。

我们再追溯先行工业化国家的发展历程,一国人口较高的人力资本水平总是与较低的生育率相伴随。以美国为代表的时间序列数据(图 9－3)直观地显示了经济发展进程中人力资本与生育率的负向变化。在步入工业化中期阶段伊始,完成高中教育的人口比例为 13.5%,完成 4 年及以上大学的人口比例为 2.7%,到 1960 年工业化中期阶段结束时,这两个比例分别上升到 41% 和 7.7%。值得指出的是,美国女性教育程度的提高尤其突出。

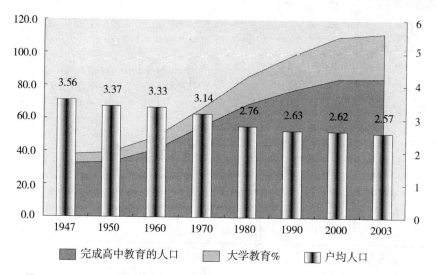

图9－3　美国人口受教育情况与家庭户均人口数的变化情况(1947～2003)

资料来源:人口受教育情况参见陈奕平:《人口变迁与当代美国社会》,世界知识出版社 2006 年版,第 301～302 页;户均人口数参见该书第 102 页。

1940 年,仅 3.7% 的妇女完成 4 年制大学,约 12.2% 的妇女仅仅接受不到 5 年的初级教育,到工业化中期阶段结束时,这两个指标分别为 5.8% 和 7.3%。[①]同时,美国家庭户均人口数从 1947 年的 3.56 人下降至 1970 年的 3.14。

附录:

样本国家 1960、1990、2005 年城市化率

国家	城市化率			国家	城市化率		
	1960	1990	2005		1960	1990	2005
埃及	41	47	43	黎巴嫩	50	68	87
玻利维亚	40	51	64	蒙古	42	52	57
多米尼加	35	60	67	尼加拉瓜	43	60	59
摩洛哥	32	48	59	墨西哥	55	73	76
厄瓜多尔	37	56	63	南非	47	60	59
刚果	32	41	60	巴西	50	75	84
萨尔瓦多	39	44	60	匈牙利	43	61	66
巴拉圭	36	48	59	捷克	51	78	74
秘鲁	52	70	73	特立尼达	30	69	78
哥伦比亚	54	70	73	韩国	32	72	81
突尼斯	40	54	65	希腊	48	63	47
土耳其	34	61	67	沙特阿拉伯	39	77	81
罗马尼亚	38	53	54	伊拉克	51	71	70
波兰	50	62	62	利比亚	26	70	85
巴拿马	44	53	71	奥地利	51	58	66
哥斯达黎加	38	47	62	阿联酋	41	78	77
阿尔及利亚	38	52	63	芬兰	44	60	77
保加利亚	46	68	70	瑞士	53	60	75
马来西亚	26	43	67	爱尔兰	49	57	61

资料来源:世界银行:《世界发展指标 2002》、《2007 World Development Indicators》。

---

① 参见陈奕平:《人口变迁与当代美国社会》,世界知识出版社 2006 年版,第 301～302 页。

第十章　人力资本、生育率与中国
农业发展的经验考察

一、样本、变量设置与数据来源

在第一章中我们已经指出,中国大约自 20 世纪 90 年代初期进入了工业化中期阶段。本章以中国进入工业化中期阶段作为起点,选取 31 个省份① 11 个年度(1995~2005)的面板数据为样本。各变量描述性统计如表 10-1。

表 10-1　变量的描述性统计结果

变量	平均值	中位数	最大值	最小值	标准差	方差	观察值
Y	911.580	750.500	3741.800	52.800	690.227	26.272	N = 330 n = 31
L	5134.371	4669.200	13922.700	230.900	3367.536	58.030	N = 330 n = 31
P	1722.386	1248.150	9199.300	96.500	1784.033	42.237	N = 330 n = 31
FE	139.818	112.275	518.100	3.000	112.300	10.597	N = 330 n = 31
H	9.800	8.073	41.330	1.500	5.884	2.426	N = 330 n = 31
FA	3.945	3.965	5.708	2.685	0.520	0.721	N = 330 n = 31

注:采用 Eviews5.0 计算。

---

① 缺少台湾、香港和澳门的数据。另外,1995 年、1996 年重庆的高中以上人口比例与农村家庭户均人数的数据缺失。

各变量说明如下：

（1）农业发展水平（Y）。该变量为模型的被解释变量。农业发展水平一般用农、林、牧、渔、副总产值来测度。数据来源于中国宏观经济数据库《区域经济》，单位为亿元。

（2）农作物播种总面积（L）。包括粮食播种面积、棉花播种面积及油料作物面积等。数据来源是中国宏观经济数据库《区域经济》，单位为千公顷。

（3）农业机械动力投入（P）。机械动力投入以农业机械总动力计算，为主要用于农、林、牧、渔业的各种动力机械的动力总和，包括耕作机械、排灌机械、收获机械、农用运输机械、植物保护机械、牧业机械、林业机械、渔业机械和其他农业机械；不包括专门用于乡镇、村组办工业、基本建设、非农业运输、科学实验和教学等非农业生产方面用的机械和作业机械。数据来源为中国宏观经济数据库《区域经济》，单位为万千瓦。

（4）化肥投入（FE）。化肥投入以各地区当年度实际用于农业生产的化肥折纯数量计算，包括氮肥、磷肥、钾肥和复合肥。数据来源为中国宏观经济数据库《区域经济》，单位为万吨。

（5）人力资本水平（H）。本章用各地区农村居民家庭成员中受教育为高中以上者的比例来衡量农业人力资本水平。1997～2005 年数据来源于 1998～2006 年《中国农村住户调查年鉴》，1995 年和 1996 年数据来源于 1996 年和 1998 年《中国人口统计年鉴》。

（6）农村户均人口数（FA）。农村户均人口数从侧面反映了生育率水平。农村户均人数的计算方法为：$FA =$ 各地区乡村人口数/各地区乡村户数。1995～2004 年数据来源：国家统计局农村社会经济调查司编《中国农业统计资料汇编 1949～2004》（中国统计出版社 2006 年版，第 73～76 页）；2005 年数据来自《2005 中国农村住户调查年鉴》。

二、人力资本、生育率与中国农业发展的 Granger 检验

（一）20 世纪 90 年代中期以来中国各省（区、市）农业发展及其相关变量的平稳性检验

为了消除可能产生异方差的影响，我们对各变量序列均取对数。由于

分析的样本为中国各地区的时间序列数据,为了防止谬误回归,先对数据进行平方根检验。采用计量经济软件 Eviews 5.0 提供的 ADF 检验法,先根据各变量序列的基本时序图确定截距项和时间趋势是否存在,再根据 AIC 准则确定滞后阶数,最后对比 Σ 统计量和临界值判定各变量序列是否平稳,检验结果见表 10 - 2。

表 10 - 2 中国各省(区、市)农村居民受教育程度、
家庭规模与农业发展的单位根检验

		lnY			lnFA			lnH	
	I	ADF 值	P 值	I	ADF 值	P 值	I	ADF 值	P 值
北 京	2	6.1188	0.0469	2	8.4606	0.0145	1	9.6655	0.0080
天 津	2	11.2406	0.0036	2	7.1228	0.0284	1	5.3114	0.0703
河 北	2	9.9907	0.0068	1	5.9707	0.0505	1	9.1063	0.0105
山 西	1	5.3699	0.0682	2	13.9903	0.0009	1	4.6562	0.0975
内蒙古	1	4.7099	0.0949	2	10.2468	0.0060	1	10.1703	0.0062
辽 宁	2	4.7900	0.0912	2	7.8408	0.0198	1	8.0209	0.0181
吉 林	1	7.3347	0.0255	1	5.9726	0.0505	1	7.8261	0.0200
黑龙江	1	7.1170	0.0285	1	18.4207	0.0001	1	7.7893	0.0204
上 海	1	7.2594	0.0265	1	14.9266	0.0006	2	9.5262	0.0085
江 苏	1	4.7049	0.0951	2	7.8266	0.0200	1	8.2894	0.0158
浙 江	1	8.8438	0.0120	2	12.5577	0.0019	1	5.2378	0.0729
安 徽	1	16.2012	0.0003	1	4.5035	0.1052	1	11.7961	0.0027
福 建	1	7.0907	0.0289	2	15.0364	0.0005	1	8.8010	0.0123
江 西	1	6.8033	0.0333	1	5.5424	0.0626	1	9.0265	0.0110
山 东	1	5.2037	0.0741	2	12.4790	0.0020	1	7.9804	0.0185
河 南	1	7.2945	0.0261	1	18.4207	0.0001	1	10.2338	0.0060
湖 北	1	5.9103	0.0521	1	5.1320	0.0768	1	11.5020	0.0032
湖 南	1	5.6414	0.0596	2	14.4432	0.0007	1	7.7814	0.0204
广 东	1	7.6403	0.0219	1	19.8441	0.0000	1	8.4857	0.0144
广 西	1	5.3819	0.0678	2	14.9831	0.0006	1	7.1812	0.0276

	lnY			lnFA			lnH		
	I	ADF 值	P 值	I	ADF 值	P 值	I	ADF 值	P 值
海　南	1	7.0936	0.0288	1	6.9533	0.0309	1	10.7052	0.0047
重　庆	1	4.9353	0.0848	1	6.4432	0.0399	1	7.7553	0.0207
四　川	1	5.1048	0.0779	1	8.2287	0.0163	1	5.6992	0.0579
贵　州	1	4.9218	0.0854	2	9.4505	0.0089	1	7.7478	0.0208
云　南	1	4.9805	0.0829	1	13.7153	0.0011	1	5.3840	0.0677
西　藏	1	4.9104	0.0858	1	13.7209	0.0010		样本不足	
陕　西	1	6.4628	0.0395	1	7.4253	0.0244	1	6.9892	0.0304
甘　肃	1	5.3066	0.0704	1	5.5319	0.0629	1	9.6138	0.0082
青　海	2	14.2013	0.0008	1	4.5394	0.1033	1	11.2813	0.0036
宁　夏	1	5.5233	0.0632	1	10.6103	0.0050	1	7.8456	0.0198
新　疆	1	4.6702	0.0968	2	12.0837	0.0024	1	12.3609	0.0021

根据对各省(区、市)农村户均人口、农村居民高中及以上文化程度的比例与农业发展的平稳性检验可知,三个变量的原始序列在各省(区、市)均不平稳。在10%的显著性水平上,农业发展变量仅仅在北京、天津、河北、辽宁和青海5个省市是二阶单整,其余均为 I(1),即一阶单整;北京、天津、山西、内蒙古、江苏、福建、山东、湖南、广西、贵州和新疆的户均人口数是二阶单整,其余省份都是一阶单整;高中及以上文化程度人口比例仅仅上海为二阶单整,除了西藏数据不足外,其余省份都是一阶单整。时间序列变量的因果关系检验需要使用上述变量的平稳形式,因此为了研究的一致性,我们统一采用上述变量的变化率作为描述各省区市的人力资本、生育率与农业发展变量。

(二)分省(区、市)别的 Granger 因果关系检验

仍然使用 Eviews 5.0 提供的 Granger 因果关系检验方法,根据对各变量的平稳性检验的滞后阶数,对各变量的相应滞后变量进行因果关系检验,以考察各省(区、市)农业发展及相关变量的因果关系。(见表10-3)

**表 10 - 3　各省(区、市)农村户均人口、高中文化程度
比例与农业发展的 Granger 关系检验**

	FA 和 Y		H 和 Y		H 和 FA	
	F 值	结论	F 值	结论	F 值	结论
北　京	0.35869 14.0773***	Y→FA	0.35350 3.55798*	Y→H	5.10118** 4.40862**	H↔FA
天　津	0.35009 46.1316***	Y→FA	5.82708 0.01419	H→Y	1.27619 0.42491	相互独立
河　北	0.46229 0.00399	相互独立	1.28630 1.06372	相互独立	2.76027** 0.38807	H→FA
山　西	15.2438*** 14.4329***	互为因果	4.91653** 0.98284	H→Y	4.36638** 0.31105	H→FA
内蒙古	3.89213* 2.02617	FA→Y	1.09020 10.0108	Y→H	0.20595 0.42120	相互独立
辽　宁	0.34049 2.59912*	Y→FA	0.56879 0.53592	相互独立	1.40096 7.15639***	FA→H
吉　林	1.42835 0.83419	相互独立	2.39321* 0.51781	H→Y	2.34927 2.44624	H↔FA
黑龙江	5.62824** 0.38180	FA→Y	11.9805*** 0.59778	H→Y	1.50E - 06 4.09995**	FA→H
上　海	0.09958 0.00391	相互独立	13.9232*** 0.82167	H→Y	0.32049 0.73843	相互独立
江　苏	2.87842* 0.19533	FA→Y	1.36139 0.48571	相互独立	2.37150* 1.86648	H→FA
浙　江	5.06791** 0.96223	FA→Y	0.01116 0.01858	相互独立	6.74859** 0.00393	H→FA
安　徽	3.74100** 0.69885	FA→Y	1.21450 1.20703	相互独立	0.13514 4.12964**	FA→H
福　建	1.91114** 0.86737	FA→Y	0.95735 1.88882	相互独立	3.22567* 5.06307**	H↔FA
江　西	1.98588** 0.51237	FA→Y	1.03930 0.31702	相互独立	0.05525 4.15616**	FA→H
山　东	0.07678 0.00690	相互独立	12.1667*** 0.13373	H→Y	3.65929** 4.46920**	H↔FA
河　南	0.86908 0.25293	相互独立	0.16131 0.35769	相互独立	2.00397 2.45854	相互独立

	FA 和 Y		H 和 Y		H 和 FA	
	F 值	结论	F 值	结论	F 值	结论
湖　北	6.51456 *** 0.18418	FA→Y	2.05506 * 0.05370	H→Y	85.64570 ** 4.48631	H→FA
湖　南	1.79497 0.88473	相互独立	1.27512 0.14367	相互独立	4.42212 ** 0.03013	H→FA
广　东	16.2126 *** 28.1572 ***	FA↔Y	1.16487 0.19660	相互独立	9.23955 *** 0.52806	H→FA
广　西	0.43494 1.78200	相互独立	2.06603 * 0.03903	H→Y	0.16442 3.37190 *	FA→H
海　南	0.36418 12.57700 ***	Y→FA	0.18054 6.91829 *	Y→H	4.90948 ** 0.07417	H→FA
重　庆	7.13249 *** 0.30419	FA→Y	2.48466 * 0.03306	H→Y	0.46419 2.82642 *	FA→H
四　川	60.1514 *** 4.03413 *	FA↔Y	4.49302 ** 0.22081	H→Y	5.79059 ** 1.14039	H→FA
贵　州	4.34960 0.47065 ***	FA→Y	2.09530 0.08412	相互独立	6.27842 ** 2.96271	H→FA
云　南	9.16761 0.93388	FA→Y	0.19054 5.95341 *	Y→H	1.08019 5.63508 **	FA→H
西　藏	3.31123 * 3.95837 *	FA↔Y	样本不足		样本不足	
陕　西	0.74424 0.26433	相互独立	0.77364 0.29510	相互独立	6.70206 ** 1.82454	H→FA
甘　肃	0.31076 1.55634	相互独立	2.48586 * 0.01573	H→Y	0.84320 3.16106 *	FA→H
青　海	1.78018 1.96574	相互独立	5.35160 ** 1.98730	H→Y	0.01373 15.8387 ***	FA→H
宁　夏	12.8481 *** 0.07443	FA→Y	1.34296 2.31251	相互独立	1.98465 0.32916	相互独立
新　疆	9.41014 *** 0.29224	FA→Y	0.68908 0.84057	相互独立	0.61999 6.43503 **	FA→H

注:(1)X→Y 表示 X 是 Y 的 Granger 成因,X↔Y 表示 X 与 Y 互为 Granger 原因。(2)每个省(区、市)的两变量间 Granger 因果关系检验 F 值有两个,以北京的 FA 和 Y 的因果关系检验为例,上面一行的 F 值为 0.35869,表示 FA 不是 Y 的 Granger 原因的 F 统计量,下面一行 14.0773 表示 Y 不是 FA 的 Granger 原因的 F 统计量,其他省(区、市)的变量的 Granger 检验结果亦如此。(3)F 统计量后面的 * 、** 、*** 分别表示 20%、10% 和 5% 的显著性水平。

1. 生育率与农业发展的 Granger 检验结果

河北、吉林、上海、山东、河南、湖南、广西、陕西、甘肃、青海这 10 个省（区、市）的农村户均人口与农业发展间的关系是相互独立的。北京、天津、辽宁和海南为农业发展是农村家庭规模减少的 Granger 成因。可见，这 4 个东部省市更可能的关系是：农业经济的发展是农村户均人口变动的先导变量，农业经济发展对农村居民家庭规模产生了影响。其余 17 个省（区、市）的 Granger 检验结果都显示农村居民家庭户均人口数是农业发展的 Granger 成因，证明中国大部分省（区、市）农业发展的内生状态。

2. 人力资本与农业发展的 Granger 检验结果

人力资本与农业发展的 Granger 检验结果并非如预期中明显：河北、辽宁、江苏、浙江、安徽、福建、江西、河南、湖南、广东、贵州、陕西、宁夏、新疆 14 个省区的检验结果是相互独立的。北京、内蒙古、海南、云南 4 个省（区、市）的农业发展是农村人力资本的 Granger 成因，可见这几个省（区、市）农业经济的发展是农村人力资本的先导变量，农村经济发展有利于农村居民人力资本水平的提升。天津、山西、吉林、黑龙江、上海、山东、广西、重庆、四川、甘肃、青海这 11 个省（区、市）验证了农业发展的内生性。追其原因可能是全国各省（区、市）进入工业中期阶段的时间不一致，造成个同区域人力资本对农业经济发展的关键性作用体现出差异的状态。

3. 人力资本与生育率的 Granger 检验结果

人力资本与生育率的 Granger 检验结果显示，仅仅在天津、内蒙古、上海、河南和宁夏二者间相互独立。北京、吉林、福建、山东这 4 个东部省市农村地区人力资本与生育率处于良性循环中，说明在这些省市低生育率与高人力资本积累率的逆向变动机制已经形成。河北、山西、江苏、浙江、湖北、湖南、广东、海南、四川、贵州、陕西这些省份的人力资本推动了农村居民家庭生育孩子的质量替代。这一结果与梅纳德（Menard, S.）对 20 世纪七八十年代影响生育率的各种因素所作的一项统计数据分析结果相一致。梅纳德的结果发现：家庭计划生育的作用是生育率下降的唯一的、最佳的、最强有力的预测因素。然而，一旦控制了人口数量这一因素，社会因素尤其是教育的影响力就超过了计划生育的影响力。[①] 在辽宁、黑龙江、安徽、江西、广西、重庆、云南、甘肃、青海、新疆这些地区，农村家庭规模的变化是其人力资本提升的先导变量，即生育率的下降对人力资本水平提升有显著作用。

需要指出的是，我们的检验结果是在放松了显著性水平的基础上得出的，大致能够验证第七章和第八章的理论预期。然而，假如在5%的显著性水平上进行 Granger 检验，我们可能得不出预期的结论，因为我们统计的仅仅是中国整体上进入工业化中期阶段以来的 10 多年，统计期相对较短。

三、模型设定、检验、筛选及模型回归结果

（一）模型设定

这里使用的回归模型为：

$$\ln Y_{it} = \alpha + \beta \ln X_{it} + \mu_i + \varepsilon_{it} \quad i = 1, 2, \cdots, N; t = 1, 2, \cdots, T \quad (10.1)$$

、　其中，i 代表横截面维度；t 代表时间维度；α 为样本的总截距；Y_{it} 为农业总产值；X_{it} 是一个 $1 \times k$ 解释变量观察值矩阵，$X_{it} = (L_{it}, P_{it}, FE_{it}, H_{it}, FA_{it})$；$\beta$ 是一个 $k \times 1$ 的系数矩阵，$\beta = (\beta_1, \beta_2, \beta_3, \beta_4, \beta_5)$；设模型的复合误差项 $v_{it} = u_i + \varepsilon_{it}$，其中 μ_i 为具有省份特性、在模型中被忽略的个体效应，如市场因素等；ε_{it} 为随着个体和时间变化的剩余随机扰动。在固定效应模型中，每个个体的截距可合并为 $f_i = \alpha + \mu_i$，因此可将（10.1）式改写为：

$$\ln Y_{it} = f_i + \beta \ln X_{it} + \varepsilon_{it} \tag{10.2}$$

μ_i 对于每个省份而言是不随时间而变化的常量，它与可观测的自变量 X 间存在相关性；在随机效应模型中，μ_i 是一个不随时间变化，但在个体间随机分布的随机常量，它与可观测的自变量 X 之间不存在相关性。

---

① Menard, S. , 1987; Fertility, development, and family planning, 1970 ~ 1980; an analysis of cases weighted by population, Studies in Comparative International Development, 22, 3, Fall, 103 ~ 127.

(二)模型的检验和筛选

固定效应模型的设定是建立在如下假设基础之上的,我们认为个体间存在显著差异,但是对于特定的个体而言,组内不存在时间序列上的差异。如果个体间的差异不明显,那么,采用普通最小二乘法(OLS)对混合数据(Pooled OLS)进行估计即可。因此,为了判别模型究竟采用 OLS 还是 FEM,通常使用固定效应显著性检验的方法。

该检验的零假设为 $H_0 : \alpha_1 = \alpha_2 = \cdots = \alpha_n$,即个体间(组间)的差异不明显。检验的基本思路为,在个体效应不显著的原假设下,应当有如下关系成立。

$$F = \frac{(R_u^2 - R_r^2)/(n-1)}{(1 - R_u^2)/(nT - n - K)} \sim F(n-1, nT - n - K) \quad (10.3)$$

我们可以采用 F 统计量来检验上述假设是否成立。

其中,u 表示不受约束的模型,即固定效应模型;r 表示受约束的模型,即混合数据模型,仅有一个公共的常数项。我们采用 Eviews 5.0 检验本模型,得出固定效应显著性检验结果如下:

The F test for all ui = 0　　is : 0. 3659

The P-value is : 0. 5930

因此,可以接受固定效应不显著的原假设,从而认为相对于 Pooled 模型而言,随机效应优于固定效应模型。

(三)模型回归结果及解释

基于我们分析的是中国 1995~2005 年各省(区、市)的面板数据,为了减少由于截面数据造成的异方差影响,执行可行的广义最小二乘法(GLS)进行估计。采用 Eviews5.0 提供的合成数据分析模型,得出模型(10.2)的拟合结果如表 10-4 所示,其中,模型 1 表示成分变异系数 Swamy-Arora 截面随机效应模型,模型 2 表示成分变异系数 Wallace-Hussain 的截面随机效应模型,模型 3 表示去掉农作物播种面积 L 以后执行模型 2 的估计,模型 4 为成分变异系数 Swamy-Arora 时期随机效应模型,模型 5 为成分变异系数 Wallace-Hussain 的时期随机效应,模型 6 为双向无权数、无效应使用截面特殊参数法①的估计,模型 7 为去掉土地因素 L 之后执行模型 6 的拟合。

表 10 - 4　1995 ~ 2005 年中国农业发展面板数据回归结果

	模型 1 截面随机	模型 2 截面随机	模型 3 截面随机	模型 4 时期随机	模型 5 时期随机	模型 6 无效应	模型 7 无效应
C	4.7854 ***	4.5849 ***	3.4870 ***	3.7936 *	3.9621 ***	3.2866 ***	3.2682
	(8.5652)	(7.8216)	(6.6570)	(11.9627)	(11.1239)	(14.1820)	(16.6815)
$\ln L$	-0.3317 ***	-0.3125 ***		-0.1087 *	-0.0855	-0.0123	
	(-4.6307)	(-4.0571)		(-1.8126)	(-1.3948)	(-0.4380)	
$\ln P$	0.3092 ***	0.2998 ***	0.2441 ***	-0.0072	-0.0231	0.0088	0.0070
	(6.3322)	(5.6643)	(4.7162)	(-0.835455)	(-0.6153)	(0.8515)	(0.6118)
$\ln FE$	0.7431 ***	0.7527 ***	0.5763 ***	0.9379 ***	0.9269 ***	0.8266 ***	0.8169 ***
	(11.7072)	(10.8664)	(10.7606)	(16.7595)	(16.3369)	(35.5571)	(78.4018)
$\ln H$	0.0546	0.0581 ***	0.0986 ***	0.1138 ***	0.0938 **	0.1257 ***	0.1263 ***
	(2.8956)	(-2.8040)	(5.3367)	(3.3806)	(2.1774)	(3.3182)	(3.7322)
$\ln FA$	-0.9219 ***	-0.8786 ***	-1.1358 ***	-0.6436 ***	-0.6836 ***	-0.5802 ***	-0.5991 ***
	(-3.4293)	(-3.0996)	(-4.1190)	(-4.6576)	(-4.9101)	(-11.9170)	(-8.3269)
R^2	0.7385	0.7449	0.7333	0.9058	0.9096	0.9973	0.9979
ADR^2	0.7345	0.7410	0.7300	0.9043	0.9082	0.9973	0.9979
F	183.02	189.24	223.42	622.98	651.98	24043.59	38559.35
P	0.000	0.0000	0.0000	0.0000	0.0000	0.0000	0.0000

注:(1)括号中的数字为 T 检验值。(2)*、**和***分别表示 10%、5% 和 1% 的显著性水平。

　　由拟合结果可知,模型具有较强的解释力。模型中解释变量高度显著,系数符号基本具有预期特征,且各自 T 值均通过显著性水平检验。

　　农作物耕地面积 L 估计系数为负(见模型 1、模型 2、模型 4、模型 5、模型 6),对此,我们的解释如下:土地对于农业发展来说是必不可少的条件,现代农业也不例外。然而,在推动经济增长和发展方面,人为努力比自然资源更重要,或者,在现代经济中,土地作为增长源泉越来越不重要。这一估

---

　　① 选择区中应输入合并数据库中所有成员间拥有不同系数的变量。其将可能产生非常多的系数,总数等于合并数据库中所有成员的个数与变量个数的乘积。

计结果也印证了舒尔茨"现代化中土地重要性下降"的观点。[①]

相比较时期随机效应模型来说,农业机械动力 P 在截面随机效应模型中弹性系数大很多。说明农业机械动力在不同的省份对农业发展贡献作用不同,而不同年份的农机动力对农业经济发展的作用不明显。这与第六章中测算的 1982～2005 年农业机械总动量对农业发展的贡献率仅仅为 9.6% 相吻合;而在不同的省份,这一变量的作用却存在很大差异。

化肥施用量 FE 在本章的全部估计模型中系数都较大,而且高度显著。证明无论是不同区域,还是不同年份,农业化肥施用量对农业经济发展均有较强的作用。

农村地区高中文化程度以上人口比例这一衡量农业人力资本水平的变量在各模型中系数均为正,且高度显著,但系数较小。由于统计期较短,且统计样本为刚刚跨入工业化中期阶段的 10 余年,因此,人力资本的"溢出效应"只是初步体现。随着中国工业化进程的进一步深入,人力资本作为现代经济的关键要素的意义将会日益凸显。

农村居民家庭规模 FA 作为衡量生育率的指标,在 7 个模型的估计结果中系数均为负,且高度显著,这与前述理论的预期相吻合。尤其在截面随机效应模型中,家庭规模的系数较之于其他变量是最大的,说明较低的生育率水平通过劳动生产率的提升对农业经济的发展有重要作用。

---

① 参见［美］西奥多·W.舒尔茨:《报酬递增的源泉》第Ⅱ篇《农地的经济重要性正在下降》,姚志勇、刘群艺译校,北京大学出版社 2001 年版。

第 四 篇

扩展分析及政策设计

第十一章　人力资本、生育率与
城乡收入差距的收敛

一、相关文献回顾与问题的提出

西方学术界有两种主要理论范式试图回答发展中国家普遍存在的城乡收入差距现象。一是经济发展战略的工业化偏好理论。早期发展经济学的基本认识是,小农经济是增长力已耗尽的落后部门,工业作为新型产业具有高的增长率;在小农经济占主导地位的国家推进工业化,不仅可以提高人民生活水平,而且是实现经济赶超的适当战略选择。[①] 二是政治结构的特殊性理论。在发展中国家,城市阶层的政治影响力是巨大的,因而能够导致城市偏向政策的形成;农民由于居住分散而决定的集体行动的高交易成本,以及与单个农民产出份额微小相关联的免费搭车心态,造成农民数量与其对政策制定影响力之间的一种悖论现象。[②]

在解释中国城乡收入差距时,上述理论被国内一些学者所借用。林毅夫等认为,政府实施的以赶超为目的的发展战略,一方面使少数资本密集型产业得到保护,并使被保护产业的收入水平明显高于其他产业;同时,政府对生产剩余的控制又使大量劳动密集型产业因资金投入不足而发展缓慢。城乡差距和收入分配的不平等,被认为是政府采取的发展战略背离了本地

---

① Krueger,Anne Maurice Schiff and Alberto Valdes (eds.),1991,1992:The Political Economy of Agricultural Pricing Policy,5 Vols. Baltimore,Maryland:The Johns Hopkins University Press.

② (1) Lipton, Michael 1977: Why Poor People Stay Poor: Urban Bias in World Development. Cambridge,MA:Harvard University Press. (2) Bates,Robert 1981:Markets and States in Tropical Africa,Berkeley:University of California Press.

比较优势的结果。① 蔡昉和杨涛综合运用上述两种理论分别解释了以经济体制改革为分界点的城乡收入差距的不同成因。1978 年之前,与重工业优先发展战略相关的一整套干预政策导致了稳定的城市偏向;改革以后,城乡差距的变化主要导源于城市利益集团的压力以及传统经济体制遗留的制度性障碍。②

在其他讨论中国城乡收入差距的相关文献中,城乡分割的管理体制(其核心是户籍制度)造成的劳动力市场扭曲,被认为是最重要的原因。蔡继明的一项研究表明,城乡户籍歧视可以解释城乡收入差距中的 24.8%③;Shi 等运用经验实证的研究方法,将不能得到解释的城乡收入差距的 42%和小时收入的 48%归因于劳动力市场扭曲,其中户籍制度可以直接解释城乡收入差距的 28%④;姚先国和赖普清把城乡工人劳资关系差异的 20% ~30%归为户籍歧视的结果。⑤ 林光彬将城乡收入差距的制度性成因进一步扩展,认为中国城乡收入差距的发生机制和根本原因,是社会等级秩序格局、市场等级化格局以及资源流动性障碍格局等一系列社会安排相互作用的结果。⑥ 吴群则把城市偏向的制度安排具体化为城市对农村的三次剥夺,即建国初期的高级社和人民公社化运动对农民生产资料的无偿剥夺、1950 ~ 1990 年实行的工农产品价格"剪刀差"政策以及目前不少地方正在或已经发生的土地不合理征用。⑦

前述研究的共同特点是,都将显性制度因素作为城乡收入差距的基本

① 参见(1)林毅夫、蔡昉、李周:《中国的奇迹:发展战略与经济改革》,上海三联书店、上海人民出版社 1999 年修订版;(2)林毅夫、刘明兴:《中国的经济增长收敛与收入分配》,《世界经济》2003 年第 8 期。

② 参见蔡昉、杨涛:《城乡收入差距的政治经济学》,《中国社会科学》2000 年第 4 期。

③ 参见蔡继明:《中国城乡比较生产力和相对收入差距》,《经济研究》1998 年第 1 期。

④ (1) Shi, Xinzheng, 2002: Empirical Research on Urban-Rural Income Differentials: the Case of China, unpublished manuscript, CCER, Beijing University. (2) Shi, Xinzheng, Terry Sicular and Yaohui Zhao, 2002: Analyzing Urban-Rural Income Inequality in China, Paper presented at the International Symposium on Equity and Justice in Transitional China, Beijing, July 11 ~ 12.

⑤ 参见姚先国、赖普清:《中国劳资关系的城乡户籍差异》,《经济研究》2004 年第 7 期。

⑥ 参见林光彬:《等级制度、市场经济与城乡收入差距》,《管理世界》2004 年第 4 期。

⑦ 参见吴群:《我国农村土地制度改革面临的主要问题及发展方向》,《求是学刊》2002 年第 4 期。

解释变量。应当承认,对处于转型期的中国经济而言,这种见解无疑是具有深刻解释力的。但是,此类研究难以给出下述问题合理答案:第一,农民为什么总是处在被剥夺的地位? 即这种显失公平的现实有无农民自身方面的原因? 第二,假设制度变迁导致前述诸因素对城乡收入差距的影响消除,其他条件不变,城乡居民收入是否可以趋同? 因为,城乡收入差距形成的原因是复杂的,某些非制度变量的影响非但不能忽略,反而在一定程度上不亚于甚或重于制度的作用。本章试图在制度因素之外,建立起人力资本、生育率这类更长期影响因子与城乡收入差距间的关联关系,从而对城乡收入差距的成因及收敛条件做出新的理论解释。

二、关于城乡收入差距研究方法的讨论

城乡收入差距,在本质上是城乡经济增长分别由哪些因素决定的问题。因此,对这一问题的讨论,可以纳入经济增长模型来进行。

对经济增长动力源泉的解释都可以从生产函数的分解中找到。新古典增长模型的典型生产函数可记为:

$$Y = A(t)K(t)^{\alpha}N(t)^{1-\alpha} \tag{11.1}$$

借助(11.1)这一新古典生产函数,城乡收入差距无非形成于:(1)资本$K(t)$和劳动$N(t)$投入量的差别;(2)技术水平和制度效率$A(t)$的差异;或者,(3)前述两类因素的差距同时存在。由于新古典增长模型的建构遵循了诸多严格假设:完全竞争市场且交易费用为零,因此制度对经济增长并不重要;技术水平外生给定,且规模收益不变;资本与劳动只有数量的不同,没有质量的区别;在技术和制度参数既定的条件下,要素报酬服从边际收益递减规律,所以,只要要素可以自由流动,存在初始人均收入差距的两个经济系统之间,经济增长率和人均收入水平最终将趋向于均衡。对于人均收入增长率长期趋于离散状态的城乡经济而言,新古典增长模型显然不是有效的分析工具。

前述相关研究文献试图在新古典增长模型的基础上引入"制度分析工具",以提高对非收敛性现象的解释力。因为,(1)基于科斯定理,政治和经济制度是经济绩效的潜在决定因素。城市偏向的体制设计和政策干预,带

给城乡部门迥异的制度效率。（2）城市偏向政策具有资源"逆向再分配"效应，它导致了资本这类高效率资源在城乡之间的非均衡配置。由此，城乡收入差距的形成，似乎可以获得比新古典增长模型更合理的解释。其实，此类研究并未从新古典增长理论那里走出多远。与新古典增长理论一样，他们相信竞争性市场具有自动趋同功能，只要消除不合理制度对市场的扭曲，城乡收入差距就将会收敛。由此出发的一个合理的逻辑推论是，随着市场化体制改革的推进和要素流动性的加强，城乡收入差距应趋于缩小，而中国城乡收入差距变动的经验事实恰恰相反。根源在于，要素同质性和边际报酬递减仍然是其坚持的基本假设。因而，这种理论努力最终也难以摆脱如同新古典增长模型一样的理论推演结论与经验事实相矛盾的尴尬。

要克服新古典增长模型在增长收敛性问题分析上的局限，必须修正其在模型建构之前就为收敛性埋下伏笔的前提假设，即，应以异质性要素和规模报酬递增作为增长的新源泉纳入经济增长模型。同时，坚持统一的竞争性市场制度背景假设，离散与收敛并非政策干预和市场机制的分别对应物，在充分竞争的市场条件下，部门间的经济增长率也不会是单向度的变化走势。内生增长理论的出现，标志着收敛性问题研究的重要进展。这一理论将人力资本引入增长函数，要素同质性假设由此被放弃；同时发现人力资本投资中存在着外溢效应，因而边际报酬并不一定递减；技术进步被看做是知识和人力资本积累的函数。与对新古典增长模型的"制度性"修正不同，内生增长理论是从技术变化内生性源泉的角度对新古典增长模型给予了补充和扩展。修正的着眼点虽然都是针对着新古典模型中的效率因子，仅仅由于侧重点的不同，却可以大大提高经济增长模型对增长率差异的解释力。由于内生增长模型提供了一个"能与持续增长和持续的收入水平差异相一致的机制"①，因而，它成为我们描述城乡收入差距较为理想的工具选择。

---

① 参见［美］小罗伯特·E.卢卡斯：《经济发展讲座》，罗汉、应洪基译，江苏人民出版社2003年版，第66页。

三、技术内生视角城乡收入差距的成因

(一)人力资本与城乡收入差距

1988 年,卢卡斯在发表于美国《货币经济学杂志》上的《论经济发展的机制》一文中,建构了一个包含人力资本要素的生产函数:

$$Y = A(t)K(t)^{\alpha}\left[u(t)h(t)N(t)\right]^{1-\alpha}h_a(t)^{\gamma} ① \qquad (11.2)$$

(11.2)式中,$h(t)$ 表示生产工人的人力资本水平,$h_a(t)^{\gamma}$ 反映人力资本的外部效应,$u(t)$ 表示每个工人的生产时间。② 其他变量的含义与前述新古典模型相同。依据这一模型,城乡收入差距的关键决定因素,是城乡人力资本的差距。

在经济增长的动力来源上,内生增长理论强调技术进步的重要影响。而技术进步被认为是由人力资本推动的。卢卡斯给出的技术进步方程是:

$$\dot{h}(t) = h(t)\delta\left[1 - u(t)\right] \qquad (11.3)$$

其中,$\dot{h}(t)$ 人力资本变化率代表技术进步率,它取决于现有人力资本水平 $h(t)$ 和从事人力资本建设的时间$(1 - u)$,参数 $\delta > 0$。③ 罗默也认为:$\dot{A} = H_2A$,即,技术进步的速率($\dot{A}$)是由研究部门的人力资本水平(H_2)及现有技术水平(A)决定的。④ 不仅如此,人力资本又被认为是技术扩散的必要条件。尼尔森和菲尔普斯的研究表明,新技术扩散的范围和速度与一个经济体的人力资本存量有着密切关系。在其他条件一定时,人力资本存量越

---

① 参见[美]小罗伯特·E.卢卡斯:《经济发展讲座》中《论经济发展的机制》,罗汉、应洪基译,江苏人民出版社 2003 年版。根据其技术内生变化的思想,这里用$A(t)$取代了卢卡斯原式中的A。

② 卢卡斯假设生产者的全部时间为 1,每个生产者都将用一定比例 u 的时间从事生产,用$(1-u)$比例的时间从事人力资本建设。

③ 参见[美]小罗伯特·E.卢卡斯:《经济发展讲座》中《论经济发展的机制》,罗汉、应洪基译,江苏人民出版社 2003 年版。

④ Romer,P. M. ,1990:Endogenous Technological Change,Journal of Political Economy,98(5) part 2.

大,技术扩散的范围越广,技术扩散的速度也越快。① 在以技术为主要推动力的现代经济中,技术创新资源的丰裕度成为决定增长的关键。城乡部门不同的人力资本水平,就意味着增长动力在城乡之间的差异。

人力资本是以人或劳动者为载体的。教育作为人力资本投入的主要方面,对生产领域中劳动者的意义在于:第一,提高劳动者生产技能,增加劳动者收入。大量劳动经济学文献显示,个人每多受一年在校教育,一般可使今后的工资增长 10%。② 第二,在获取信息和逐步适应现代化过程中企业家才能的增长,这种能力有助于提高资源的配置效率。第三,扩展劳动者的就业选择机会,使其向更好的工作机会和更适合于居住的地方转移。第四,作为未来消费的满足感的增长。人力资本理论把每个人的健康状况当作一种资本储备,健康资本的经济价值体现在:第一,增加"健康时间",改善体力劳动能力,提高工人的效率工资;第二,延长人口寿命,使人们获得更长久的职业生涯;第三,较长的预期寿命提供了一种额外刺激,促使人们愿意接受更多的学校教育,增加人力资本积累。人力资本的城乡差异,标志着生产函数中的单位劳动在城乡部门并不具有相同的产出效率。

还应当注意到,人力资本投入的增加通过劳动者技能的改进,能够提高物质资本的产出弹性,使物质资本边际收益的最大值外展,边际收益下降的临界点推后,以及边际收益下降速度减缓等。发展中国家普遍存在的用一流设备只生产出二流甚至三流产品的事实,是人力资本这种特殊功能的反证。同时,人力资本投入的增加,亦将产生质量更好、效率更高的新资本设备对旧设备的替代,推动物质资本的改造更新。A. 巴特尔和 F. 里奇坦伯格对美国 61 个制造业的一项研究显示,就业人员的受教育程度越高,机器设备越新;在技术密度越大的产业里,这种关系越显著。③ 在城乡部门资本投入量本来就悬殊的情况下,人力资本的差异,会使两部门倾斜的资本结构表现出差别化的技术和效率状态。

---

① Nelson, R. and E. Phelps, 1966: Investment in Humans, Technological Diffusion, and Economic Growth, American Economic Review, 61.

② 参见 Jones, Charles I. , 1998: Introduction to Economic Growth, W. W. Norton & Company, Inc.

③ 参见李建民:《人力资本与经济持续增长》,《南开经济研究》1999 年第 4 期。

更为重要的是,人力资本并非生产函数的一般投入,在其投资方面存在着规模经济,已有投资越多,新投资的回报率越高。这种递增的收益主要源于人力资本投资的外部性:人力资本在一定意义上是一种公共产品,对其使用具有非排他性。"一个思想的大部分收益——如果是真正重要的思想,则几乎是所有的收益——都被创造者以外的其他人所获得。"[①]不仅如此,知识存量能够直接参与新知识的生产,研究部门可以免费利用自己已生产出的知识进行新知识的生产。此外,按照卢卡斯"干中学"(learning by doing)的第二个人力资本增长模型[②],专业化的人力资本随着生产某种商品数量的增加而增加,且在某种商品的生产上形成的技能可以成为生产另一种商品的基础。人力资本形成的这种扩散性和累积性,使得以其为推动力的经济增长呈现为一种自我强化的持续发展过程。人力资本的外部性"与人们对他人生产率的影响有关,因此这种效应的范围与不同群体之间的作用方式有关"[③]。也就是说,城市比农村更有利于体现人力资本的外部效应。

(二)生育率、人力资本与城乡收入差距

内生增长理论不仅在宏观上建立起人力资本与经济增长之间相关关系,而且揭示了生育率与人力资本相互影响的微观机制。概言之,人力资本积累和生育率的决定均与家庭有关,家庭决策的最优化过程,决定了人力资本水平和生育率水平。根据贝克尔等人的分析,子女的数量和质量均可以成为家庭效用的来源。在效用最大化的追求中,父母究竟偏好于子女的数量方面还是质量(人力资本)方面,取决于家庭预算约束既定条件下单位资源在这两个方面分别投资所产生的边际收益率的比较。在人力

---

① [美]小罗伯特·E.卢卡斯:《经济发展讲座》,罗汉、应洪基译,江苏人民出版社2003年版,第6页。

② 参见[美]小罗伯特·E.卢卡斯:《经济发展讲座》中《论经济发展的机制》,罗汉、应洪基译,江苏人民出版社2003年版。

③ [美]小罗伯特·E.卢卡斯:《经济发展讲座》,罗汉、应洪基译,江苏人民出版社2003年版,第61页。

资本收益率提高的背景下，生育率的下降会加速人力资本的积累过程。①

通过人力资本这一中间变量，生育率与经济增长率或人均收入增长率之间的函数关系被建立起来。由于生育率与人力资本负相关，因此，生育率与人均收入增长率之间亦负相关。卢卡斯甚至认为，不是技术进步，而是人力资本收益率上升所导致的生育率下降，且当这种变化影响到大多数家庭时，才是近代工业革命兴起的根本条件。"1800 年前后发生的真正的新事件——它把近代同以往时代区别开来——不是技术变迁本身，而是生育率的增长不再将技术的提高转化为人口的增长……事实上工业革命不可避免地与被称为人口变迁的生育率降低联系在一起。"②如果说，人力资本是决定收入增长的重要因素，那么，在内生增长理论的分析框架中，生育率差异对城乡收入差距的影响也应当予以考虑。

四、基于中国经验的检验

（一）截面分析

中国的城乡人均收入差距，在地域上呈现为一种非均衡状态。经济较发达的东部地区，城乡居民人均收入差距较小；相对落后的西部地区这一差距明显高于东部，而中部则介于两者之间。

城乡人力资本水平的差异，在空间分布上亦显示出一种很强的规律性。城乡人口的平均受教育年数的差距与经济发展程度相关，经济越是发达的地区，城乡 6 岁及其以上人口的平均受教育程度差距越小；相反，经济越是落后的地区，这一差距越大。生育率（用少儿抚养比替代）的城乡差距（乡村高于城镇）分布格局与人力资本相似，从东部、中部到西部，城乡生育率差距呈递增态势。（见表 11－1）

---

① 关于生育率与人力资本的关系，详见第七章的介绍。
② ［美］小罗伯特·E.卢卡斯:《经济发展讲座》，罗汉、应洪基译，江苏人民出版社 2003 年版，第 124 页。

表 11-1　不同地区城乡居民的人均收入差距与人力资本、生育率差距

		城乡居民人均收入差距（城镇÷乡村）	城乡6岁及以上人口平均受教育年限差距（城镇－乡村）	城乡人口少儿抚养比差距（乡村－城镇）
东部地区	北京	2.48	0.64	4.38
	天津	2.26	1.58	11.85
	河北	2.54	2.19	2.59
	辽宁	2.47	1.46	3.03
	上海	2.23	1.00	1.60
	江苏	2.18	1.20	4.20
	浙江	2.45	1.91	4.18
	福建	2.68	1.63	11.55
	山东	2.67	1.61	1.80
	广东	3.05	1.31	15.74
	海南	2.80	2.19	10.43
	平均	2.53	1.52	6.49
中部地区	吉林	2.77	1.92	3.72
	黑龙江	2.66	1.33	2.54
	山西	3.05	1.42	7.16
	安徽	3.19	1.65	6.83
	江西	2.81	1.64	10.00
	河南	3.10	1.92	8.51
	湖北	2.85	2.45	14.40
	湖南	3.03	2.07	9.34
	平均	2.93	1.80	7.81
西部地区	内蒙古	3.09	2.28	1.32
	广西	3.72	2.03	12.17
	重庆	3.65	1.62	8.38
	四川	3.16	2.20	8.34
	贵州	4.20	3.02	20.05
	云南	4.50	1.76	8.90
	西藏	5.18	—	—
	陕西	4.06	2.27	8.80
	甘肃	3.98	3.10	13.98
	青海	3.76	3.27	15.67
	宁夏	3.20	3.04	23.60
	新疆	3.41	1.65	15.14
	平均	3.83	2.38	12.40

说明：表中第1列数据根据2003年城镇居民可支配收入与农村居民家庭人均纯收入计算得出；第2
　　列和第3列数据根据2003年全国人口变动情况抽样调查相关数据计算得出；平均值均为简
　　单算术平均数；"—"表示数据不可用。

资料来源：国家统计局：《中国统计年鉴2004》，中国统计出版社2004年版；国家统计局人口和社会
　　　　科技统计司：《中国人口统计年鉴2004》，中国统计出版社2004年版。

表 11 – 1 中的数据表明,第一,城乡人力资本差距与城乡收入差距之间呈正相关,即,城乡人均收入差距大的地区,其人均人力资本差距亦大;反之则反是。[1] 第二,城镇高于农村的人力资本差距对应着相反的乡村高于城镇的生育率差距,或者,城市较高的人力资本水平,其生育率水平较低;而较高的农村生育率却与较低的人力资本水平相联系,说明城乡之间的人力资本水平与生育率水平负相关。第三,基于中国东部、中部和西部不同地区的相关数据,可以认为,城乡之间的人力资本差距和生育率差距,是城乡居民人均收入差距的共生现象。

(二)时序分析

这里以 1978 年以来的中国经济为分析样本,考察城乡部门人力资本、生育率差距与城乡收入差距之间的相关性。

城乡收入差距(dinc)用城市居民人均可支配收入与农民人均纯收入的比值来表示,其相关数据来自相关各年《中国统计年鉴》。[2] 城乡人力资本水平的差距(dedu)用城镇居民家庭人均文教服务支出与农村家庭人均文教服务支出的比值表示,其数据采自《中国劳动统计年鉴》[3] 和《中国农村住户调查年鉴》[4]。用城市居民生育率与农村居民生育率之比来表示城乡生育率差距(dbir),数据来自国家计划生育委员会规划统计司《人口和计划生育参阅数据》,样本区间为 1978 ~ 1987 年。其中,1978 ~ 1981 年数据为全国 1‰人口生育率抽样调查结果,1982 ~ 1987 年数据为全国生育率抽样调查的结果。

首先,运用格兰杰检验方法构造以下模型,来检验城乡人力资本差距和

---

[1]　时间序列分析中显示出一个特殊现象:在人力资本城乡差距变化并不显著且略趋缩小的情况下,城乡收入差距却在波动中呈不断扩大的态势。这既与一些短期因素(如农产品价格、农业税费政策等)的变化影响有关,也来自人力资本贡献于收入增长的特点:(1)人力资本投资收益率的高低,决定于人力资本存量水平;(2)人力资本投资中存在着规模报酬递增。

[2]　参见国家统计局:《中国统计年鉴》,中国统计出版社 1995 ~ 2004 年版。

[3]　参见国家统计局人口和就业统计司、劳动和社会保障部规划财务司:《中国劳动统计年鉴》,中国统计出版社 1996 ~ 2003 年版。

[4]　参见国家统计局农村社会经济调查司:《2004 中国农村住户调查年鉴》,中国统计出版社 2004 年版。

城乡收入差距间的因果关系。

$$\Delta \ln dinc = c^0 + a^0 \Delta \ln dinc_{-1} + b^0 \Delta \ln dedu_{-1} + \mu \qquad (11.4)$$

$$\Delta \ln dedu = c^1 + a^1 \Delta \ln dedu_{-1} + b^1 \Delta \ln dinc_{-1} + \mu \qquad (11.5)$$

$\Delta \ln dinc$、$\Delta \ln dedu$ 分别表示对收入差距、人力资本差距求对数,再取一阶差分,$dinc_{-1}$、$dedu_{-1}$ 分别表示收入差距和人力资本差距的滞后一期变量,μ 为误差项。模型(11.4)的零假设为 $b^0 = 0$,意味着人力资本差距的增大不是收入差距增大的原因;模型(11.5)的假设为 $b^1 = 0$,意味着收入差距的增大不是人力资本差距增大的原因。

分析结果见表 11 - 2。

表 11 - 2

模型(11.4)			模型(11.5)		
解释变量	系数	T 检验值	解释变量	系数	T 检验值
$\Delta \ln dinc_{-1}$	0.119562	0.309033	$\Delta \ln dedu_{-1}$	0.620211	1.088390
$\Delta \ln dedc_{-1}$	0.638491	2.089550	$\Delta \ln dinc_{-1}$	-0.479338	-0.664356
R^2	0.631021		R^2	0.104225	
ADR^2	0.569524		ADR^2	-0.045071	
DW 值	1.809264		DW 值	1.730669	
F 统计量	10.26108		F 统计量	0.698113	
样本区间	1993~2002 年		样本区间	1993~2002 年	

两模型给出的结果显示,F 统计量分别为 10.26108、0.698113。在给定 $\alpha = 0.05$ 的显著性水平上,$F_{0.05}(1,7) = 5.59$,也就是说在 0.05 的显著性水平下,模型(11.4)的检验结果是显著的,即以 95% 的置信度拒绝 $b^0 = 0$ 的假设。所以可以认为,人力资本差距的增大在 Granger 上构成收入差距增大的原因,而反之则不成立。

其次,利用类似的模型来检验城乡生育率差距与城乡收入差距间的因果关系。建立模型如下:

$$dinc = c^0 + a^0 \ln dinc_{-1} + b^0 \ln dbir_{-1} + d^0 \Delta dinc + \mu \qquad (11.6)$$

$$dbir = c^1 + a^1 \ln dbir_{-1} + b^1 \ln dinc_{-1} + \mu \qquad (11.7)$$

收入差距存在自相关。为消除自相关,模型(11.6)加入了收入差距的一阶差分。模型(11.6)的零假设为 $b^0 = 0$,即生育率差距的增大不是收入差距增大的原因;模型(11.7)的零假设为 $b^1 = 0$,表示收入差距的增大不是生育率增大的原因。

分析结果见表 11 - 3。

表 11 - 3

模型(11.6)			模型(11.7)		
解释变量	系数	T 检验值	解释变量	系数	T 检验值
$\Delta \ln dinc_{-1}$	2.249115	25.63304	$\Delta \ln dbir - 1$	0.089157	0.762651
$\Delta \ln dbir - 1$	0.616738	2.089550	$\Delta \ln dinc - 1$	-0.801659	-1.927791
$\Delta dinc$	1.091998	7.214196			
R^2	0.987908		R^2	0.432597	
ADR^2	0.983877		ADR^2	0.243462	
DW 值	1.458412		DW 值	2.436734	
F 统计量	245.0897		F 统计量	2.287244	
样本区间	1978~1987 年		样本区间	1978~1987 年	

(11.6)和(11.7)两模型的结果表明,F 统计量分别为 245.0897、2.287244。在给定 $\alpha = 0.05$ 的显著性水平上,$F_{0.05}(1,7) = 5.59$,$F_{0.05}(1,6) = 5.99$。也就是说,在 0.05 的显著性水平下,模型(11.6)的检验结果是显著的,模型(11.7)不显著。所以,可以认为,生育率差距的增大在 Granger 上构成收入差距增大的原因,反之则不成立。

五、人力资本、生育率趋同与城乡收入差距的收敛

1990 年,贝克尔、墨菲和田村发表了《人力资本、生育率与经济增长》的重要论文,把生育率和人力资本同时整合在一个经济增长模型中。[1] 借助贝克尔—墨菲—田村模型,可以更加清楚地理解中国城乡之间的人均收入

---

[1] Becker, Gary S., Kevin M. Muphy and Mark M. Tamura, 1990: Human Capital, Fertility and Economic Growth, Journal of Political Economy, 98 no.5, Part 2, (October), S12~36.

差距。

贝克尔等人认为,生育率作为经济增长的内生要素可能导致经济发展的两种稳态:其一是高生育率、低人力资本存量的马尔萨斯低水平均衡状态;其二是低生育水平、高人力资本存量和积累率的发达经济稳定状态。他们还认为,人力资本的初始水平及其相应的规模效率,决定着一个经济发展的基本走向。当人力资本存量很低时,家庭向子女质量投资的预期收益率较低,此时,对子女的人力资本投资一般较少发生,而倾向于选择较高的生育率。这样,经济发展就会陷入低水平均衡陷阱。在人均人力资本水平较高的条件下,人力资本投资中出现收益递增的趋势,这种条件使得向子女人力资本投资的收益率大于未来消费的贴现率,可以实现家庭效用函数的帕累托改进,进而导致低生育水平的存在,并使经济进入持续稳定增长的轨道。

从人力资本和生育率的角度来考察,中国城乡经济目前实际上分属于两种不同类型的发展状态:高生育率和低人力资本存量水平和积累速度,表明农村部门还未完全走出马尔萨斯理论所描述的贫困陷阱。在这种条件下,经济增长缺乏功率强劲的"发动机",高生育率又在不断地吞噬着最有效增长动力的形成机会,农民人均收入的增长必然是艰难的。城市部门已经越过了这一发展阶段,高人力资本水平可以使城市居民获得农民无法获得的高收益率的就业机会,同时,低生育率又成为城市部门高人力资本投资率的一种保障。

强调人力资本、生育率的收入效应,并不否认其他因素对城乡居民收入的影响。相反,城乡之间人力资本和生育率的两类均衡,在很大程度上强化了其他决定城乡收入差距因素的作用。第一,农村的低水平发展均衡,决定其不可能成为以加速发展为主要目标的政府推动型经济的增长极点的选择,城市偏向发展战略的经济合理性因此被强化。第二,数量巨大但文化、技术能力较低的农民组织成本始终是高昂的,其政治影响力弱的局面不会改观,不利于农民的政策,特别是出自地方政府的土政策很容易被推行。第三,这样的农民很难融入城市现代文明之中,他们进城只能在农村非农部门和城市非正规部门谋生,二元经济的次级分化使城乡分割的管理体制的改革进程变得艰难而且缓慢。

　　贝克尔—墨菲—田村模型指出,马尔萨斯贫困陷阱并不是牢不可破的。由马尔萨斯均衡转向增长均衡需满足两个基本条件:未来消费的贴现率等于人力资本投资的收益率;人力资本存量必须达到经济稳定增长状态的临界水平。前者是人力资本投资发生的逻辑前提,后者为一个经济彻底摆脱马尔萨斯低水平陷阱的依赖条件,而生育率下降与这些条件的形成是不可分割的。由此可以认为,生育率与人力资本的趋同是城乡收入差距收敛的必要条件。

　　假使农民具有与城市居民相同的生育率水平和人力资本存量水平及积累率,不难推断将会出现如下一系列积极变化:其一,农民的工资性收入明显增加。这种增加来自就业空间的扩大,劳动者生产效率的提高,以及由劳动者技能提高而带来的非劳动资源利用效率的改进。其二,生育率下降将减少农民子女抚养负担,使城乡人口的抚养比持平。其三,城市化进程加速。城市化推进以城市部门存在就业机会为前提。在城乡人均人力资本水平无差异时,非农就业机会就会平等地呈现在城乡居民面前,农民的市民化就会成为一种自然进程。其四,生育率下降和城市化的加速,在减少农民数量和加速农民人力资本积累的同时,又有利于提高农民的组织化程度,农民数量越多其政治影响力越小的"舒尔茨悖论"①现象将得以扭转,农民最终可能获得与城市居民一样的国民待遇。其五,在城乡居民人均人力资本水平趋同的条件下,农民非农转移的能力增强,剥夺农业和农民所引发的社会成本就会较为平均地为全社会分担,而不是主要落在农民身上。这时,农业作为一个战略性产业部门才可能真正为全社会所重视。

　　尽管影响城乡居民收入差距的相关变量是多方面的,但本章把人力资本和生育率看做是在诸多影响力量中更为根本和在长期持续起作用的因素。城乡收入差距的最终消除,从根本上来说,依赖于城乡之间生育率水平、人力资本存量水平及其积累率的趋同。在其他因素的影响作用被消除时,人力资本和生育率的趋同,将导致城乡居民人均收入的"绝对收敛";如

―――――――――

　　① 舒尔茨发现,农民数量与其政治影响力负相关。这种情况一般被称为农民数量悖论。参见[美]西奥多·W.舒尔茨:《报酬递增的源泉》,姚志勇、刘群艺译校,北京大学出版社2001年版,第141页。

果城市偏向的发展战略、城乡分割的二元体制等被继续维持,农村部门生育率下降和人力资本水平的提高,也能够导致一种"条件收敛"结果的出现。可以预见,在城乡人力资本和生育率相同的条件下,传统发展战略与二元体制的维持,政府和社会将付出比以前更大的代价,这也可能促成城市偏重的发展战略和城乡分治的不合理体制最终被摈弃。

六、城乡收入调节政策的切入点选择

若仅着眼于农民眼前收入的增加,提高粮食价格、降低农业生产成本、减免农业税费等就是可行的政策选择;如果政策目标是缩小乃至消除城乡居民间的收入差距,那么,前述政策的效力是极其微小的。因此,在讨论城乡收入差距调节问题时,我们没有将这类政策考虑在内。

内生增长理论及相关的实证研究表明,缩小城乡收入差距政策设计的主要着眼点,应放在促进农村部门人力资本积累率提高和生育率下降方面。其政策目标是,实现城乡之间生育率和人力资本水平的趋同,在农村培育起与城市部门同质的、在城乡统一的劳动力市场上具有同等竞争力的收入创造主体。这一政策的基本内涵包括:第一,促进农村部门人力资本积累率的快速提高,利用人力资本的增长效应增加农民的人均收入;第二,借助人力资本增长对生育率的抑制效应,实现农村部门由高生育率、低人力资本水平的马尔萨斯稳态向低生育率、高人力资本水平的增长稳态转变;第三,充分利用农村部门生育率下降所创造出来的发展机会,将生育率下降所带来的人均储蓄的增加及时地转化为人均人力资本投资的增长。

加大对农村地区的教育投入,是调节城乡收入差距的首选政策。因为,教育投入是人力资本投资的最主要内容,同时,大量经验研究显示,父母的受教育程度与家庭生育率负相关。[①] 为此,需要对城乡分割和偏重城市的现行教育体制做出调整。

---

① 参见李菁、林毅夫、姚洋:《信贷约束、土地和不发达地区农户子女教育投资》,《中国人口科学》2002 年第 6 期。

第十二章 收入增长城乡公平分享
机制的进一步讨论

一、相关研究背景描述

市场化改革以来,中国经济持续高速增长。国内生产总值由 1978 年的 3645.2 亿元增加至 2005 年的 183084.8 亿元;同期,人均国内生产总值由 381 元提高到 14040 元。按可比价格计算,27 年间两者分别提高了 12 倍和将近 9 倍。人民生活水平普遍获得显著改善。

然而,经济增长的成果并未在城乡之间公平地分享。城乡居民收入差距在波动中呈现不断拉大的趋势。1978 年,城镇居民家庭人均可支配收入是农村居民家庭人均纯收入的 2.57 倍,二者的绝对差距为 209.8 元;到 2005 年,前者成为后者的 3.22 倍,绝对差距扩大到 7238.1 元。[1]

这一现象引发了两个方面的讨论。其一,收入不平等与经济增长之间的关系。讨论不仅涉及收入差距在何种方向上影响着增长[2],而且对二者间的联结机制进行了分析。[3] 这一讨论不同结论的背后,一定程度上反映

---

[1] 数据来源:根据《中国统计年鉴 2006》10—2 相关数据计算得出。

[2] 关于收入不平等对经济增长影响的认识存在着争议。一些研究者持有利论;更多的文献则持相反的观点;近来一些研究者区分了经济发展阶段对二者关系的不同影响。参见陆铭、陈钊、万光华:《因患寡,而患不均——中国的收入差距、投资、教育和增长的相互影响》,《经济研究》2005 年第 12 期。另外,参见[美]菲利普·阿吉翁、彼得·霍依特:《内生增长理论》,陶然等译,北京大学出版社 2004 年版,第 250~252 页。

[3] 尹恒、龚六堂和邹恒甫将收入不平等对经济增长的影响机制归纳为:储蓄—投资机制,政治—经济机制,教育—生育决策机制,社会稳定机制和市场规模机制。参见《经济研究》2002 年第 8 期,第 83~91 页。

了人们对收入不平等社会可接受程度的差别化判断。[①] 其二,更加受到人们关注的是,收入差距动态演化的决定因素。即,城乡收入持续扩大的现实是如何发生的? 其收敛条件是什么以及此类条件在何种背景下具备? 这成为当前理论研究的重点和治理政策设计的基本前提。

从研究方法的角度,可以把对收入差距存在性问题讨论的文献归为以下几种主要类型:(1)无论是国外还是国内,解释收入不平等最具影响力的理论工具是新古典模型。如果市场是完善的,同时,不存在个人能力差异和持续性随机性冲击,不管初始分配状态如何,随着时间的推移,社会成员间的收入最终会收敛到一个稳定的平等状态。在这一理论结构下,第一,只有存在持续性个人能力差异和持续性随机性因素的冲击时,才可以解释收入分配长期内非收敛动态演化的现象。[②] 或者,第二,市场是分隔的,要素的趋利性流动和收益率趋同机制受到抑制,社会收入分布格局的演化趋势只能是多态均衡,而非一般均衡。因此,不同市场间的收入差距将会永远存在下去。[③] (2)更多的特别是来自国内的文献,立足于政治经济学视角,把城

---

① 一个社会对收入不平等的包容力在很大程度上取决于社会发展目标的选择。如果经济增长成为首选,对收入差距的可接受程度就较高,因为,在经济发展的一定阶段,收入差距的扩大被认为能够加快物质资本积累,从而有利于经济增长;如果社会发展目标中更多地融入平等、和谐等人文关怀,收入差距过大就会成为社会改革和政府治理的内容。当前中国和谐社会建设目标的提出,表明包括城乡收入在内的收入差距扩大已接近社会可接受程度的边界以及政府扭转这一趋势的意向。

② 参见(1)Becker,G. and N. Tomes,1979:An Equilibrium Theory of Income and Intergenerational Mobility,Journal of Political Economic,87(6),1153~1189. (2)Loury,G.,1981:Intergenerational Transfers and the Distribution of Earning,Econometrica,49(4),843~867. (3)Lucas,R.,1992:On Efficiency and Distribution,The Economic Journal,102(411),233~247. (4)Mulligan,C.,1997:Parental Priorities and Economic Inequality,Chicago,IL:University of Chicago Press. (5)侯风云:《中国农村人力资本收益率研究》,《经济研究》2004年第12期。(6)邹薇、张芬:《农村地区收入差异与人力资本积累》,《中国社会科学》2006年第2期。

③ 参见(1)Banerjee,A. and A. Newman,1993:Occupational Choice and the Process of Development,Journal of Political Economy,101(2),274~298. (2)Galor,O. and J. Zeira,1993:Income Distribution and Macroeconomics,Review of Economic Studies,60(1),35~52. (3)Ljungqvist,L.,1993:Economic Underdevelopment:the Case of Missing Market for Human Capital,Journal of Development Economics,40(2),219~239. (4)Aghion,P. and P. Bolton,1997:A Theory of Trickle-down and Development,Review of Economic Studies,64(2),151~172. (5)Matsuyama,

乡收入差距产生和持续存在的主要原因,归结为政府推行的一系列城市倾向的政策和制度安排。以赶超为目的的经济发展战略的实施,使城市工业由于受到保护获得垄断性收益,政府对生产剩余的控制又使农村产业因资金投入不足而发展缓慢,城乡收入差距由此产生,并被维持该战略的配套政策所恶化。① 蔡昉和杨涛把政府的城市偏向政策分为两类:一是对生产要素市场的干预,再是农村对城市的生产剩余的转移。前者把农村居民限制在城市利益的围城之外,后者则使农村经济增长丧失了索罗(Solow, Robert M.)机制。② 许多研究文献强调户籍歧视对城乡收入差距形成的重要影响,并运用计量工具检验了这种影响的程度。③ 城市化对降低城乡收入差距有显著作用。如果城市化设置门槛,使较富裕的农民率先转变为城市居民,那么,城市化进程就会在不改变所有居民收入的情况下,扩大统计上的城乡收入差距。④ (3)近些年,一些研究者把收入不平等纳入内生增长理论的分析框架,使技术发展、教育和人力资本成为解释不平等演化的关键变量。若生产函数中资本规模收益递增,随着经济增长,不平等程度将趋于扩大。⑤ 在成熟的市场经济条件下,收入差距更多地存在于劳动技能不同的

K. ,2000:Endogenous Inequality,Review of Economic Studies,67(4),743～759. (6)Mookherjee, D. and D. Ray,2003:Persistent Inequality,Review of Economic Studies,70(243),369～393. (7)蔡昉:《二元劳动力市场条件下的就业体制转换》,《中国社会科学》1998 年第 2 期。(8)张展新:《劳动力市场的产业分割与劳动人口流动》,《中国人口科学》2004 年第 2 期。

　　① 参见(1)林毅夫、蔡昉、李周:《中国的奇迹:发展战略与经济改革》,上海三联书店、上海人民出版社 1999 年修订版。(2)林毅夫、刘明兴:《中国的经济增长收敛与收入分配》,《世界经济》2003 年第 8 期。

　　② 参见蔡昉、杨涛:《城乡收入差距的政治经济学》,《中国社会科学》2000 年第 4 期。

　　③ 参见(1)蔡继明:《中国城乡比较生产力和相对收入差距》,《经济研究》1998 年第 1 期。(2)姚先国、赖普清:《中国劳资关系的城乡户籍差异》,《经济研究》2004 年第 7 期。(3)世界银行:《中国:推动公平的经济增长》,清华大学出版社 2003 年版。

　　④ 参见陆铭、陈钊:《城市化、城市倾向的经济政策与城乡收入差距》,《经济研究》2004 年第 6 期。

　　⑤ (1)Hongyi Li,Danyang Xie,and Heng-fu Zou,2000:Dynamics of Income Distribution,Canadian Journal of Economics, vol. 33, No. 4,937～961. (2)Gong Liutang and Heng-fu Zou,2001: Comments on the Paper "Dynamics of Income Distribution",Mimeo. Peking University and Wuhan University.

工人之间,而技能决定于劳动者的受教育程度和经验积累。① 郭剑雄借用卢卡斯模型②和贝克尔-墨菲-田村模型,③认为相对于城市来说,农村地区的高生育率和低人力资本积累率所导致的"马尔萨斯稳态",是农民收入增长困难的根本原因;而城市部门已进入低生育率、高人力资本存量和积累率共同推动的持续均衡增长阶段。④ (4)森则从福利经济学的角度,探讨了自由、正义和公平同人们经济地位之间的联系。他认为,个人从收入和财富中获得的能力(capability)与个人选择自由(freedom)的不平等,比收入和财富不平等本身更为重要;应当突破收入和财富不平等的界限,从更广泛的公平角度来探讨经济中的不平等问题。⑤

前述文献对于中国城乡收入差距的形成及其动态演化,是具有解释力的;所给出的解释变量,大都经得起经验事实的显著性检验。尚需进一步推向深入的问题是:第一,一些文献在注重分析形式精确化的同时,往往以简化市场条件为前提。面对中国城乡劳动力市场分隔这一基本事实,此类研究所获得的结论的解释力自然要打折扣。第二,在引入反映中国国情的解释变量时,大量的工作是集中在相关性的计量检验方面,缺乏深入的理论描述或对理论模型的创新努力。本章试图通过弥补现有文献存在的一些疏漏,深化对城乡收入差距问题的研究,以期获得更具现实针对性的城乡收入调节政策设计方案。

---

① (1)Abowd,J. G. ,F. Kramaz and D. N. Margolis,1994:High Wage Worker and High Wage Firms,NBER Working Paper 4917. (2)Kremer,M. and E. Maskin,1996:Wage Inequality and Segregation by Skill,NBER Working Paper 5781. (3)Willen,P. ,I. Hendel and J. Shapiro,2004:Educational Opportunity and Income Inequality,NBER Working Paper 10879. (4)Lang,K. and M. Manove,2006:Education and Labor-Market Discrimination,NBER Working Paper 12257.

② 参见[美]小罗伯特·E. 卢卡斯:《经济发展讲座》中《论经济发展的机制》,罗汉、应洪基译,江苏人民出版社2003年版。

③ Becker,G. S. ,K. M. Muphy and M. M. Tamura,1990:Human Capital,Fertility and Economic Growth,Journal of Political Economy,98 no. 5,Part 2,(October),S12~36.

④ 参见郭剑雄:《人力资本、生育率与城乡收入差距的收敛》,《中国社会科学》2005年第3期。

⑤ 参见[印]阿马蒂亚·森:《以自由看待发展》,任赜、于真译,中国人民大学出版社2002年版。

二、城乡收入决定模型

不考虑转移支付、遗赠等因素,个人收入来源于他所拥有的各种资源在经济活动中提供服务获得的报酬,其中,劳动是个人取得收入的最主要途径。[①] 相关研究文献显示,决定个人收入不均等的主要因素,不是劳动收入和资本、土地收入之间职能分配的差别,而是劳动收入的变化。[②] 出于简化分析的需要,在此仅以劳动收入为考察对象。

单纯考察来自劳动的收入差别时,劳动的质量因素必须引入分析模型。[③] 劳动的质量决定于劳动者接受教育和培训的程度以及生产经验的积累水平。在现代经济中,相对于劳动的数量而言,劳动质量日益成为一种关键性要素。[④] 因此,在劳动报酬函数中,我们将人力资本确立为基本解释变量。根据卢卡斯等人的内生增长理论,包含人力资本的收入函数具有规模报酬递增的重要性质。

现代劳动经济学将整体劳动力市场区分为相互非具竞争性的一级市场和二级市场。在一级市场就业,工资率高,工作环境优越,就业稳定,且职业升迁机会多;二级市场的工作便大为逊色:工资率低,工作条件差,失业风险高,个人职业发展前景渺茫,教育和经验的回报率显著低于一级市场。[⑤] 目

① 比如,2005 年,扣除转移性收入,中国城镇居民人年均总收入是 8670.07 元,其中,工薪收入为 7797.54 元,占 89.94%,考虑经营性收入的 679.62 元中也有来自劳动的份额,劳动报酬的比重更大;同年,扣除转移性收入 203.81 元,农村居民家庭人均年收入 4427.40 元,工资性收入和家庭经营收入(主要是劳动收入)两项合计为 4338.96 元,占到 98%(资料来源:《中国统计年鉴 2006》)。即使在资本丰裕的发达国家,这一情况亦类似:"在发达国家中,劳动报酬几乎占总收入的四分之三。"([英]大卫·桑普斯福特、泽弗里斯·桑纳托斯:《劳动力市场经济学》,王询译,中国税务出版社 2005 年版,第 160 页)

② 参见[美]雅各布·明塞尔:《人力资本研究》,张凤林译,中国经济出版社 2001 年版,第 2、357 页。

③ 均质劳动假定,构成职能收入分配研究方法和以人时来测量劳动投入的理论前提。从中国经济现实出发,在此放弃了这一传统假设。

④ 参见[美]雅各布·明塞尔:《人力资本研究》,张凤林译,中国经济出版社 2001 年版,第 2、367 页。

⑤ 参见[英]大卫·桑普斯福特、泽弗里斯·桑纳托斯:《劳动经济学前沿问题》,卢昌崇、王询译,中国税务出版社、北京腾图电子出版社 2000 年版,第 185~218 页。

前,中国的城乡劳动力市场事实上分为差异明显的三个部门:非农正规部门、非农非正规部门和农业部门。大体上,前一部门对应于一级市场,后两个部门属于二级市场。劳动力市场的分隔可以由多种源泉产生。本章仅以劳动力差别化等自然垄断因素所决定的劳动力市场结构[1]为分析对象。

基于上述假设,一个简单的适合于城市和农村居民共同的收入决定模型可以设定为:

$$I_{ti} = I_{ti}(p_{ti}, P_{ti}) \qquad (12.1)$$

其基本含义是,居民 i 在工作期 t 来自劳动的收入取决于劳动者本人的劳动生产力 p_{ti} 和他所就业的部门劳动生产力水平 P_{ti}。在市场化部门,劳动者的边际劳动生产力决定其工资水平,工资率又是其人力资本的正函数[2],因此,劳动者 i 在工作期 t 的劳动生产力 p_{ti} 等价于其人力资本水平 h_{ti}。由此推演,部门劳动生产力可以近似地看做部门劳动者平均人力资本水平 H_{ti} 的函数。这样,劳动收入决定模型能够进一步表示为:

$$I_{ti} = I_{ti}(h_{ti}, H_{ti}) \qquad (12.2)$$

这一模型的几何意义如图 12 - 1 所示。图中,横轴 OT 表示工作时间,纵轴 0w 表示工资水平,I 代表劳动者的工资曲线。一个劳动者在全部工作期的工资收入——工资挣得纵截面——主要决定于两个因素:工资曲线的截距及其斜率[3]。

(一)工资曲线斜率的决定因素

在先赋能力同质性假设下讨论个体收入差异时,挣得就可以视为对人的技能投资的一种收益或回报。不考虑劳动力市场差异的影响,劳动者的

---

① 与产品的差别化导致自然垄断一样,劳动异质性假定与劳动力市场分隔是同一问题的两面。

② 明塞尔给出的一般劳动挣得函数是:$E_{ji} = X_{ji} + \sum_{t=0}^{j-1} r_{ti} C_{ti}$。其中,$X_{ji}$ 是未进行人力资本投资条件下可能得到"原始"挣得流,C_{ti} 第 i 个人在第 t 时期的人力资本投资,r_{ti} 是其人力资本投资的收益率。参见[美]雅各布·明塞尔:《人力资本研究》,张凤林译,中国经济出版社 2001 年版,第 70 ~ 71 页。

③ 劳动者全部工作期的工资收入同时决定于劳动者工作期的长短。在此,我们设每个劳动者的工作期大致相同,不作为变量引入。

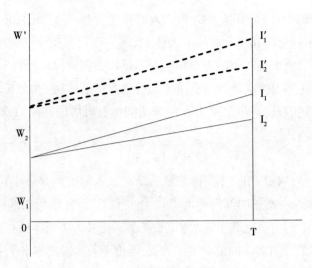

图 12-1

收入挣得能力(工资曲线的点弹性)主要依赖于先于观察期的人力资本投资量;而挣得能力的变化率(即工资曲线的弧弹性)则决定于劳动者整个生命周期中人力资本投资的变动率。[1] 因此,劳动者的人力资本存量及其积累率与工资曲线的斜率正相关。即,劳动者的人力资本存量越高,其收入挣得能力越强;人力资本积累率越高,随时间推移的挣得能力增长越快。现有文献对此能够提供的解释是:第一,接受人力资本投资的劳动者可以提升其素质从而具有较高的生产率。[2] 第二,较高的人力资本能够提高与其相匹配的其他要素的边际产出,通过溢出效应贡献于整体生产率增长,并实现规模报酬递增。[3] 第三,人力资本投资会提高投资者的生产力,但耗费在这种

---

[1] 严格地说,个人收入挣得能力包括两个方面:先天禀赋能力和后天获得的技能。"天赋能力的水平和分布大概是趋向于相同的"([美]西奥多·W. 舒尔茨:《改造传统农业》,梁小民译,商务印书馆1987年版,第132页)。即,相对于后天能力来说,人们之间的先天禀赋差异甚小。在比较人们之间收入挣得能力的差别时,我们可以舍去这种基本不造成差异的因素。

[2] 参见(1)[美]西奥多·W. 舒尔茨:《改造传统农业》,梁小民译,商务印书馆1987年版。(2)[美]詹姆斯·赫克曼:《中国的人力资本投资》,《比较》2006年第22期。

[3] 参见(1)[美]罗伯特·J. 巴罗、哈维尔·萨拉伊马丁:《经济增长》,何晖、刘明兴译,中国社会科学出版社2000年版。(2)[美]小罗伯特·E. 卢卡斯:《经济发展讲座》,罗汉、应洪基译,江苏人民出版社2003年版。

投资上的时间必然导致挣得向较高年龄延迟。理性的就业选择假定,在做出选择时终生挣得收入的现值应当均等化。这种均等化意味着在需要更多人力资本投资的就业岗位上将有更高的工资率。[①] 第四,可以将工资纵截面的形状解释成一种"学习曲线",或者是对于被称为"干中学"的现象——技能随年龄和经验而增长——的一种反映。[②]

(二)工资曲线截距的决定因素

即使不考虑政策性、制度性因素的影响[③],劳动力市场也会因为下述一系列原因而呈现多元分隔状态:由于产品需求稳定性、资本积累率和技术选择类型的差别,不同产业间的组织结构类型存在着显著差异;产业内的企业,会由于资本积累规模和技术创新动因及技术创新能力的差别而不同;企业内的不同工种,技术含量和技术变化率也是不同的。明塞尔发现,技术进步和资本积累率的变化具有人力资本偏态的性质[④]:一个就业部门更急剧的技术进步将产生日益增长的对劳动力教育和培训的需求;物质资本使人力资本边际产品的提高幅度大于原始劳动边际产品的增长幅度,作为物质资本积累的一种结果,对于人力资本的需求将会增长。当劳动被按照在培训和技术方面不同的各个就业岗位来细分时,每一类就业岗位可被视为具有不同人力资本积累量的独特的生产要素集合。在转借的意义上,可以凭借劳动者人力资本平均水平的差异来观察劳动力市场的区隔。根据收入挣得能力与人力资本存量和积累率正相关的假说,以及不同岗位就业竞争充

---

① 参见[美]雅各布·明塞尔:《人力资本研究》,张凤林译,中国经济出版社2001年版。

② 在整个任职期,工资曲线的斜率不是不变的。"经验研究表明,在达到某一点之前,报酬率会随年龄而提高,此后则会保持不变甚至下降。……造成这种模式的主要原因有两个:第一,在一生中,开始时工人的生产率会很快地提高,但提高的速度会逐渐降低。第二,随着时间的流逝,工人的生产率会由于生病等身体的原因而下降。"参见大卫·桑普斯福特、泽弗里斯·桑纳托斯:《劳动力市场经济学》,中国税务出版社2005年版,第41页。

③ 在中国,特别是城乡之间,劳动力市场的政策性、制度性分割现象十分突出。对此,已有大量的文献做出过深入的讨论。这里所要强调的是,即使制度性障碍被消除,劳动力市场间的分隔也会由于技术性原因而存在。

④ 参见[美]雅各布·明塞尔:《人力资本研究》,张凤林译,中国经济出版社2001年版。

分程度①所导致的工资决定机制的差别,不同劳动力市场的工资率必然会出现高低分异。

从单纯技术角度来观察,工资曲线截距的决定因素与该曲线斜率的决定因素是相通的。区别仅仅在于,前者所关注的是社会整体劳动者间的类特征,后者则着眼于类内个体特征的差异。在内涵上,二者所指属一。基于上述模型,我们可以给出如下基本假说:居民来自劳动的收入,首先,取决于他所就业部门的劳动生产率水平或部门平均人力资本水平。劳动者的个人收入与部门平均人力资本水平正相关。其次,个别劳动者相对于其他劳动者的人力资本存量及其积累率越高,收入水平及其增长率也越高;反之则反是。同时,劳动者个人的人力资本水平,决定着其就业市场的选择机会。

三、城乡收入差距缘何存在

基于上述模型,判断城乡居民收入差距成因最简便的方法,一是考察城乡劳动者是否存在着就业部门或就业职位的差别,以及他们各自就业部门的平均工资率状况。或者,给出两类劳动者间工资曲线截距相差的经验证据。再是,随着时间的推移,观察城乡劳动力各自就业市场中工资率的变动趋势,比较二者间工资曲线的斜率大小。

长期以来,中国的劳动力市场借助政权力量被分割为城乡两个壁垒森严的部门,农村劳动力的就业领域曾被严格地限定在保障粮食供给的第一产业。在市场化改革的进程中,农民凭借自己的创业精神和改变命运的不屈努力,不仅开拓出广阔的农村二、三产业市场,也使农民工成为支撑城市经济快速发展的一个新的重要的就业群体。然而,城乡劳动者的就业机会选择仍然差异明显。② 国有经济单位、城镇集体经济单位、股份公司、联营经济、外商及港澳台商投资经济等正规部门的就业岗位几乎被城市劳动者

---

① 一级市场由于存在进入障碍,就业竞争不充分,属于垄断市场或垄断竞争市场;二级市场就业竞争充分,接近于完全竞争市场。

② 见附表12-1。

完全垄断;农村劳动力的主要就业领域是农业和农村非农产业;进入城市的农民工只能在城镇非正规部门①中谋求生计,从事着城里人不愿屈就的脏、重、险、累的工作;即便同在城镇非正规部门就业,城镇劳动者的工作岗位也与农民工有所不同。②

　　具有就业选择机会优势的城镇职工,其劳动报酬显著高于农村劳动力。2005 年,城镇职工平均货币工资为 18364 元,农村劳动力平均纯收入仅有6354 元。③ 前者是后者的 2.89 倍。根据杜鹰、白南生的调查,四川省和安徽省的农村外出劳动力每小时劳动报酬分别只有城市工薪劳动者的54.5% 和 57.1%。④ 另据资料,2001 年城市劳动力和农村乡镇企业劳动力的平均工资分别为 10870 元和 5908 元⑤,前者是后者的 1.84 倍。即便同为外出打工者,非农户籍劳动力的工资也比农业户籍劳动力要高 6.3%。⑥ 这些经验事实,表明城乡劳动力所在不同就业岗位工资曲线截距差异是存在的。⑦

---

　　① 　这里的正规部门与非正规部门划分,等同于前面临大量市场理论中的一级市场和二级市场的区分。

　　② 　宋丽娜和 Simon Appleton 在一项研究中比较了进城民工和城市下岗工人再就业的工作特征分布:在专业技术人员、主管/经理、文秘和产业工人等职业中,下岗工人再就业的从业比重分别高于进城民工 4.9、3、2.8、54 个百分点。参见宋丽娜、Simon Appleton:《中国劳动力市场中有权益阶层与无权益阶层的抗衡:寻求就业与政府干预》,载蔡昉、白南生主编:《中国转轨时期劳动力流动》,社会科学文献出版社 2006 年版,第 167～188 页。

　　③ 　数据来源:附表 12 - 3。

　　④ 　杜鹰、白南生:《走出乡村:中国农村劳动力流动实证分析》,经济科学出版社 1997 年版,第 119～120 页。

　　⑤ 　《中国乡镇企业年鉴 2002》,中国农业出版社 2002 年版,第 111 页。

　　⑥ 　参见乐君杰:《中国农村劳动力市场的经济学分析》,浙江大学出版社 2006 年版,第36～37 页。工资差异同样存在于农村劳动力的不同就业岗位之间。Zhao Yaohui 的一项研究发现,农业工作、非农工作和迁移后工作的边际生产率差别很大。如果一个农业劳动者从事了迁移后的工作,可使家庭收入提高 49.1%;若从事本地非农工作,可提高家庭收入 13%;而增加一个农业从业者,家庭收入仅能够增加 9%。参见 Zhao, Yaohui, 1999: Labor Migration and Earning Differences: the Case of Rural China, Economic Development and Cultural Change, 47 (4):July, 767～782。

　　⑦ 　应当从静态和动态两个角度来考察工资曲线的截距。静态截距是指,在某一个时点进入城乡不同劳动力市场的同质劳动力工资率的差距;动态截距,即每一个时点上不同就业市场工资率差异的存在性。

差距同时存在于城乡劳动力报酬的动态演化趋势之间。1978 年,城镇职工的平均货币工资是农村劳动力平均收入的 1.7 倍,到 2000 年,这一差距扩大到 2.1 倍,2005 年进一步拉大到近 2.9 倍;绝对差距由 255 元增加至 4876 元和 12010 元。① 从 1990 年至 2005 年,城镇职工的平均货币工资以 15.72% 的年均速度递增,而农村劳动力的平均收入的年均增长率是 10.18%;除 1994~1995、1995~1996 两个年份以外,其余年份的劳动报酬年均增长率,城镇均高于农村。② 时间序列数据显示了中国城乡劳动力工资曲线的斜率的差异(见图 12−2③)。

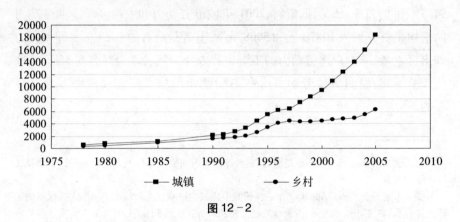

图 12−2

当城镇职工供职于劳动生产率较高、且工资率以较大幅度逐年递增的部门,而农村劳动者不得不聚集在低生产率部门,其报酬增长率显著低于城镇职工时,城乡居民间的收入差距及其动态拉大趋势就是一种必然结果。依据本章提出的模型,在这种现象背后起作用的关键因素,是城乡居民人力资本存量及其积累率的不同的现实状态。

2003 年,农村小学和初中文化程度人口在总人口中占 75.14%,高中文化程度的占 5.86%,大专以上的比例仅为 0.69%,农村的文盲率达 11.17%;城镇高中以上文化程度人口的比重占到 33.55%,小学和初中文

---

① 数据来源:附表 12−2。
② 数据来源:附表 12−3。
③ 数据来源:附表 12−2。

化程度的人口是 55.45%,城镇文盲率为 5.23%。① 在城、镇与乡之间,具有大专及以上受教育水平人口的比例是 20:9:1,高中教育人口的比例为 4:3:1。② 而且,这种差距在时间序列上表现为一种变化并不显著的稳定态势。1985 年,城镇和乡村劳动力受教育年限相差 2.88 年,这一差距在 1990年为 2.78 年,2000 年是 2.87 年(见图 12-3③)。

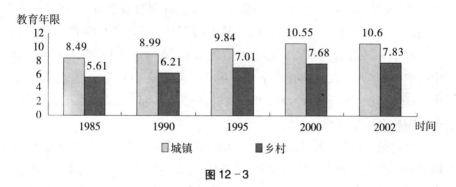

图 12-3

文化技能不同的城乡劳动力分别进入区隔明显的各自就业领域时,部门从业者的平均人力资本水平自然显现差异。2000 年,在以城镇户籍人口为基本从业者的国家机关与党群组织以及企事业单位负责人、专业技术人员、办事人员等职业中,人均受教育年数分别达到 12.24、13.05 和 12.15,大大高于从事农、林、牧、渔及水利业劳动者受教育年限的 6.78 年。④ 孟昕和张俊森根据对上海农村移民和城镇居民的职业分布、个人特征分布的有关调查发现,在 20 世纪 90 年代中期,进入城镇非正规部门就业的农村移民的受教育年数的均值为 7.90,而主要在正规部门就业的城镇居民该值是

① 参见国家统计局人口和社会科技统计司:《中国人口统计年鉴 2004》,中国统计出版社 2004 年版。

② 参见连玉明主编:《2004 中国数字报告》,中国时代经济出版社 2004 年版,第 337 页。

③ 数据来源:农村劳动力的教育年限根据《2003 中国农村住户调查年鉴》中农村居民家庭劳动力文化状况计算得出;1990 和 2000 年城乡劳动力教育年限的差距,依据中国教育与人力资源问题报告课题组《从人口大国迈向人力资源大国》中的数据给出;1985 和 1995 年的差距数根据 1982～1990 年、1991～2000 年城乡劳动力教育年数变动的均差计算得出;2002 年采用了 2003 年 6 岁及其以上人口受教育程度差距的调整数。

④ 数据来源:附表 12-4。

10.52。此外,实现了职业转换的农业户籍劳动者,其受教育程度也高于农业从业者。[1] 人口和社会科技统计司课题组的一项研究证实,跨省流动就业者(主要是农业户籍人口)的平均教育年限为 8.95 年,而未迁移人口(大多数仍然是农民)仅为 7.72 年。[2]

低受教育水平并非农民自愿选择的结果。在很大程度上,它根源于国家教育资源配置的城乡失衡。2002 年,全社会各项教育投资 5800 多亿元,不到总人口 40% 的城市居民占用了其中的 77%,而超过 60% 的农村人口只获得 23% 的教育经费。[3] 在每 10 万人口中,城镇拥有中学数 8.03 所(其中高中 2.61 所),农村拥有中学数 5.08 所(其中高中 0.30 所);每万人口中,城镇拥有中学教师数为 68.33,而农村仅为 24.33[4],这里还未涉及教师素质和教育质量方面的差别。

教育是分层的,比如分为初级、中级和高级等不同层次;在质量方面,同级教育也会由于教育机构所拥有的资源差异和名气大小而呈优劣。等级愈高、条件愈好、名气愈大的教育机构提供的教育机会愈稀缺。[5] 这样,选拔考试和分数竞争就成为教育资源分配的有效形式。教育资源的这一配置方式,将一群天资并无多大差异的受教育者塑造成具有不同素质和技能信号的差别化个体。如前所述,"消费"教育产品的职业市场存在着事实上的等级化。收益率和社会地位不同的就业岗位导致了职业竞争,职业竞争又衍生出职业资格的前端竞争。现实中,职业资格主要由接受教育和培训的程度来赋予。教育层次高、质量好的受教育者,在信息不对称的职业市场往往被赋予高能力信号,因而能够较容易地进入正规或一级劳动力市场并稳定下来。可见,教育机会的竞争,不过是社会职业地位的高下在前劳动力市场的一种折射。或者说,教育选拔是提前了的就业职位筛选。在存在城乡教

① 参见孟昕、张俊森:《中国城镇的双层劳动力市场——上海城镇居民与农村移民的职业分割与工资差距》,载蔡昉、白南生主编:《中国转轨时期劳动力流动》,社会科学文献出版社 2006 年版,第 147~166 页。

② 参见国家统计局人口和社会科技统计司课题组:《我国劳动力迁移的情况与特征》,载《中国人口统计年鉴 2004》,中国统计出版社 2004 年版,第 314 页。

③ 参见《中国财经报》2004 年 8 月 24 日。

④ 根据《中国统计年鉴 2003》有关数据计算得出。

⑤ 这种情况在非义务教育阶段的教育机会中更甚。

育歧视的条件下,教育的筛选功能对农村居民极为不利。以接受初级和中级教育为主的农村劳动力,一般只能进入非正规劳动力市场从事不理想和不稳定的工作,并在他们身上会形成一些不能让一级劳动力市场雇主们接受的工作特点,从而可能被长期锁定于二级市场。劳动力市场分隔条件下的教育分层效应,对城乡居民工资和福利的影响将是终身的。

尼尔森和菲尔普斯对教育的重要作用在于增加个体能力方面的研究中做出了有意义的工作。教育增加个体能力表现在受教育者的创新(如发明新活动、新产品、新技术)能力、采纳新技术能力以及在加速技术扩散中作用的提高诸方面。来自教育的技术效率的改进在生产中会转化为高技能劳动者收入的增长。[1] 大量劳动经济学文献揭示,个人每多受 1 年的在校教育,一般来说,可以使今后的工资增长 10%。[2] 对于中国进城的民工而言,受教育年限每提高 1 年,所估计的工资能够上升 5%。[3] 中国农村居民家庭人均纯收入分组情况也显示了收入与教育间的正相关关系:在人均收入超过 4000 元的组别中,劳动力平均受教育水平达到 8.38 年;在低于 2000 元的人均收入组中,劳动力平均受教育年限是 7.03 年。[4] 因此,明塞尔(Mincer,Jacob)的学校教育模型,把人们挣得中的百分比级差视为其耗费于学校教育上的时间的函数;并认为,学校教育分布上的绝对离散性越大,挣得分布中的相对离散性和偏态也越大。[5]

---

[1] Nelson, R. and E. Phelps, 1966: Investment in Humans, Technological Diffusion, and Economic Growth, American Economic Review, 61.

[2] 参见[美]查尔斯·I. 琼斯:《经济增长导论》,舒元等译校,北京大学出版社 2002 年版,第 47 页。

[3] 参见宋丽娜、Simon Appleton:《中国劳动力市场中有权益阶层与无权益阶层的抗衡:寻求就业与政府干预》,载蔡昉、白南生主编:《中国转轨时期劳动力流动》,社会科学文献出版社 2006 年版,第 178 页。

[4] 数据来源:不同人均纯收入组别农村劳动力的文化程度构成数据来自国家统计局农村社会经济调查司:《2006 中国农村统计年鉴》3～7,中国统计出版社 2006 年版,第 35 页;劳动力平均受教育年数根据完成各级教育年数乘以各自权重再求和得出。

[5] 在明塞尔的模型中,对于分别具有 S_1 和 S_2 学校教育年限以及 n_1 和 n_2 工作年限的两类人未来挣得的现在值均等化,将会产生如下年挣得比率:$k_{2,1} = E_{S2}/E_{S1} = e^{-rn1}(1 - e^{-rn1})/e^{-rn2}(1 - e^{-rn2})$。其中,$r$ 代表市场贴现率,E 是年挣得,e 是自然对数的底。如果 n_1 与 n_2 的数值较大,k 将接近于 $e^{r(s_2-s_1)}$。如果令 $s_2 = s, s_1 = 0$,则有 $k_s \to e^{rs}$。另一方面,当 $n_1 = n_2 = n$

四、城乡收入差距如何收敛

在本章给出的城乡收入决定模型的基础上,借鉴明塞尔挣得函数①的构造方法,可以将城乡劳动者的收入方程分别记为:

$$y_{ut} = \alpha_{ut} + \beta_{ut} h_{ut} \qquad (12.3)$$

$$y_{rt} = \alpha_{rt} + \beta_{rt} h_{rt} \qquad (12.4)$$

式中,y_{ut}、y_{rt}和h_{ut}、h_{rt}分别表示在时间t城乡劳动者各自的收入和人力资本,α_{ut}、α_{rt}是在t时的城乡劳动力在各自就业部门的平均工资率,β_{ut}、β_{rt}为在时间t城乡两部门劳动者人力资本的边际收益率,且有$y_{ut} > y_{rt}$,以及$h_{ut} > h_{rt}$、$\alpha_{ut} > \alpha_{rt}$、$\beta_{ut} > \beta_{rt}$存在。据方程(12.3)和(12.4),要实现城乡收入差距的收敛,即$y_{rt} \Rightarrow y_{ut}$,②应当有$\alpha_{rt} \Rightarrow \alpha_{ut}$,且$\beta_{rt} \Rightarrow \beta_{ut}$作为充分必要条件存在。③

在城乡劳动力就业部门之间存在报酬率的高低势差时,低工资率部门的劳动力就存在着跨市场"套利"的冲动。若跨市场流动在事实上能够发生,城市职工就业部门(特别是正规部门)的工资率,就会因为劳动力供给竞争程度的加强而受到抑制或降低;同时,这一流动有助于缓解农村劳动力就业市场中的过度拥挤现象,并提高农业和其他非正规市场劳动力的边际产出和平均工资。就是说,在给定劳动力充分流动的前提下,城乡劳动力产生于就业部门分隔的工资率级差,将由于市场结构的改变而趋于缩小或最终消失,即导致$\alpha_{rt} \Rightarrow \alpha_{ut}$出现。劳动力市场的这种均平功能为经济学家们所看重。盖尔·约翰逊(D. Gale Johnson)认为,确保农民公平地分享经济增长成果的途径只有一条,那就是改善劳动力市场(以及其他要素市场)的

时,不论工作寿命长度如何,都精确地有 $k_s = e^{rs}$。参见[美]雅各布·明塞尔:《人力资本研究》,张凤林译,中国经济出版社2001年版,第68页。

①　挣得函数是对于挣得剖面的一种数学和经济计量学说明,其形式为:$E_t = E_0 + \sum_{j=0}^{t-1} r_j C_j$。参见[美]雅各布·明塞尔:《人力资本研究》,张凤林译,中国经济出版社2001年版,第110页。

②　符号"⇒"在此表示趋近并最终等于,下同。

③　理论上讲,当农村劳动力的人力资本积累率超过城市劳动力时,单纯的$\beta_{rt} > \beta_{ut}$也可实现城乡收入差距的收敛。由于这一假设的非现实性,这里放弃了这一理论收敛条件。

运作,实现就业机会的公平。①

在无扭曲的情况下,劳动力市场可以为人力资本的服务正确定价,使人力资本投资获得相应回报。此时,经济中均衡工资的差异,仅可以唯一地归结为各个人在人力资本存量上差异的反映。针对中国目前的现实,即使跨市场流动的障碍被消除,城乡劳动力的挣得水平的差距,也会由于二者之间人力资本存量的差异而存在。换言之,在 $\alpha_{rt} = \alpha_{ut}$ 的条件下,当 $h_{ut} > h_{rt}$ 并由其决定了 $\beta_{ut} > \beta_{rt}$ 时,仍然会有 $y_{ut} > y_{rt}$。可见,城乡收入差距的最终收敛,尚需以城乡劳动力人力资本的趋同($h_{rt} \Rightarrow h_{ut}$),以及由此决定的人力资本收益率趋同,即 $\beta_{rt} \Rightarrow \beta_{ut}$,作为不可或缺的前提之一同时存在。

城乡收入差距收敛的两个基本条件之间,存在着正向反馈的交互作用。城乡劳动力人力资本的趋同,有助于消除源自技能差别化的劳动力市场垄断。此时,由于农村劳动力的跨市场流动能力的提高,正规市场高工资率的职位会被与城市职工无差异的新进入者所分享;还应当注意到,当物质资本、技术作为互补条件与人力资本一同增长时,新的高工资率的流动岗位,将因为二级市场日益升级为一级市场被创造出来。在劳动力的流动被阻滞时,类似于企业专用性资产投资中被套牢的现象一样,二级市场中的人力资本投资必然是不足的;相反,开放的市场和可能获得的高收益率的就业岗位,将会对过去锁定于二级市场的人们的人力资本投资产生激励。同时,流动是人力资本最优价格的搜寻过程。它有利于使初始投入获得更高的回报。从这一意义上说,流动本身也是人力资本投资。

相对于竞争性就业市场而言,人力资本的趋同在城乡收入差距收敛中的作用更具决定性意义。在质量分层的条件下,高素质农村劳动力的先行转移,其积极意义仅在于降低社会贫困人口的比重,它并无助于改善甚至还会恶化城乡间的收入分布。竞争性市场的收敛功能,在劳动力质量分层条件下是不存在的。当农村劳动力的平均人力资本存量与城市职工无差异时,不仅来自技术壁垒的劳动力市场的自然垄断将被打破,分割劳动力市场的制度性壁垒的设置也将失去意义。因为,制度性保护措施虽然可以在政

---

① 参见[美]D. 盖尔·约翰逊:《经济发展中的农业、农村、农民问题》,林毅夫、赵耀辉编译,商务印书馆 2004 年版,序言(二)。

府控制部门为城市职工筑起利益高地,但是,不断崛起的市场化正规部门创造出的新的高收益率就业机会,将使政府保护部门的就业职位逐渐贬值。在社会分层结构中,人力资本的提升,可以促成下层社会成员的上行流动,并在保障经济效率的同时实现社会公平。

教育是人力资本形成的主要途径。教育机会的公平,是人力资本对收入分配公平化影响的前提条件。或者说,只有当学校教育的方差降低时,人力资本的提高才具有促进收入平等的作用。在中国现阶段,公平教育的基本含义包括:第一,逐步实现初级和中级教育资源的城乡均衡配置,保障农民子女能够受到与城市孩子相同质量的教育。其中,包括让进城农民工子女不带附加条件分享城市的优质教育资源。第二,在初、中级教育资源均享的基础上,实现高等教育机会的城乡均等。在城乡教育歧视尚未消除阶段,可考虑高等教育机会分配适当向农村应试者倾斜。第三,加大面向农村地区的职业教育机会的供给,提高脱离学校教育的成年农民的实用技能,为其寻求高收益率就业机会创造条件。

需要强调的是,在不同层次的教育中,高等教育对劳动者跨市场流动能力的形成作用较大,而初等和中等教育的这一作用相对较小。或者说,受教育程度越高,代际之间向上流动的可能性越大,社会经济地位较低家庭的子女才有机会进入职业金字塔的上层。[1] 因此,城乡公平教育的要义是实现高等教育机会的平等。

---

① 郭丛斌、丁小浩:《职业代际效应的劳动力市场分割与教育的作用》,《经济科学》2004年第 3 期。

附录:

附表12-1 城乡劳动力就业部门、就业人数及就业结构

单位:万人

年份	城镇					乡村		
	合计	正规部门		非正规部门		合计	农业	非农产业
		传统正规部门①	新型正规部门②	个体、私营	未统计部分③			
1978	9514	9499		15	0	30638	28456	2827
1980	10525	10444		81	0	31836	29808	3000
1985	12808	12314	44	450	0	37065	30352	6979
1989	14390	13610	129	648	3	40939	32441	9367
1990	17041	13895	162	671	2313	47708	33336	10869
1991	17465	14292	214	760	2199	48026	34186	11341
1992	17861	14510	277	838	2236	48291	34037	12487
1993	18262	14313	518	1116	2315	48546	33258	14542
1994	18653	14499	750	1557	1847	48802	32690	14884
1995	19040	14408	883	2045	1707	49025	32335	16387
1996	19922	14260	952	2329	2381	49028	32260	17630
1997	20781	13927	1092	2669	3093	49039	32678	17172
1998	21616	11021	1665	3232	5698	49021	32626	17129
1999	22412	10284	1825	3467	6836	48982	32912	17500
2000	23151	9601	1983	3404	8163	48934	32798	16893
2001	23940	8931	2193	3658	9158	49085	32451	16902
2002	24780	8285	2585	4268	9642	48960	31991	17173
2003	25639	7876	2933	4922	9908	48793	31260	17587
2004	26476	7607	3330	5515	10024	48724	30596	17956
2005	27331	7298	3927	6236	9870	48494	29975	18761

注:①传统正规部门指国有、集体单位。其就业人数为两部门合计数。②新型正规部门指联营经济、股份制经济、股份合作经济、港澳台商投资经济和外商投资经济,其就业人数是这几个部门的合计数。③未纳入统计的就业人数,根据城镇就业总数减去传统正规部门、新型正规部门、个体和私营单位就业人数得出。

资料来源:国家统计局:《中国统计年鉴2006》,中国统计出版社2006年版,5—4,13—4。

附表 12-2　城乡劳动力的劳动报酬差异

| 年份 | 城镇职工平均货币工资(元)① | | | | 农村劳动力平均收入(元)② | | | | | 城乡劳动力收入差据③ |
	合计	传统正规部门	新型正规部门	其他单位	合计	家庭经营收入	其中:第一产业收入	其中:二三产业收入	工资性收入	
1978	615	615			360	137	126	11	223	255
1980	762	762			438	198	174	24	241	324
1985	1148	1147			907	773	681	92	134	241
1989	1935	1926			—	—	—	—	—	—
1990	2140	2127			1569	1341	1217	124	228	571
1991	2340	2324			1675	1422	1295	127	253	665
1992	2711	2686			1832	1527	1391	136	304	879
1993	3371	3306	5014	3279	2044	1733	1481	252	312	1327
1994	4538	4440	6322	4954	2680	2267	1963	331	413	1858
1995	5500	5252	7496	6494	3471	2921	2564	357	549	2029
1996	6210	5864	8289	7131	4178	3476	3057	419	702	2032
1997	6470	6277	8823	7063	4461	3659	3173	486	803	2009
1998	7479	7247	9030	6133	4424	3538	2971	567	887	3055
1999	8346	8072	9874	8425	4359	3393	2748	645	967	3987
2000	9371	9026	11019	10223	4495	3427	2716	711	1068	4876
2001	10870	10575	12158	11621	4708	3534	2940	594	1147	6162
2002	12422	12141	13362	10242	4819	3561	2818	743	1258	7603
2003	14040	13810	14833	10572	4940	3595	2918	677	1345	9100
2004	16024	15889	16590	10102	5569	4107	3416	691	1462	10455
2005	18364	18430	18518	12009	6354	4634	3838	796	1720	12010

注:①城镇职工平均货币工资为城镇各部门职工的平均工资的加权平均值。②农村劳动力平均收入则是农民家庭经营劳动收入和劳均工资性收入两项的和;其中,不包括劳均财产性收入和劳均转移性收入。③城乡劳动力收入之差由城镇职工平均货币工资减去农村劳动力平均收入得出。

资料来源:城镇职工平均货币工资由《中国统计年鉴 2006》5—4,5—25 中的有关数据计算得出;农村劳动力平均收入根据《中国农村住户调查年鉴 2006》2—1,2—11,2—13 有关数据折算得出。

附表 12－3　1990～2005 年城乡劳动力报酬的年均增长率(%)

年份	城镇	农村	年份	城镇	农村
1990～1991	9.35	6.67	1998～1999	11.59	−1.47
1991～1992	15.85	9.37	1999～2000	12.28	3.12
1992～1993	24.35	11.57	2000～2001	16	4.74
1993～1994	34.62	31.12	2001～2002	14.28	2.36
1994～1995	21.2	29.51	2002～2003	14.89	2.51
1995～1996	12.91	20.37	2003～2004	14.13	12.73
1996～1997	4.19	6.77	2004～2005	14.6	14.1
1997～1998	15.6	−0.83	各年平均	15.72	10.18

数据来源:根据附表 2 中的相关数据计算得出。

附表 12－4　第三、四、五次人口普查七大职业就业人口人均受教育年限(年)

	1982	1990	2000
国家机关,党群组织,企业、事业单位负责人	9.12	10.96	12.24
专业技术人员	10.95	11.86	13.05
办事人员和有关人员	9.62	10.77	12.15
商业、服务业人员	7.43	8.29	9.25
农、林、牧、渔、水利业生产人员	4.75	5.73	6.78
生产、运输设备操作人员及有关人员	7.86	8.58	9.08
不便分类的其他劳动者	9.69	10.17	8.86

资料来源:1982 年、1990 年全国第三、四次人口普查数据和2000 年全国第五次人口普查 10% 抽样数据。

第十三章　工业化中期阶段的
农业发展政策选择

一、农业政策与农业发展

在当今世界,任何一个国家农业的成功发展,都离不开政府农业发展政策不同程度的支持。正如刘易斯所指出的:"没有任何国家可以不需要来自睿智的政府的积极刺激就能够实现经济进步……"[1]

农业政策是指:政府为实现一定的社会、经济及农业发展目标,对农业发展过程中的重要方面及重要环节所采取的一系列有计划的措施和行动的总称。[2] 农业政策属于部门经济政策,是公共政策的一个重要组成部分。农业政策作为部门经济政策,其主要目标是保持农业生产长期稳定增长和实现现代农业的成长。为了实现这一目标,各国政府通常在农业的生产结构、组织形式、资源配置以及生产要素和产品流通等领域制定一系列相互联系的政策,引导市场中各行为主体做出符合总体利益的决策,并且保障最终目标的实现。在农业政策中,对农产品的补贴和价格支持是当今世界许多国家和地区尤其是发达国家和地区普遍采用的重要措施。农业的基础性、弱质性及其公共产品属性,赋予了此类扶持政策经济学意义上的合理性和必要性。

农业补贴是政府通过财政手段向农产品的生产、流通、贸易活动或者向某些特定消费者提供的转移支付,其实质是一种国民收入的再分配。农业

---

① ［美］阿瑟·刘易斯:《经济增长理论》,梁小民译,上海三联书店 1990 年版,第 376 页。

② 参见钟甫宁主编:《农业政策学》,中国农业出版社 2004 年版,第 7 页。

补贴的宗旨主要在于保护与促进本国或本地区的农业发展,维护与保障粮食安全。

一般来说,农业补贴的方式分为直接补贴、投入补贴以及产出补贴。① 直接补贴,是政府直接将补贴款项支付给农民。直接补贴不通过市场传递,其效果是能够直接增加农民的收入。当农业补贴政策的目标仅仅在于增加农民的收入,或者在增加农民收入的同时还要限制农产品生产时,可以选择这种补贴方式。② 投入补贴可分为降低内部成本的直接投入补助和降低外部成本的间接投入支持。前者包括农用生产资料价格补贴、贷款贴息、小型农田水利及水土保持补助等。这种补贴方式降低了农业投入物的成本,因而能鼓励农民多购买和使用化肥等要素投入,促进农业生产发展。后者包括政府强化农村公共产品投入、农业科技投入、保护农业生态环境投入、加强农业社会化服务体系的投入以及资助农村居民教育培训的投入等。这些投入改善了农业生产经营所需要的交通、通信、水利、科教、社会化服务体系等条件,降低了农业生产经营的外部成本,有利于农业的持续发展和农民收入的增加。③ 产出补贴最典型的表现就是农产品价格补贴,即政府以高于市场水平的价格从农民手中采购农产品,政府的采购价格与市场均衡价格的差额,就构成了对产出的补贴。产出补贴兼有提高农民收入和增加农产品产量的双重功效。

(一)直接补贴效应分析

在市场上,农民具有双重身份,一是市场消费品的消费者;二是购买生产要素进行生产的生产者。在商品价格既定的条件下,直接补贴可以通过改变补贴对象的预算收入而改变其决策。

如图 13 - 1,X、Y 为农民购买的两种不同商品的数量。AB 为直接补贴前的预算线,与无差异曲线 U_1 相切于效用最大化的均衡点 E_1。X_1、Y_1 为对应的商品的购买量。农民得到直接补贴时,商品的相对价格没有发生变化,

---

① 参见李杨:《财政补贴经济分析》,上海三联书店 1990 年版,第 47~91 页。
② 参见刘渝:《我国农民直接收入补贴问题初探》,《农业经济》2005 年第 6 期。
③ 参见冯海发:《对我国农业补贴的理论思考》,《中国农村经济》1996 年第 6 期。

因此预算线的斜率不变,由于收入增加使 AB 往外平移至 $A'B'$,并且与更高水平的无差异曲线 U_2 相切于 E_2。E_2 相对于原来的均衡点 E_1 代表着一个更高的满足水平,此时购买的商品数量组合为 X_2、Y_2。

直接补贴政策可以从两个方面对农民增收发挥作用:(1)补贴资金直接增加农民收入;(2)从长期来看,由于储蓄的作用,将会有部分的直接补贴投资于生产,促进农民增收。

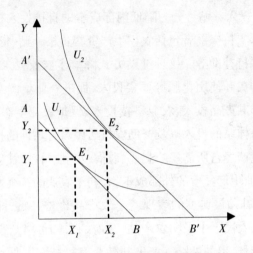

图 13 - 1　直接补贴的经济效应分析

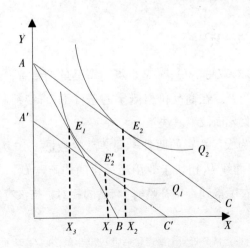

图 13 - 2　替代要素的补贴效应分析

（二）投入补贴的政策效应分析

图 13-2 描述了在两种投入要素可以相互替代的情况下，对其中一种要素进行补贴所产生的替代效应和收入效应。X 为接受补贴的生产要素，Y 为未接受补贴的生产要素，X、Y 两种要素可以相互替代。Q_1 和 Q_2 为某生产者的等产量线，AB 为其等成本线。补贴前，AB 与 Q_1 相切于 E_1，此时 X 的投入为 X_3。假设生产者的总投资不变，由于投入要素相对价格的变化，从单个生产者的角度来考虑，其生产决策将发生变动。

接受补贴时，生产者会相应地增加受补贴品 X 的投入量，从而非补贴品 Y 的需求量减少。假设该生产者追求最大化利润，在接受补贴后仍将所有的成本投入生产，那么如图 13-2 所示，等成本线将由 AB 转移到 AC，等产量曲线 Q_2 与 AC 切点 E_2 即为新的均衡点，(Q_2-Q_1) 为由于投入要素 X 的价格变动所产生的总效应；(X_2-X_3) 即是总效应在 X 上的反应。(X_1-X_3)，(X_2-X_1) 分别为相应的替代效应和收入效应。由于替代效应的存在，价格相对降低的要素 X 的投入量会增加，同时由于收入效应的存在，Y 投入量的变动不能确定。

投入补贴的经济效果具有两面性。一方面，短期内，存在投入补贴的情况下，生产者以同样的成本可以生产出更多的产品，生产者的福利会提高；另一方面，由于生产量扩大，市场供给增多，市场的均衡价格将降低。一般来讲，农产品的需求弹性较低，因此，价格下降势必会影响到生产者的收入。从增加农民收入的角度来看，在进行投入品补贴的时候，要结合价格支持政策才能最终有效地提高农民收入。

（三）价格支持政策的效应分析

价格支持是在市场价格低于目标价格时才起作用的政策。农产品的支持价格是一种下限价格，即农产品的市场价格不能低于指定的价格。

图 13-3 中农产品的供给 S 和需求 D 决定了均衡价格 P_e 和产量 Q_e。在高于均衡价格的支持价格 P_s 下，消费者只愿购买 Q_c 单位的农产品，而供给量为 Q_s 单位。为使价格支持有效，所产生的 (Q_s-Q_c) 的过剩必须由政府购买。这些过剩意味着资源配置的低效率和生产的扭曲。但另一方面，农

民得益于价格支持。图 13 - 3 中,价格支持前,农民的毛收入由面积
$0P_eBQ_e$ 所代表;价格支持后,农民的毛收入则如面积 $0P_sAQ_s$ 所示。

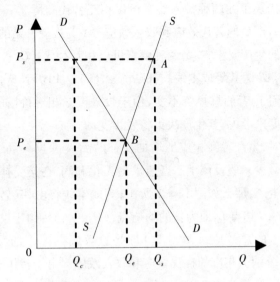

图 13 - 3　价格支持政策效应分析

　　由于价格支持鼓励资源流向农业,导致农业资源配置过度,从而使社会
福利受损。在图 13 - 3 中,市场供给线代表了不同产出水平下所有农民生
产该产品的边际成本。当市场价格 P_e 等于边际成本时(点 B),资源配置最
有效,产出 Q_e 反映了资源的有效配置。与此相比,与支持价格 P_s 相对应的
产出 Q_s 代表着资源的过度配置,这是因为在 Q_e 和 Q_s 之间的所有产出水平
下,边际成本高于人们愿意为这些单位产品(曲线 D 上)支付的价格。这
样,额外产出的边际成本超过了它给社会带来的边际收益,使社会蒙受了
"效率损失"。

二、中国农业发展政策及其效应评价

(一)中国农业政策的演变过程

1. 传统发展观下的工农产品"剪刀差"政策(1953 ~ 1978 年)
在 20 世纪 50 ~ 60 年代,盛行于发展中国家的是传统发展战略,包括初

级产品出口战略、进口替代工业化战略、优先发展重工业战略、优先发展轻工业战略等。这些战略以 GDP 的快速增长为目标,以工业化为突破口,以政府的发展计划和贸易保护政策为手段,推进资本积累,保护民族工业,试图在经济上追赶发达国家。① 受限于当时中国的政治、经济条件和所处的国际环境,在传统发展观②的引领下,中国政府决策层采取了"优先发展重工业"的战略。

为适应国家优先发展重工业的要求,在工业化起步阶段,中国建立了以"工农产品交换价格剪刀差"为核心的农业剩余征缴制度。③ 首先是农产品统购统销制度。这一制度开始于中国工业化大规模起步的 1953 年,并随着工业化的推进而不断强化,到 20 世纪 70 年代末涉及的农产品品种达到230 多种。由于农民必须按照国家规定的较低的价格将农产品按计划品种、数量如期出售给国家,统购统销制度在保证国家掌握必需的农产品数量的同时把一部分农业剩余转移到了工业部门。其次是在农村实行集体化。统购统销制度是对农民的强行索取,一开始就引起了农民的不满。为缓和矛盾,1955 年国家调减了征购任务,这马上又制约了工业增长的速度,同年工业增长 5.6% ,是"一五"期间增长速度最慢的一年。为解决优先发展重工业与农业供给之间的矛盾,借鉴苏联的经验,决策层选择了"集体化制度"。把当时的 1.1 亿个农户组织到 400 万个生产合作社中来,化个体为集体,把农业生产纳入国家的控制之中。集体化制度为用"剪刀差"方式汲取农业剩余提供了组织保证。第三是城乡户籍制度。户籍制度实质上是限制农民自由进入城市的制度,通过户籍管理把农民限定在土地上。这一方面可以在不增加农业资本投入的情况下通过劳动集约来保证农业生产任务的完成,另一方面又最大程度地限制了由于城市人口扩张而引发的城市建设

①　参见金乐琴:《发展观与发展战略的演变:全球视角》,《学术研究》2004 年第 11 期。

②　二战后,新独立的贫穷国家为早日取得经济独立,纷纷致力于寻求促进经济增长的道路。当时人们把发展等同于经济增长或 GDP 增长,强调只要把"蛋糕做大",其余问题就会迎刃而解;把发展的障碍归结为技术落后、资金匮乏和以农业为主的经济结构,提出了以"唯工业化、唯资本化、唯计划化"为特征、以物质财富最大限度增长为中心的发展观,这被称为"传统发展观"。

③　参见李溦:《试论我国工业化汲取农业剩余的"剪刀差"方式》,《经济纵横》1995 年第5 期。

资金需求,有利于集中财力发展工业化。正是这三项制度,保证了"剪刀差"政策的长期推行,保证了中国传统经济重工业优先发展战略的资本需求。

2. 非均衡发展观下的农业生产补贴政策(1979~1993年)

20世纪60年代末,人们开始对传统经济发展战略暴露出来的"有增长无发展"、腐败、政治动荡等问题进行了反思,认识到"把发展与经济增长混为一谈是十分轻率的表现"①,主张在经济增长的同时,改善收入分配,提高社会公共福利水平,减少或消除贫困。

从中国共产党十一届三中全会开始,中国决策层提出了以经济建设为中心、"发展是硬道理"、"让一部分人、一部分地区先富起来"的发展理念,逐渐形成了"非均衡发展观"。这一发展理念解放并发展了农业和农村生产力,扭转了传统发展观指导下的片面重工业化发展战略,大力发展以轻工业为主的加工制造业,并以东部地区为发展重点。

非均衡发展观的确立,一方面,大幅度降低了工业发展的资本需求,又由于轻工业与农业的产业关联性促进了农业发展;另一方面,在农村实行土地家庭承包经营,农业生产力获得了极大解放,农业产出稳步增长。这两股力量共同促使决策层对在传统时期形成的农产品统购统销制度进行改革。政策的演进尽管很艰难,尽管农民依旧处在社会阶层利益排序中的末位,但农民确因非均衡发展观的确立而获益。

3. 协调发展观下的农业保护政策(1994~2002年)

20世纪80年代后,人类发展观的演进实现了巨大的飞跃,提出了"以人为中心的发展观"②和追求人类与自然界和谐共处的可持续发展观。③这种发展观把视角由物转向人,强调经济发展只是手段,人的发展重于物的发展,把人置于发展问题的中心地位;同时,强调经济与社会、人与自然的协调发展。

中国推行的非均衡发展战略在给国内经济社会发展带来巨大活力、使

---

① [美]杜德利·西尔斯:《发展的含义》,载[美]亨廷顿等:《现代化:理论与历史经验的再探讨》,罗荣渠主编,上海译文出版社1993年版,第50~51页。

② 参见[美]F.佩鲁:《新发展观》,张宁、丰子义译,华夏出版社1987年版,第165页。

③ 参见世界环境与发展委员会:《我们共同的未来》,王之佳等译,吉林人民出版社1997年版,第5页。

经济发展步入快车道的同时,客观上也产生了一些不容忽视的问题。一是认识上的偏差。不少人把以经济建设为中心理解为单一的经济增长,把"发展是硬道理"理解为"增长是硬道理",把现代化进程看做仅仅是经济发展的过程,并且对经济发展的理解也仅仅停留在粗放式发展的传统模式上,忽视非经济的社会事业的发展。出现了经济与社会、人与自然发展不协调。二是非均衡发展战略本身的问题,特别是"一部分人、一部分地区先富起来"战略引发的城乡之间、东、中、西部地区之间发展差距的扩大。在此背景下,决策层逐渐转换了发展理念,提出了协调发展观。强调走新型工业化道路,实施可持续发展战略,实现人与自然和谐发展;强调要把缩小地区差距作为一条长期坚持的重要方针,促进区域经济社会协调发展,实现共同富裕;提出了西部大开发的战略构想;并于中共十六大提出了全面建设小康社会的奋斗目标。

由于大量农村劳动力进城务工,城市粮食需求大幅度增加。为保障国家粮食安全;政府先后于 1994 年和 1996 年两次调高粮食定购价格,调幅分别达到42%和40%,从而大大刺激了粮食生产。1994～1996 年连续 3 年粮食生产大幅度增长,连续跨越了 4500 亿公斤和 5000 亿公斤两个台阶,粮食增长超过了人口增长。为保障种粮农民的利益,稳定粮价,1997 年的夏粮收购出台新政策,以保护价敞开收购农民余粮,所需资金从粮食风险基金中支付,从而启动了中国的农业保护政策。由于这一政策以国有粮食部门为政策载体,国有粮食企业市场行为与政策行为相互交织,政策执行的结果是造成了国家财政的巨额挂账,于是粮食生产的价格保护政策又步履维艰地峰回路转到国有粮食企业的改革上,但这并不意味着农业保护就此完结。要实现协调发展,农业确实需要保护,保护不是因为偏爱,而是因为农业是弱质产业。特别是在加入 WTO 以后,开展了减免农业税试点和粮食生产直接补贴试点等农业新政试验。

4. 科学发展观与农业新政(2003 年以来)

鉴于长期对农业、农村和农民的历史欠账,在国家财力大幅度增长的背景下,决策层逐渐形成了以反哺农业为核心理念的农业保护发展观,这集中体现在 2004 年、2005 年的两份中央 1 号文件上。一方面,通过"两减免、三补贴"政策稳定农业生产,直接增加农民收入;另一方面,从改善农业生产的基本条件和要素质量入手,通过加强农田水利和生态建设、加快农业科技创新和农业技术推广、加强农村基础设施建设以及改革和完善农村投融资体制、健全农业投入机制、提高农村劳动者素质等措施提高农业综合生产力,建立农民增收的长效机制,间接增加农民收入。

2006年中央1号文件把新农村建设作为主题。第一,提出把国家基础设施建设投入重点转向农村;第二,推行"两免一补";第三,建立农村合作医疗制度;第四,在全国范围内全面取消农业税。2007年中央对扶持发展粮食生产又有一些重大部署,一是发展粮食生产总的政策导向发生变化;二是侧重于提高粮食生产能力建设;三是继续稳定和强化扶持粮食生产政策。2008年《中共中央关于推进农村改革发展若干重大问题的决定》中指出:"我国总体上已进入以工促农、以城带乡的发展阶段,进入加快改造传统农业、走中国特色农业现代化道路的关键时刻,进入着力破除城乡二元结构、形成城乡经济社会发展一体化新格局的重要时期。"①该《决定》把完善农业支持保护制度作为新时期推动农业改革发展的一项重要内容。总之,中国农业发展政策的调整和完善,给今后中国农业和农村的发展带来了日益广阔的空间。

(二)中国现行农业政策效应评价

人们普遍认为,财政支农政策是政府支持和保护农业的有效手段,而中国目前的财政支农政策尚待改革。中国财政支农的主要问题表现在:第一,财政支农绝对量上升,相对量下降;第二,财政支农结构不合理,生产性支出比重下降,事业费比重上升;第三,间接支持多于直接支持。对于财政支持政策的改革,很多学者提出了建议,主要包括支持以水利为重点的农业基础设施建设;以植树造林、种草,恢复植被为重点的生态环境建设;新技术推广、市场信息服务等农业支持服务体系建设;改善农民基本生产条件和生活质量为重点的农村公共基础设施建设等。

关于新农业政策实施效果的研究和预期,成为当前农业政策研究领域的热点问题。陈锡文认为,2004年1号文件的精神是直接给农民实惠。通

---

① 《人民日报》2008年10月29日。

过对种粮农民的直接补贴、减免农业税、对主产区重点粮食品种实行最低收购价等政策,使农民直接得到的实惠达到 450 亿元,并预言中国农业迎来发展的春天。① Fred Gale et al. 认为,2004 年中国实施的一系列新农业政策表明,中国农业在政策取向上进入了以对农民直接补贴逐渐取代世代沿袭的农业税的新时代,而且新农业政策的实施反映了中国已经认识到农业是需要扶持的行业。② 程漱兰、任爱荣认为,2005 年的一号文件一个突出特点就是国家财政开始越来越多地向"三农"倾斜,它预示着中国正加大力度调整国民收入分配格局,更加积极地支持"三农"发展。③

对新农业政策的具体研究,以粮食直接补贴为最多,争议也较大。如农业部产业政策法规司课题组分析了 2002 年安徽、吉林、湖北、河南粮食主产区补贴改革试点的成功经验,认为粮食补贴改革收到了农民基本满意、企业基本满意和政府基本满意的初步效果。④ 肖海峰等基于对河南、辽宁农户问卷调查,认为农民对粮食补贴政策评价很高,也提出了逐步提高补贴标准的期望。但是也有一些研究认为,不能过高估计粮食直接补贴政策的作用。⑤ 如李国祥的推算结果是,直接补贴在农民人均纯收入中的比重为2.8%,在人均农牧业生产中纯收入的比重为 6.3%,完全依赖直接补贴支持农民收入增长毕竟有限。⑥ 肖国安认为粮食直接补贴得利最多的是粮食消费者而不是生产者,粮食直接补贴是产量波动的"加速器"。⑦ Fred Gale et al. 认为中国的新农业补贴政策对农业生产刺激作用不大,而且中国人口

---

① 参见陈锡文:《中国农业:迎来发展的春天》,《农村、农业、农民(A 版)》2005 年第 3 期。

② Fred Gale, Bryan, Lohmar, and Francis Tuan: China's new farm subsidies. http://www. ers. esda. gov.

③ 参见程漱兰、任爱荣:《新农业政策与 2005 年的期待》,《农业经济问题》2005 年第 3 期。

④ 参见农业部产业政策法规司课题组:《粮食补贴方式改革探讨》,《农业经济问题》2003 年第 5 期。

⑤ 参见肖海峰等:《农民对粮食直接补贴政策的评价与期望——基于河南、辽宁问卷调查的分析》,《中国农村经济》2005 年第 3 期。

⑥ 参见李国祥:《我国农业国内支持政策措施选择的分析》,农业国内支持政策国际研讨会论文,2004 年 10 月 25 日。

⑦ 参见肖国安:《粮食补贴政策的经济学解析》,《中国农村经济》2005 年第 3 期。

巨大,分散的补贴对农民增收的作用也很小。①

　　根据我们所做的研究,现行农业发展政策存在着立足点上的偏差。即,仅着眼于工业化阶段转变带来的支持农业能力的变化,而未注意到农业作为一个自主发展部门意义的出现;与工业化初期阶段一样,仍然把农业看做是一个被动发展部门,而没有发现从传统农业向现代农业迅速转换过程中来自农业内部的发展动力的积累和成长。由此可以判断,现行农业发展政策的效应将是非常有限的;在此政策框架内,农业部门要完成现代化改造,也将是十分困难的。

三、工业化中期阶段的农业发展政策选择

　　诺贝尔经济学奖获得者缪尔达尔(Myrdal,Gunnar)认为,从长期来看,决定经济发展成功与否的关键只能是农业部门。然而,正如舒尔茨指出的,"仅用传统生产要素的农业是无法对经济增长作出重大贡献的,……现代化的农业对于农业能否成为经济增长的一台强大发动机,已不再有任何怀疑了。"②中国正处在由传统农业向现代农业转变的时期。这个转变过程从某些方面来看也就是改善农业生产条件,提高农业生产技术,更新农业技术装备的过程,即对新的现代农业生产要素的引进。那么,相应地,政府农业发展的长远目标是为现代农业的转化提供相应的政策支持,即为引进现代生产要素创造条件。

　　依据我们的研究,政府支持农业的政策不仅仅只考虑稳定和发展农业本身,更重要的是在农业内部形成一种自主发展能力。这就要求政府一方面调整国民经济资源分配格局,加大对农业的保护力度;另一方面调整农业支持的方向,注重农业自身持续发展能力的培育。

　　应当承认,农业发展离不开外部条件的支持,然而,进入到工业化中期阶段以后,更重要的是需要内部发展因素积累来推动。本书所开展的研究

---

　　① Fred Gale, Bryan, Lohmar, and Francis Tuan: China's new farm subsidies. http://www. ers. esda. gov.

　　② 参见[美]西奥多·W.舒尔茨:《改造传统农业》,梁小民译,商务印书馆1987年版,第5页。

工作,为政府的农业发展政策赋予了新的内涵:在农业发展的较低阶段,存在着高生育率和人力资本私人投资的不足。这既是农业落后的表现,也是制约农业发展的原因。而中国农业的发展,在总体上还未完全走出这一阶段。在工业化和城市化的加速发展期,人力资本、生育率的变化成为影响农业发展的最重要因素。因此,现阶段加速中国农业发展的政府努力的一个不可或缺的方面,应当是通过适当的政策设计,利用农村部门生育率下降带来的有利机会,实现农村人口人力资本积累率的快速提高和人力资本存量的增加。

这样,我们就将农业发展的动力设置由现行发展理论的外部世界转入到农业内部,农业部门由此可以成为一个自主的发展系统。在这个自主发展系统中,最关键的发展因素,是农业人口人均人力资本水平的提高以及有利于这一变化的生育决策的改变。或者说,是生育率的下降以及由此导致的人力资本积累率的提高。它们作为农业发展的关键要素的意义在于,第一,农业劳动力人力资本的改善,会通过提高非农就业概率,加速城市现代经济规模的扩张和农业的小部门化进程;第二,农业劳动力素质的提高,会打破传统部门资源配置的低效率均衡,加速传统部门现代要素的引进和生成速度;第三,高文化和技术能力的农业劳动力会提高农业生产函数中其他投入的产出弹性,从而促进部门间的收入均衡;第四,在人力资本投资收益递增时,农村部门生育率的下降,为人力资本的提高创造出有支付能力的需求,因而成为农业发展的依赖条件。

在经济发展进入到工业化中期阶段以后,加速农业发展的政府政策的重点,应当是借助于适当的政策,增加面向农村的教育和培训机会的供给,满足农民家庭生育率下降而产生的不断增长的对人力资本投资需求,实现农村地区人力资本积累率的提高和人力资本存量的增长。

四、农业发展政策目标与内容设计

(一)农业发展政策的目标

1. 农业发展政策的一般性目标

(1)生产目标,即促进农业增产。在第二次世界大战前后,很多发达国家的农产品不足,例如欧洲的法国、德国、瑞典和亚洲的日本等国,它们的政府都很重视农业的增产和农产品的供求平衡。20 世纪 30 年代至今,历届瑞典政府都把建立一个稳定的、自给自足的农业生产体系作为自己的奋斗目标,以保证国内主要农产品的自给,特别是保证国家紧急状态下的粮食供应。日本至今仍把农业增产作为主要的政策目标,以满足国内农产品的需求。

(2)收入目标,即稳定提高农业生产者的收入水平,缩小农业人口与非农业人口的收入差距。工业化国家的经济虽然从总体上说很发达,但由于农业是一个受自然条件制约很大的部门,农民的收入相对较低,而且不稳定,特别是对于那些经营规模小、技术和管理水平低、自然条件较差地区的农民来说,如何增加他们的收入,一直是各国政府十分重视的问题。

(3)效率目标。包括两层意思,一是农产品的价格要合理,在国内能为消费者所接受,在国际市场上具有竞争能力;二是要实现农业生产资源的合理配置,保护农业的生态环境。在农产品生产不足的时期,各国都很注意生产目标,随着农业生产力的提高,农产品剩余的出现,以及自由贸易的发展,各国政府不仅注意农产品的产量,更注重产品的质量和成本,更注意农业的持续、长远和稳定的发展。

2. 进入工业化中期阶段后的中国农业发展政策的目标

在不同的经济发展阶段,农业政策的目标是不同的。目前,中国正处于经济转型期。在这一阶段,中国农业政策目标的制定与运行环境处于不断的变动之中。

进入 20 世纪 90 年代以来,困扰中国几十年之久的农产品供给不足问题得到解决,农产品逐步告别了短缺,并开始出现间歇性过剩;与此同时,由于农产品价格下跌,农民增产不增收,农民收入增长缓慢。在这一背景下,中国农业支持政策的目标有了明显的变化,主要表现是农民收入目标重视程度大大提高。

从中国当今的农业政策趋向来看,自 2000 年农业税费改革开始,中央政府开始减轻农业负担,关注增加农民收入。减免农业税和"直补"政策激起了农民对中央政府很高的期望,不少研究者也对政府提出了更高的期盼,希望政府要加大"直补"转移支付,以便能进一步提高农民的收入。但简单地把直补政策看成是提高农民收入的一项措施是不够的,期望"直补"来使农民收入有大的提高更是不现实的。要正确认识该问题,必须对中国农业政策目标及走向作出客观分析。

若仅着眼于农民眼前收入的增加,那么提高粮食价格、降低农业生产成本、免除农业税负和对粮食生产"直补"等就是可行的政策选择。然而,依据我们所做的研究,在进入工业化中期阶段以后,农业发展政策设计的主要着眼点,应放在促进农村部门人力资本积累率的提高和生育率的下降方面,将生育率下降所带来的人均储蓄的增加及时地转化为人均人力资本投资的增长。其政策目标是实现农业部门和非农部门之间生育率和人均人力资本水平的趋同,在农村培育起与非农部门同质的收入创造主体。

(二)工业化中期阶段农业发展政策的内容设计

1. 加大对农村地区的教育投入

一方面,教育投入是人力资本投资的最主要内容;另一方面,大量经验研究显示,父母的受教育程度与家庭生育率负相关。为此,需要对忽视或歧视农村的现行教育体制做出重要调整。

第一,在政府教育资源的增量投入中,应加大对农村地区的供给。由于城乡二元体制的设置,中国农村教育出现了"县办高中,乡办初中,村办小学"的局面,其费用也由三级财政分别承担。与此相比,城市的教育费用则完全由政府承担。在各年的教育经费投入中,绝大部分投向了城市。2002年,全社会各项教育投资5800多亿元,不到总人口40%的城市居民占用了其中的77%,而超过总量60%的农村人口只获得23%的教育经费。[1] 在每10万人口中,城镇拥有中学数8.03所(其中高中2.61所),农村拥有中学数5.08所(其中高中0.30所);每万人中,城镇拥有中学教师数为68.33,而农村仅为24.33,[2]这里还未涉及教师素质和教育质量方面的差别。直到2005年,义务教育的全国教育经费支出中,对农村地区初级中学的比例占43.69%,但农村的初中学生人数的比例是46.29%;对农村地区小学的经

---

[1] 参见《中国财经报》2004年8月24日。

[2] 根据《中国统计年鉴2003》有关数据计算得出。

费支出比例为 59.32%，而农村小学生的比例却高达 65.91%。① 这不仅影响了城乡之间人力资本的分布，也显失应有的社会公平。一些学者（Tan and Mingat；Penrose）认为，以基础教育为主要内容的公共教育资源从富裕流向贫困的原则，是衡量教育资源分配是否公平的最终标准。② 因此，在今后政府教育增量投资中，应加大对农村地区的投入比重。

第二，完善农村人力资本投资市场，动员和引导社会资源向农村基础教育投资。在国家教育经费不足的前提下，可以通过完善人力资本投资市场，动员和引导社会资源向农村基础教育投资。李建民的一项研究指出，中国的教育投资并非资源性短缺，而是一种制度性短缺，即存在着社会资源进入教育领域的制度性障碍。如果给予民间教育以公平的成长环境，教育机会供给不足的局面就可以大为改观。③

第三，在目前初等教育资源城乡分配严重倾斜的条件下，可以考虑适当降低农村子女接受高层次教育的门槛。中国高等教育自 1997 年"并轨"后试行全面收费以来，高校学费迅速上涨。1996～2000 年间，中国高等教育学费的年平均增长率保持在 25% 左右，而 1998～1999 年的学费增长率更是高达 44%；④同期居民收入水平的增长速度则远远低于这一水平。这导致了按可比价格计算的学费占居民人均收入的比例大幅度提高。2002 年，学费占农村居民人均纯收入水平的比例由 1996 年 68.6% 飙升至 177.6%；相比而言，对城市居民这一比例只由 1996 年的 37.0% 上升至 77.3%。⑤ 2004 年全国高校学费已上涨到 5000 元，住宿费上涨至 1000～1200 元，生活

---

① 根据《中国教育年鉴 2006》中的数据计算得出。

② (1) Jee-Peng Tan and A. Mingat, 1992: Education in Asia: A Comparative Study of Cost and Financing, Washington, D. C. World Bank. (2) Penrose, P. 1993: Affording the Unaffordable: Planning and Financing Education Systems in Sub-Saharan Africa, Occasional Papers on Education 7, London: Overseas Development Administration.

③ 参见李建民：《生育率下降与经济发展内生性要素的形成》，《人口研究》1999 年第 2 期。

④ 参见刘民权等：《学费上涨与高等教育机会公平问题分析——基于结构性和转型性的视角》，《北京大学教育评论》2006 年第 2 期。

⑤ 参见李文利、魏新：《论学生资助对高等教育入学机会的影响》，《北京大学教育评论》2006 年第 2 期。

费每年大约为 4000 ~ 5000 元,大学四年要花费 4 万 ~ 5 万元。学费占生均培养成本的比例也逐渐提高。如学杂费在生均成本和生均经常性支出中的比重由 1995 年 13.4% 、17.0% 分别上升到了 2000 年 22.2% 、27.7% ,超过了《高等学校收费管理暂行办法》中规定的 25% 。在这样的条件下,可以考虑直接或间接降低农村子女接受高层次教育的费用。例如,可以制定和家庭经济收入相联系的弹性学费政策。那样,就可以使承受能力差家庭的子女也有机会接受高等级教育。需要强调的是,在不同层次的教育中,高等教育对形成劳动者跨市场流动能力的作用较大,即受教育程度越高,社会经济地位较低家庭的子女才有机会进入职业金字塔的上层。

第四,大力开展面向农村的职业技术教育,提高没有或很少接受正规教育的农民的文化水平和劳动技能。从 2001 年到 2005 年,农村成人学校数从 49.64 万所下降到 16.66 万所,农民教育和培训的教职工数从 41.35 万人下降到 25.07 万人。农民实用技术培训规模也逐年缩小,从 2001 年的年培训 8732.31 万人次下降到 2005 年的 4793.18 万人次。[1] 据测算,仅完成《2003 ~ 2010 年全国农民工培训规划》中的 2006 ~ 2010 年 5000 万人的引导性培训和 3000 万人的职业技能培训任务,就需要资金 230 亿元以上。对现有 1.7 亿农村剩余劳动力进行职业技能培训,所需经费在 900 亿元以上。[2] 因此,综合运用政府部门资源、协调利用社会资源是农村职业教育和农民培训工作中的一个重要方面。中央和地方政府亟须创新体制,综合利用农村各类教育、培训、科技、农业技术推广等资源,同时要协调使用社会资源,做好面向农民的职业技术教育和培训工作。在农村劳动力教育和培训中,也要充分发挥市场机制在教育和培训资源配置中的作用。

第五,有效提升农村转移劳动力的人力资本水平。大量证据表明,当受到更多的教育时,劳动力转移的成本会显著降低。[3] 赵耀辉探讨了农村劳

---

[1] 《新农村建设中的农村职业教育与农民培训》,http://www.simon-kucher.com.cn/report_play.asp? id =46。

[2] 《新农村建设中的农村职业教育与农民培训》,http://www.simon-kucher.com.cn/report_play.asp? id =46。

[3] [美]D.盖尔·约翰逊:《经济发展中的农业、农村、农民问题》,林毅夫、赵耀辉编译,商务印书馆 2004 年版,第 389 页。

动力不同人力资本状况对外出行为的影响,都阳研究了教育对贫困地区农户非农劳动供给的影响。① 他们的研究都证实了人力资本对于农村劳动力的迁移决策具有积极的作用。大规模的农村劳动力迁向城市,带来非农收入的大幅度增加,作为货币流返回到农村,这有利于农村新的生产要素投入,从而加快农业现代化进程。

第六,提高农村妇女的人力资本水平。联合国的统计资料显示,教育普及、尤其是妇女扫盲和受教育程度提高,会直接导致生育率迅速下降。妇女所受的教育可以从以下几个方面降低生育率:当女性受到更多教育时,她们的时间变得更有价值,这会增加抚育孩子的成本;受更多教育的女性更有能力、也更愿意使用避孕技术来得到她们希望的孩子数量;增加教育还可以使女性更有独立的个性,更有可能做出自己的生育选择。Subbarao 和 Raney 利用发展中国家的经验数据证实了这一结果。② 吴洪森的一项研究显示,农村女性受教育程度达到高中的,生育率只有 1.2 的水平。③ 此外,妇女对家庭尤其是儿童的健康有重大影响。一项对利马的研究表明:在受过 6 年或 6 年以上教育的妇女中,82% 需求胎儿护理,而未受过教育的妇女只有 62%。另一项研究表明,妇女识字率提高 10%,儿童死亡率下降 10%。④

2. 加速城市化进程

虽然经过几十年的发展,中国的城市化有了大幅度提升,然而,中国的城市化水平仍然较低,仍落后于世界平均水平。首先,从数量上看,至 2008 年年底,中国有建制城市 655 座,其中百万人口以上的特大城市 118 座;全国城镇人口为 6.07 亿,城市化水平达到了 45.7%。⑤ 2005 年,世界城市化

---

① 参见都阳:《教育对贫困地区农户非农劳动供给的影响研究》,《中国人口科学》1999 年第 6 期。

② Sabbarao. K. and Laura Raney,1995:Social Gains from Female Education:Cross-National Study,The World Bank. Unpublished Revision Published in Economic Development and Cultural Change,44(1),105~128.

③ 参见吴洪森:《关于计划生育的另一种思考》,《羊城晚报》2003 年 11 月 17 日。

④ 参见世界银行:《1993 年世界发展报告:投资于健康》,中国财政经济出版社 1993 年版。

⑤ 参见中国社会科学院:《城市蓝皮书:中国城市发展报告(No.2)》,2009 年 6 月 15 日发布。

水平为 48.6%；其中发达国家平均水平为 74%，发展中国家为 42.7%。①
其次，从速度上看，中国的城市化水平落后于工业化水平和人均 GDP 增长
的幅度。据有关研究者提供的数据，在城市化水平达到 30% 左右时，工业
劳动人口所占比重与城市人口比重的比例在发达国家为 2∶3，在发展中国
家为 1∶3，而中国只有 1∶0.8。如果按照发达国家的比例推算，中国在 1990
年时城市化水平就应该达到 50% 以上。再次，根据世界银行的统计资料，
1970 年到 1980 年期间的中国城市人口年均增长率为 3%，大大低于低收入国
家的水平，但是从 1980 年至 1995 年，中国城市人口的年均增长率为 4.2%，高
于低收入国家平均水平，这标志着中国开始步入了城市化的"快车道"。

　　农业部门的发展，需与加速工业化、城市化的政策相配套。工业化和城
市化不仅意味着农业劳动力的转移，同时也将诱致出农业人力资本水平的
提高。因为：首先，在二元经济结构下，城乡产业部门存在着技术层次的显
著差别。城市化将农村劳动力转向城市部门，亦即由低学习率的传统产业
转向高学习率的现代产业。转移劳动力可以通过"干中学"实现人力资本
水平的提升。而劳动力由传统的低生产效率的农业部门流向高生产效率城
市现代产业部门是经济发展的一般规律。其次，城市化提高了转移人口养
育子女的成本，可以降低其生育率。据调查，流动人口的生育水平是介于城
镇妇女与农村妇女之间的，即她们的生育水平高于城镇妇女而低于农村妇
女。② 流动人口受城市文明的影响越深，对其固有观念的冲击越大，原有的
生育意愿就越容易改变。据测算，在既定的农村和城市生育率、死亡率假设
条件下，到 21 世纪中期，有人口城镇化方案可比无人口城镇化方案减少人
口 1.3 亿以上。③ 还应注意到，农村地区教育投入的改善而带来的劳动力
素质的提高，需要城市部门的扩张为其提供高收益率的就业机会。因此，农
业和农村地区的发展，需要有教育和城市化这两项政策的组合使用。教育
与城市化对于增加农民收入来说，存在着一个时滞问题，急功近利的政府行

---

　　①　World Urbanization Prospects：The 2007 Revision Population Patabase.
　　②　参见(1)盛朗：《中国城乡人口流动的计划生育管理》，载魏津生、盛朗、陶鹰主编：
《中国流动人口研究》，人民出版社 2002 年版，第 247 页。(2)王建民、胡琪：《中国流动人口》，
上海财经大学出版社 1996 年版，第 142～143、136～137 页。
　　③　参见曾毅：《中国人口分析》，北京大学出版社 2004 年版。

为会成为这类政策实施的障碍。

3. 促进农业技术进步

中国目前的农业科技总体水平同发达国家相比落后较多,甚至不如一些发展中国家。农业科技贡献率只有 42% 左右(发达国家一般为 60% ~ 80%)。中国农民整体的科技文化素质较低,在很大程度上使农业和农村科技机制难以有效运行,并影响技术的推广范围和扩散速度,进而影响到农业综合生产能力的持续提高。因此,提高农民科技文化素质,对改善农业技术效率和促进农业技术进步具有重要的意义。

土地经营权的改变,是改革开放初期推动中国农业经济高速增长的制度因素。但是这种制度没有最大程度地形成对农户农业技术进步的激励,土地资源配置效率不够高,从而造成农户农业技术进步的内在动力不足。因此,要培育有利于促进农业技术进步的主体,就要鼓励广大农户运用多种形式,不断增加对土地使用的投入,促进农业技术进步。农业技术商品的生产、推广和应用是有风险的。对单个农户而言,其风险与收益不成比例。发达国家中的农户具有较强的风险承担能力。而在发展中国家农业经济中,农户一般具有生产规模小、农产品商品化程度低、市场观念不强等特征。这就决定了他们难以产生强烈的农业技术进步的直接动力。中国农户除了具有这些特点之外,还因为传统文化的影响而具有对农业技术进步风险偏好程度低等特点。因此,应采取多方面的措施,降低农业技术进步的风险,提高农业经济主体承担风险的能力,促进农业技术进步。

第一,建立和完善由政府主导的统一的农业技术社会服务体系。政府按照重大农业技术、一般农业技术和普及型农业技术的分类,分层次地组建由政府主导的重大农业技术研究机构,重构一般农业技术运用研究机构和普及性的农业技术试验、推广、咨询服务体系,为农户提供农业技术服务。

第二,组建规范的市场集合主体,共同防范农业技术进步的市场风险。对于单个农户而言,要求农民在产品的不确定性强、风险大的情形下购买农业技术产品是不现实的。可以让农业技术生产厂商与农民就农药、化肥、种子、耕作方法、产量、价格、收入水平达成一揽子协议,并用合同的形式给予保证,尽量降低风险和农业技术改良的不确定性。

第三,建立农业技术进步基金,加强政府的政策扶持和金融资助。建立一整套适应农业规模、产品质量、产品多样化、专业化生产和新技术推广的政策体系,给予农业技术进步融资和信贷扶持,为农业技术进步提供金融保障。

第四,为农业技术进步提供需求保障。农业技术进步程度是同社会对农产品的总需求水平相一致的。对农产品的需求成为影响农业生产率高低和农业技术发展的重要因素。静态地看,随着人均收入水平的提高,国民农产品的消费中食品所占的比例会逐步下降。人们对农产品消费增加的幅度会越来越小,导致农产品的收入弹性一般较小;甚至对有些农产品,随着收入水平的提高,消费呈下降趋势。由此,农业一旦由短缺走向剩余,对农产品的需求就出现停滞不前,这会极大地限制农业发展和农业技术进步。然而,动态地看,收入水平的增加并不必然导致农产品的社会需求降低。总结西方发达国家农业发展历程可以发现,如果注意调整产业结构,提高农业同国民经济特别是工业的关联度,促进工业要素替代的技术变革等,都可以在很大程度上提高工业和国民经济对农产品的总需求。①

五、中国农业发展政策的现实转变

2007 年,中共中央和国务院《关于积极发展现代农业扎实推进社会主义新农村建设的若干意见》指出,发展现代农业是社会主义新农村建设的首要任务,是以科学发展观统领农村工作的必然要求。推进现代农业建设,顺应了中国经济发展的客观趋势,符合当今世界农业发展的一般规律,是促进农民增加收入的基本途径,是提高农业综合生产能力的重要举措,是建设社会主义新农村的产业基础。建设现代农业包括:用现代物质条件装备农业,用现代科学技术改造农业,用现代产业体系提升农业,用现代经营形式推进农业,用现代发展理念引领农业,用培养新型农民发展农业,提高农业水利化、机械化和信息化水平,提高土地产出率、资源利用率和农业劳动生产率,提高农业生产效益和竞争力。

对于新时期的教育,特别是农村教育,中国政府给予了高度的关注。为确保困难家庭子女接受义务教育,国家通过建立农村义务教育经费保障机

①　参见钟儒刚:《着力推进农业技术进步》,《经济日报》2005 年 7 月 25 日。

制和贯彻实施新的《义务教育法》,将农村义务教育经费全面纳入公共财政保障范围,全部免除义务教育阶段学杂费,对家庭经济困难学生免费提供教科书并补助寄宿生生活费。这项深得民心的"两免一补"政策,2005年首先在592个国家重点贫困县实施,2006年在西部农村和部分中部农村地区实施,2007年春季开学时在全国农村全面实施,惠及1.5亿农村义务教育阶段中小学学生。农民的教育负担得到切实减轻,平均每年每个小学生家庭减负140元,初中生家庭减负180元。与此同时,国家还不断加大对非义务教育阶段家庭经济困难学生的资助力度。在职业教育方面,设立了中等职业学校国家助学金;在高等教育阶段,初步形成了奖、贷、助、补、减有机结合的高校家庭经济困难学生资助政策体系。这些政策取得了很好的效果。

温家宝总理在2007年政府工作报告中郑重宣布:从新学年开始,在普通本科高校、高等职业学校和中等职业学校建立健全国家奖学金、助学金制度;同时,进一步落实国家助学贷款政策,使家庭经济困难学生都能上得起大学、接受职业教育。这是继全部免除农村义务教育阶段学杂费之后,促进教育公平的又一件大事,是推进和谐社会建设的重要行动。

在新的资助政策体系中,每年资助500亿,受助学生2000万。具体地说,今后每年用于助学的中央和地方财政投入、学校安排的助学经费将达到500亿元,受助学生约2000万,其中包括400万大学生和1600万中职学生。新的资助政策体系遵循"加大财政投入、经费合理分担、政策导向明确、多元混合资助、各级责任清晰"的原则。中国高等教育从此形成了国家奖学金、国家励志奖学金、国家助学金、国家助学贷款和勤工助学等多种形式的高校家庭经济困难学生资助政策体系。中等职业学校形成了国家助学金,学生工学结合、顶岗实习、半工半读,学校减免学费等多种形式的资助政策体系,国家助学金将资助所有接受中等职业教育的全日制在校农村学生和城市家庭经济困难学生。新的资助政策体系的建立,将使所有家庭经济困难学生都能上得起大学或有机会接受职业教育。①

① 参见禾青:《把促进教育公平作为国家基本教育政策——访教育部部长周济》,中华人民共和国教育部网站(http://www.moe.edu.cn/edoas/website18/info33948.htm)2007年10月17日。

参 考 文 献

一、中文部分

（一）著作与统计资料类

[印]阿马蒂亚·森:《以自由看待发展》,任赜、于真译,中国人民大学出版社 2002 年版。

[美]阿瑟·刘易斯:《二元经济论》,施炜等译,北京经济学院出版社 1989 年版。

[美]阿瑟·刘易斯:《经济增长理论》,梁小民译,上海三联书店 1990 年版。

[英]安格斯·麦迪森:《世界经济二百年回顾》,李德伟、盖建玲译,改革出版社 1997 年版。

蔡昉、白南生:《中国转轨时期劳动力流动》,社会科学文献出版社 2006 年版。

蔡昉等:《制度、趋同与人文发展》,中国人民大学出版社 2002 年版。

蔡昉、都阳、王美艳:《劳动力流动的政治经济学》,上海三联书店、上海人民出版社 2003 年版。

[美]查尔斯·I. 琼斯:《经济增长导论》,舒元等译校,北京大学出版社 2002 年版。

陈佳贵等:《中国工业化进程报告——1995～2005 年中国省域工业化水平评价与研究》,社会科学文献出版社 2007 年版。

陈曦:《农业劳动力非农化与经济增长》,黑龙江人民出版社 2005

年版。

陈奕平:《人口变迁与当代美国社会》,世界知识出版社2006年版。

[英]大卫·桑普斯福特、泽弗里斯·桑纳托斯:《劳动力市场经济学》,王询译,中国税务出版社2005年版。

[英]大卫·桑普斯福特、泽弗里斯·桑纳托斯:《劳动经济学前沿问题》,卢昌崇、王询译,中国税务出版社、北京腾图电子出版社2000年版。

[美]D.盖尔·约翰逊:《经济发展中的农业、农村、农民问题》,林毅夫、赵耀辉编译,商务印书馆2004年版。

杜鹰、白南生:《走出乡村:中国农村劳动力流动实证分析》,经济科学出版社1997年版。

[美]费景汉、古斯塔夫·拉尼斯:《劳力剩余经济的发展》,王月等译,华夏出版社1989年版。

[美]费景汉、古斯塔夫·拉尼斯:《增长和发展:演进观点》,洪银兴、郑江淮等译,商务印书馆2004年版。

[法]F.佩鲁:《新发展观》,张宁、丰子义译,华夏出版社1987年版。

[美]菲利普·阿吉翁、彼得·霍依特:《内生增长理论》,陶然等译,北京大学出版社2004年版。

国家统计局:《中国统计年鉴》,中国统计出版社2001~2007年版。

国家统计局人口和就业统计司、劳动和社会保障部规划财务司:《2006中国劳动统计年鉴》,中国统计出版社2006年版。

国务院人口普查办公室、国家统计局人口和社会科技统计司编:《中国2000年人口普查资料》,中国统计出版社2002年版。

国家统计局农村社会经济调查司:《2006中国农村住户调查年鉴》,中国统计出版社2006年版。

国家统计局农村社会经济调查司:《2006中国农村统计年鉴》,中国统计出版社2006年版。

国家统计局人口和社会科技统计司:《中国人口统计年鉴2004》,中国统计出版社2004年版。

侯风云:《中国人力资本投资于城乡就业相关性研究》,上海三联书店、上海人民出版社2007年版。

[美]加里·斯坦利·贝克尔:《家庭论》,王献生、王宇译,商务印书馆2005 年版。

[美]加里·S.贝克尔:《人类行为的经济分析》,王业宇、陈琪译,上海三联书店、上海人民出版社 1995 年版。

乐君杰:《中国农村劳动力市场的经济学分析》,浙江大学出版社 2006年版。

李杨:《财政补贴经济分析》,上海三联书店 1990 年版。

李仲生:《中国的人口与经济发展》,北京大学出版社 2004 年版。

连玉民主编:《2004 中国数字报告》,中国时代经济出版社 2004 年版。

林毅夫:《制度、技术与中国农业发展》,上海三联书店、上海人民出版社 1999 年版。

林毅夫、蔡昉、李周:《中国的奇迹:发展战略与经济改革》,上海三联书店、上海人民出版社 1999 年修订版。

刘斌、张兆刚、霍功:《中国三农问题报告:问题、现状、挑战、对策》,中国发展出版社 2005 年版。

陆学艺:《当代中国社会流动》,社会科学文献出版社 2004 年版。

[美]罗伯特·J.巴罗、哈维尔·萨拉伊马丁:《经济增长》,何晖、刘明兴译,中国社会科学出版社 2000 年版。

[英]马尔萨斯:《人口原理》,朱泱等译,商务印书馆 1992 年版。

[英]马克·布劳格:《现代百名著名经济学家》,毕吉耀译,北京大学出版社 1990 年版。

[美]M.P.托达罗:《经济发展与第三世界》,印金强等译,中国经济出版社 1992 年版。

牛若峰:《中国发展报告:农业与发展》,浙江人民出版社 2000 年版。

农业部国外农业调研组:《国外农业发展研究》,中国农业科技出版社1996 年版。

[美]普兰纳布·巴德汉、克利斯托弗·尤迪:《发展微观经济学》,陶然等译,北京大学出版社 2002 年版。

[美]钱纳里、[以]塞尔昆:《发展的型式:1950～1970》,李新华等译,经济科学出版社 1988 年版。

[美]钱纳里等:《工业化和经济增长的比较研究》,吴奇等译,上海三联书店、上海人民出版社 1995 年版。

世界环境与发展委员会:《我们共同的未来》,王之佳等译,吉林人民出版社 1997 年版。

世界银行国别报告:《中国战胜农村贫困》,中国财政经济出版社 2001 年版。

世界银行:《1991 年世界发展报告:发展面临的挑战》,中国财政经济出版社 1991 年版。

世界银行:《中国:推动公平的经济增长》,清华大学出版社 2004 年版。

世界银行:《1993 年世界发展报告:投资于健康》,中国财政经济出版社 1993 年版。

[日]速水佑次郎、[美]弗农·拉坦:《农业发展的国际分析》,郭熙保、张进铭等译,中国社会科学出版社 2000 年版。

王建民、胡琪:《中国流动人口》,上海财经大学出版社 1996 年版。

王检贵:《劳动与资本双重过剩下的经济发展》,上海三联书店、上海人民出版社 2002 年版。

魏津生、盛朗、陶鹰主编:《中国流动人口研究》,人民出版社 2002 年版。

[美]西奥多·W.舒尔茨:《改造传统农业》,梁小民译,商务印书馆 1987 年版。

[美]西奥多·W.舒尔茨:《经济增长与农业》,郭熙保、周开年译,北京经济学院出版社 1991 年版。

[美]西奥多·W.舒尔茨:《论人力资本投资》,吴珠华等译,北京经济学院出版社 1990 年版。

[美]西奥多·W.舒尔茨:《报酬递增的源泉》,姚志勇、刘群艺译校,北京大学出版社 2001 年版。

[美]西奥多·W.舒尔茨:《对人进行投资——人口质量经济学》,吴珠华译,首都经济贸易大学出版社 2002 年版。

[美]小罗伯特·E.卢卡斯:《经济发展讲座》,罗汉、应洪基译,江苏人民出版社 2003 年版。

徐林清:《中国劳动力市场分割问题研究》,经济科学出版社 2006 年版。

[美]雅各布·明塞尔:《人力资本研究》,张凤林译,中国经济出版社 2001 年版。

姚新武编著:《中国生育数据集》,中国人口出版社 1995 年版。

姚新武、尹华编著:《中国常用人口数据集》,中国人口出版社 1995 年版。

袁亚愚:《中国农业现代化的历史回顾与展望》,四川大学出版社 1996 年版。

[日]早见雄次郎(速水佑次郎)、[美]弗农·拉坦:《农业发展:国际前景》,吴伟东等译,商务印书馆 1993 年版。

曾毅:《中国人口分析》,北京大学出版社 2004 年版。

张培刚:《农业与工业化》(上卷:农业国工业化问题初探),华中工学院出版社 1984 年版。

钟甫宁主编:《农业政策学》,中国农业出版社 2004 年版。

中国教育与人力资源问题报告课题组:《从人口大国迈向人力资源强国》,高等教育出版社 2003 年版。

中国卫生年鉴编辑委员会:《中国卫生年鉴 2002》,人民卫生出版社 2002 年版。

(二)论文类

Alan de Brauw、黄季焜、Scott Rozelle、张林秀、张依红:《改革中的中国农村劳动力市场演变》,载蔡昉、白南生主编:《中国转轨时期劳动力流动》,社会科学文献出版社 2006 年版。

毕正操:《国家财政农业投入与产出关系的实证研究》,《山西财经大学学报》2007 年第 1 期。

蔡昉:《中国劳动力市场发育与就业变化》,《经济研究》2007 年第 7 期。

蔡昉:《"工业反哺农业、城市支持农村"的经济学分析》,《中国农村经济》2006 年第 1 期。

蔡昉:《二元劳动力市场条件下的就业体制转换》,《中国社会科学》1998 年第 2 期。

蔡昉、杨涛:《城乡收入差距的政治经济学》,《中国社会科学》2000 年第 4 期。

蔡继明:《中国城乡比较生产力和相对收入差距》,《经济研究》1998 年第 1 期。

陈宗胜、黎德福:《内生农业技术进步的二元经济增长模型》,《经济研究》2004 年第 11 期。

程漱兰、任爱荣:《新农业政策与 2005 年的期待》,《农业经济问题》2005 年第 3 期。

程序:《走向 21 世纪,中国正呼唤新的农业科技革命》,《科技导报》1997 年 12 月。

戴家干:《社会主义初级阶段的我国劳动力资源分析》,《北京师范大学学报》(社会科学版)1998 年第 1 期。

党国英:《当前中国农村土地制度改革的现状与问题》,《华中师范大学学报》(人文社会科学版)2005 年第 4 期。

丁煌、柏必成:《论我国农村税费改革的内在机理和逻辑》,《湖北行政学院学报》2007 年第 3 期。

[美]杜德利·西尔斯:《发展的含义》,载[美]亨廷顿等:《现代化:理论与历史经验再探讨》,罗荣渠主编,上海译文出版社 1993 年版。

都阳:《教育对贫困地区农户非农劳动供给的影响研究》,《中国人口科学》1999 年第 6 期。

杜润生:《为了农业增产,农民增收》,《读书》2004 年第 4 期。

杜鹰:《现阶段中国农村劳动力流动的基本特征与宏观背景分析》,《中国农村经济》1997 年第 7 期。

杜鹰:《现阶段中国农村劳动力流动的基本特征与宏观背景分析》,载蔡昉、白南生主编:《中国转轨时期劳动力流动》,社会科学文献出版社 2006 年版。

冯海发:《对我国农业补贴的理论思考》,《中国农村经济》1996 年第 6 期。

郭丛斌、丁小浩:《职业代际效应的劳动力市场分割与教育的作用》,《经济科学》2004 年第 3 期。

郭克莎:《中国工业化的进程问题与出路》,《中国社会科学》2000 年第 3 期。

郭继强:《中国城市次级劳动力市场中民工劳动供给分析》,《中国社会科学》2005 年第 5 期。

郭剑雄:《人力资本、生育率与城乡收入差距的收敛》,《中国社会科学》2005 年第 3 期。

郭剑雄、李志俊:《人力资本、生育率与二元经济转化》,《思想战线》2006 年第 3 期。

郭剑雄、吴佩:《内生增长要素与城乡收入差距》,《清华大学学报》2006 年第 3 期。

郭剑雄:《人力资本、生育率与内生农业发展——兼论工业化中期阶段的农业发展动力》,《南京大学学报》2006 年第 4 期。

郭剑雄:《择优迁移、教育深化与农业发展方式的转变》,《中国人民大学学报》2008 年第 4 期。

郭剑雄、李志俊:《劳动力选择性转移条件下的农业发展机制》,《经济研究》2009 年第 5 期。

郭玉清:《中国财政农业投入最优规模实证分析》,《财经问题研究》2006 年第 5 期。

郝丽霞:《农村人力资本非农化补偿机制研究》,西北农林科技大学硕士学位论文,2005 年。

何炼成、何林:《实行农地制度国有化的设想》,《红旗文稿》2004 年第 3 期。

洪银兴:《工业和城市反哺农业、农村的路径研究——长三角地区实践的理论思考》,《经济研究》2007 年第 8 期。

胡鞍钢、门洪华:《中美日俄印有形战略资源比较——兼论旨在"富国强民"的中国大国战略》,《战略与管理》2002 年第 2 期。

胡鞍钢、赵黎:《我国转型期城镇非正规就业与非正规经济(1990～2004)》,《清华大学学报》2006 年第 3 期。

胡恒洋等:《建立促进现代农业发展的投入保障机制》,《中国科技投资》2008 年第 8 期。

胡靖:《中国粮食安全:公共品属性与长期调控重点》,《中国农村观察》2000 年第 4 期。

侯风云:《中国农村人力资本收益率研究》,《经济研究》2004 年第 12 期。

侯风云、徐慧:《城乡发展差距的人力资本解释》,《理论学刊》2004 年第 2 期。

侯风云、张凤兵:《从人力资本看中国二元经济中的城乡差距问题》,《山东大学学报》2006 年第 4 期。

侯风云、张凤兵:《农村人力资本投资及外溢与城乡差距实证研究》,《财经研究》2007 年第 8 期。

侯风云、邹融冰:《中国城乡人力资本投资收益非对称性特征及其后果》,《四川大学学报》2005 年第 4 期。

侯石安:《中国财政农业投入政策研究》,华中农业大学博士学位论文,2004 年。

黄莹茜:《关于免除农业税费的探究》,《四川大学学报》(哲学社会科学版)2004 年第 4 期。

金和辉:《农村妇女的生育决策权与生育率》,《中国人口科学》1995 年第 1 期。

金乐琴:《发展观与发展战略的演变:全球视角》,《学术研究》2004 年第 11 期。

李富田:《论农村人力资本投资》,《农村经济》2002 年第 11 期。

李建民:《生育率下降与经济发展内生性要素的形成》,《人口研究》1999 年第 2 期。

李建民:《生育理性和生育决策与我国低生育水平稳定机制的转变》,《人口研究》2004 年第 11 期。

李菁、林毅夫、姚洋:《信贷约束、土地和不发达地区农户子女教育投资》,《中国人口科学》2002 年第 6 期。

李录堂、张藕香:《农村人力资本投资收益错位效应对农村经济的影响及对策》,《农业现代化研究》2006 年第 4 期。

李琴、熊启泉、李大胜:《中国财政农业投入的结构分析》,《中国农村经济》2006 年第 8 期。

李瑞:《废除农业税费制度的法制思考》,《武汉大学学报》(哲学社会科学版)2005 年第 2 期。

李实:《中国个人收入分配研究回顾与展望》,《经济学(季刊)》2003 年第 2 期。

李文利、魏新:《论学生资助对高等教育入学机会的影响》,《北京大学教育评论》2006 年第 2 期。

李澂:《试论我国工业化汲取农业剩余的"剪刀差"方式》,《经济纵横》1995 年第 5 期。

林毅夫、刘明兴:《中国的经济增长收敛与收入分配》,《世界经济》2003 年第 8 期。

林毅夫:《有关当前农村政策的几点意见》,《华中师范大学学报》(人文社会科学版)2004 年第 6 期。

林光彬:《等级制度、市场经济与城乡收入差距》,《管理世界》2004 年第 4 期。

刘克春、池泽新:《农业税费减免及粮食补贴、地租与农户农地转入行为——以江西省为例》,《农业技术经济》2008 年第 1 期。

刘民权等:《学费上涨与高等教育机会公平问题分析——基于结构性和转型性的视角》,《北京大学教育评论》2006 年第 2 期。

刘文:《农村劳动力流动过程中的人力资本效应研究》,《农业现代化研究》2004 年第 3 期。

刘书明:《统一城乡税制与调整分配政策:减轻农民负担新论》,《经济研究》2001 年第 2 期。

刘渝:《我国农民直接收入补贴问题初探》,《农业经济》2005 年第 6 期。

卢周来:《当前我国劳动力市场中的歧视问题透视》,《经济体制改革》1998 年第 3 期。

陆铭、陈钊、万广华:《因患寡,而患不均——中国的收入差距、投资、教育和增长的相互影响》,《经济研究》2005 年第 12 期。

陆铭、陈钊:《城市化、城市倾向的经济政策与城乡收入差距》,《经济研究》2004 年第 6 期。

陆学艺:《社会主义新农村建设需要改革现行土地制度》,《东南学术》2007 年第 3 期。

马宝成:《取消农业税:农业税费改革的现实选择》,《湖北行政学院学报》2005 年第 1 期。

马晓河:《我国离大规模反哺农业期还有差距》,《瞭望》2005 年第 35 期。

马晓河、蓝海涛、黄汉权:《工业反哺农业的国际经验及我国的政策调整思路》,《管理世界》2005 年第 7 期。

孟昕、张俊森:《中国城镇的双层劳动力市场——上海城镇居民与农村移民的职业分割与工资差距》,载蔡昉、白南生主编:《中国转轨时期劳动力流动》,社会科学文献出版社 2006 年版。

农业投入总课题组:《农业保护:现状、依据和政策建议》,《中国社会科学》1996 年第 1 期。

农业部产业政策法规司课题组:《粮食补贴方式改革探讨》,《管理世界》2003 年第 5 期。

秦晖:《农民地权六论》,《社会科学论坛》2007 年第 5 期(上)。

世界银行:《2008 年世界发展报告:以农业促发展》, www. worldbank. org。

宋丽娜、Simon Appleton:《中国劳动力市场中有权益阶层与无权益阶层的抗衡:寻求就业与政府干预》,载蔡昉、白南生主编:《中国转轨时期劳动力流动》,社会科学文献出版社 2006 年版。

苏基才:《我国农业财政投资水平测度与分析》,《广东农业科学》2007 年第 12 期。

谭永生:《农村劳动力流动与中国经济增长》,《经济问题探索》2007 年第 4 期。

王环:《我国农村土地产权制度存在的问题与改革策略》,《农业经济问题》2005 年第 7 期。

王敏、潘勇辉：《财政农业投入与农民纯收入关系研究》，《农业经济问题》2007 年第 5 期。

王兆萍：《迁移与我国农村区域贫困人口的人力资本积累》，《干旱区资源与环境》2007 年第 3 期。

魏权龄、岳明：《DEA 概论与 C^2R 模型——数据包络分析技术（一）》，《系统工程理论与实践》1989 年第 1 期。

吴群：《我国农村土地制度改革面临的主要问题及发展方向》，《求是学刊》2002 年第 4 期。

肖国安：《粮食补贴政策的经济学解析》，《中国农村经济》2005 年第 3 期。

肖海峰等：《农民对粮食直接补贴政策的评价与期望——基于河南、辽宁问卷调查的分析》，《中国农村经济》2005 年第 3 期。

薛春玲等：《农业生产的技术效率测度模型及实证分析》，《农业科技管理》2006 年第 2 期。

姚先国、赖普清：《中国劳资关系的城乡户籍差异》，《经济研究》2004 年第 7 期。

阳晓昀：《我国财政支农支出问题研究》，东北财经大学硕士学位论文，2007 年。

杨云彦、陈金永：《转型劳动力市场的分层与竞争——结合武汉的实证分析》，《中国社会科学》2000 年第 5 期。

张彩彬：《政府农业财政投入分析》，《生态经济》2007 年第 5 期。

张车伟：《营养健康和效率》，中国社会科学院研究生院博士论文，2001 年。

张利萍：《教育与劳动力流动》，华中师范大学博士学位论文，2006 年。

张藕香、李录堂：《我国农村人力资本投资收益非均衡性分析》，《电子科技大学学报》（社科版）2006 年第 6 期。

张晓山：《土地：消解城乡二元的突破口》，《人民论坛》2008 年第 1 期。

张元红：《农业税改革研究》，《中国农村经济》1997 年第 12 期。

张展新：《劳动力市场的产业分割与劳动人口流动》，《中国人口科学》2004 年第 2 期。

赵耀辉:《中国农村劳动力流动及教育在其中的作用——以四川省为基础的研究》,《经济研究》1997 年第 2 期。

钟甫宁、何军:《中国农村劳动力转移的压力究竟有多大——一个未来城乡人口适当比例的模型及分析框架》,《农业经济问题》2004 年第 5 期。

钟学义:《技术进步与生产函数》,《数量经济技术经济研究》1988 年第 7 期。

[美]詹姆斯·赫克曼:《中国的人力资本投资》,载北京大学中国经济研究中心编:《站在巨人的肩上——诺贝尔经济学奖获得者北大讲演集》,北京大学出版社 2004 年版。

周批改、徐红艳:《取消农业税后农业投入问题的个案研究》,《中国农业大学学报》(社会科学版)2008 年第 1 期。

周立群、许清正:《"工业反哺农业"若干问题述评》,《经济学家》2007 年第 2 期。

朱晶:《农业公共投资、竞争力与粮食安全》,《经济研究》2003 年第 1 期。

邹薇、代谦:《适宜技术、人力资本积累与长期增长》,载刘志彪主编:《南大商学评论》,人民出版社 2004 年版。

邹薇、张芬:《农村地区收入差异与人力资本积累》,《中国社会科学》2006 年第 2 期。

二、英文部分

Abowd, J. G. , F. Kramaz and D. N. Margolis, 1994: High Wage Worker and High Wage Firms, NBER Working Paper 4917.

Afriat, S. N. , 1973: Efficiency of Production Functions, International Economic Review, 13(10) :568～598.

Aghion, P. and P. Bolton, 1997: A Theory of Trickle-down and Development, Review of Economic Studies, 64(2) , 151～172.

Anderson, Kym and Yujiro Hayami, 1986: The Political Economy of Agricultural Protection, East Asia in International Perspective, Sydney·London·

Boston: Allen & Unwin in association with The Australia-Japan Research Centre, Australian National University.

Banerjee, A. and A. Newman, 1993: Occupational Choice and the Process of Development, Journal of Political Economics, 101(2): 274~298.

Barro, Robert J. , Gary S. Becker and Nigel Tomes, 1986: Human Capital and the Rise and Fall of Families, Journal of Labor Economics, 4, no. 3, Part 2 (July).

Barro, Robert 1991: Economic Growth in a Cross Section of Countries, Quarterly Journal of Economics, 106, 2 (May): 407~433.

Basta, S. S. , Soekirman, M. , Karyadi, D. , and Scrimahaw, N. S. , 1979: Iron Deficiency Anemia and the Productivity of Adult Males inIndonesia, American Journal of Clinical Nutrition, 32: 916~925.

Bates, Robert 1981: Markets and States in Tropical Africa, Berkeley: University of California Press.

Becker, Gary S. and Robert J. Barro, 1988: A Reformulation of the Economic Theory of Fertility, Quarterly Journal of Economics, 103, 1(February), 1~25.

Becker, Gary S. , Kevin M. Muphy and Mark M. Tamura, 1990: Human Capital, Fertility and Economic Growth, Journal of Political Economy, 98 no. 5, Part 2, (October): S12~36.

Becker, G. and N. Tomes, 1979: An Equilibrium Theory of Income and Intergenerational Mobility, Journal of Political Economy, 87(6): 1153~1189.

Bhargava, A. , 1997: Nutritional Status and the Allocation of Time in Rwandese Household, Journal of Econometrics, Vol. 77: 277~295.

Bhargava, A. , Jamison, D, Lau, L. , and Murray, C. , 2001: Modeling the Effects of Health on Economic Growth, Journal of Health Economics, Vol. 20: 423~440.

Borjas, George J. , Stephen G. Bronars, and Stephen J. Trejo, 1992: Self-Selection and Internal Migration in theUnited States, Journal of Urban Economics, 32, 2(September): 159~185.

Denison, Edward F. , 1962: The Sources of Economic Growth in the United

States and the Alternatives Before US, Comm. for Econ. Development.

Denison, Edward F. , 1974: Accounting for United States Economic Growth, 1929 ~ 1969, Brookings Ins.

Doringer, P. and M. Piore, 1971: Internal Labour Markets and Manpower Analysis, Lexington, Mass: D, C. Heath.

Fare, R. , Grosskopf, S. , & Lovel, C. A. K. 1994: Production Frontiers, Cambridge University Press.

Fare, R. , Grosskopf, S. , &Lovel, C. A. K. , 1992: Productivity Change in Swedish Pharmacies 1980 ~ 1989: A Nonparametric Malmquist Approach, Journal of Productivity Analysis, (3): 85 ~ 101.

Fare, R. , Grosskopf, S. , &Norris, M. , 1997: Production Growth, Technical Progress, and Efficiency Change in Industrialized Countries: Reply, American Economic Review, 87(a): 1040 ~ 1043.

Farrel, M. J. , 1957: The Measurement of Production Efficiency, Journal of Royal Statistical Society, 130(3): 353 ~ 381.

Flound, R. , Wachter, K. , and Gregory, A. , 1991: Height, Health and History, Cambridge University Press.

Fogel, R. , 1994: Economic Growth, Population Health and Physiology: the Bearing of Long-term Processes on the Making of Economic Policy, American Economic Review, Vol. 84: 369 ~ 395.

Galor, O. and J. Zeira, 1993: Income Distribution and Macroeconomics, Review of Economic Studies, 60(1): 35 ~ 52.

Gong Liutang and Heng-fu Zou, 2001: Comments on the Paper "Dynamics of Income Distribution", Mimeo. Peking University and Wuhan University.

Huffman, W. E. , 1980: Farm and Off-farm Work Decisions: the Role of Human Capital, The Review of Economics and Statistics, 62(1): 14 ~ 23.

Islam, N. , 1995: Growth Empirics: A Panel Data Approach, Quarterly Journal of Economics, (4): 1127 ~ 1170.

Jee-Peng Tan and A. Mingat, 1992: Education in Asia: A Comparative Study of Cost and Financing, Washington, D. C. World Bank.

Jones, Charles I. , 1998 : Introduction to Economic Growth, W. W. Norton & Company, Inc.

Kanbur, R. , H. Rapoport, 2005 : Migration Selectivity and The Evolution of Spatial Inequality, Journal Economic Geography, 5 : 43 ~ 57.

Knight, J. and L. Song, 1999 : The Rural-Urban Divide, Economic Disparities and Interactions in China, Oxford University Press.

Knight, J. , Song Lina, and Jia Huaibin, 1999 : Chinese Rural Migrants in Urban Enterprises : Three Perspectives, Journal of Development Studies, 35 (3) : 73 ~ 104.

Knight, M. , N. Loayza, D. Villanueva, 1993 : Testing the Neoclassical Theory of Economic Growth-A Panel Data Approach, staff papers, 40 : 512 ~ 537.

Kremer, Michael and Eric Maskin, 1996 : Wage Inequality and Segregation by Skill, NBER working paper, 5718.

Krueger, Anne Maurice Schiff and Alberto Valdes (eds.) , 1991 , 1992 : The Political Economy of Agricultural Pricing Policy, 5 Vols. Baltimore, Maryland : The Johns Hopkins University Press.

Lang, K. and M. Manove, 2006 : Education and Labor-Market Discrimination, NBER Working Paper 12257.

Lewis, W. A. , 1954 : Economic Development with Unlimited Supplies of Labor, Manchester School of Economics and Social Studies, Vol. 35, No. 3 : 45 ~ 72.

Li, Hongyi, Danyang Xie, and Heng-fu Zou, 2000 : Dynamics of Income Distribution, Canadian Journal of Economics, vol. 33, No. 4 : 937 ~ 961.

Ljungquvist, L. , 1993 : Economic Underdevelopment : The Case of Missing Market for Human Capital, Journal of Development Economics, 40 (2) , 219 ~ 239.

Loury, G. , 1981 : Intergenerational Transfers and the Distribution of Earning, Econometrica, 49 (4) : 843 ~ 867.

Lucas, Robert E. , 1988 : On The Mechanics of Economic Development, Journal of Monetary Economics, 22 : 3 ~ 42.

Lucas, R. , 1992 : On Efficiency and Distribution, The Economic Journal,

102(411):233~247.

Mulligan,C. ,1997:Parental Priorities and Economic Inequality,Chicago, IL:University of Chicago Press.

Matsuyama,K. ,2000:Endogenous Inequality, Review of Economic Studies,67(4):743~759.

Menard,S. ,1987:Fertility, Development, and Family Planning, 1970~1980:An Analysis of Cases Weighted by Population,Studies in Comparative International Development,22,3,Fall:103~127.

Michael Lipton,1977:Why Poor People Stay Poor:Urban Bias in World Development,Cambridge,MA:Harvard University Press.

Mookherjee,D. and D. Ray,2003:Persistent Inequality,Review of Economic Studies,70(243):369~393.

Nelson,R. and E. Phelps,1966:Investment in Humans,Technological Diffusion,and Economic Growth,American Economic Review,61:69~75.

Olson,M. ,1985:The Exploitation and Subsidization of Agriculture in the Developing and Developed Countries,paper presented to the 19th Conference of International Association of Agricultural Economists,Malaga,Spain.

Patrick,G. F. , E. W. Kehrberg,1973:Cost and Returns of Education in Five Agricultural Regions of Eastern Brazil,American Journal of Agricultural Economics,55:145~154.

Penrose,P. 1993:Affording the Unaffordable:Planning and Financing Education Systems in Sub-Saharan Africa,Occasional Papers on Education 7,London:Overseas Development Administration.

Phillips,Joseph M. , Robert P. Marble,1986:Farmer Education and Efficiency:A Frontier Production Function Approach,Economics of Education Review,5:257~264.

Romer,Paul M. ,1986:Increasing Returns and Long-Run Growth,Journal of Political Economy, Vol. 94:1002~1037.

Romer,P. M. ,1990:Endogenous Technological Chang,Journal of Political Economy,vol. 98. no. 5(October),part 2,S71~S102.

Rosenstein-Rodan, Paul N. , 1943: Problems of Industrialization of Eastern and South-eastern Europe, EJ, 53:6 ~ 9.

Sabbarao. K. and Laura Raney, 1995: Social Gains from Female Education: Cross-National Study, The World Bank. Unpublished Revision Published in Economic Development and Cultural Change, 44(1):105 ~ 128.

Shi, Xinzheng, 2002: Empirical Research on Urban-Rural Income Differentials: the Case of China, unpublished manuscript, CCER, Beijing University.

Shi, Xinzheng, Terry Sicular and Yaohui Zhao, 2002: Analyzing Urban-Rural Income Inequality in China, Paper presented at the International Symposium on Equity and Justice in Transitional China, Beijing, July 11 ~ 12.

Sjastad, Larry 1962: The Cost and Returns to Homan Migration, Journal of Political Economy, 70 (5):80 ~ 93.

Solow, Robert, 1956: A Contribution to the Theory of Economic Growth, Quarterly Journal of Economics, Vol. 70:65 ~ 94.

Stark, O. , C. Helmenstein and A. Prskawetz, 1998: Human Capital Depletion, Human Capital Formation and Migration: a Blessing or a "Curse"? Economics Letters, 60:363 ~ 367.

Stark, O. , Yong Wang, 2002: Inducing Human Capital Formation: Migration as a Substitute for Subsidies, Journal of Public Economics, 86:29 ~ 46.

UNESCO: World Education Report, 2000.

Uzawa, H. , 1965: Optimal Technical Chang in an Aggregative Model of Economic Growth, International Economic Review, 6(January):18 ~ 31.

Welch, Finis 1970: Education in Production, Journal of Political Economy, vol. 78:35 ~ 59.

Willen, P. , I. Hendel and J. Shapiro, 2004: Educational Opportunity and Income Inequality, NBER Working Paper 10879.

Yang, X. , Wang, J. and Wills, I. , 1992: Economic Growth, Commercialization and Institutional Changes in Rural China 1979 ~ 1987, China Economic Review, (3).

Zhao, Yaohui, 1999: Labor Migration and Earning Differences: The Case of

Rural China, Economic Development and Cultural Change, 47 (4) : July, 767 ~782.

后　记

　　本书是我负责的教育部人文社会科学基金项目"生育率选择、人力资本投资与农业内生发展能力的形成机制研究"（06JA790067）的最终成果。开展本项研究的动因,是试图对进入工业化中期阶段以后中国农业发展动力给出不同于现有文献的一种新见解。

　　现有对农业发展动力的认识大体可以归为如下三种思路:(一)工业化拉动。该思路以刘易斯、费景汉和拉尼斯的二元经济理论为代表。其核心思想是,农业过剩劳动力为不断扩张的非农部门吸收,最终实现农业与非农部门收益率的趋同。(二)政府推动。大概是由于计划经济时期人们形成的一种思维惯性,也可能与特殊的政治体制有关,破解制约中国农业发展难题的任务,人们更愿意交给政府。在加大支农投入、工业反哺农业、减免农业税费的种种主张中,离开了政府(还包括非农部门)似乎难以看到还有谁能够左右农业的发展。(三)农业技术进步。舒尔茨的改造传统农业理论表明,农业发展即农业生产函数的转变,亦即通过现代要素对传统要素的替代,把农业部门改造成为高回报率和高增长率的现代产业部门。

　　前述思路的基本特征是,第一,农业发展主体和发展动力的外在性。无论是工业(城市)部门,还是政府,都是影响农业发展的外部力量;即使是强调农业自身改造的舒尔茨的理论,也未完全脱离这一窠臼。舒尔茨论及的现代农业要素包括高技术的机械、生化投入品和能够成功地使用这些投入品的人的技艺、能力。前一类要素无疑只能来自工业部门,后者主要取决于政府教育政策、培训计划的设计与实施。第二,农业发展的被动性。刘易斯认为,在经济发展过程中,居于主动的、积极的方面是现代工业部门,在剩余劳动力消失之前,农业不过是一个向现代工业部门输送劳动力和农业剩余的被动和消极的部门。拉尼斯和费景汉虽然强调农业发展的重要性,但这种重要性是由工业部门扩张的需要而引发的。没有工业部门的扩张对农业劳动力和农业剩余的需求,似乎难以看到农业发展的其他重要意义。

我们的研究工作是在前述文献的基础上展开的。试图推进的认识是,农业发展离不开工业化、城市化和政府相关政策等外部条件的支持,但仅依靠这些条件不足以完成农业的现代化改造;特别是在进入工业化中期阶段以后,农业部门的发展更需要自身发展因素积累形成的内在动力来驱动;进入工业化中期阶段后的最重要、最关键的内部发展因素,是农业人口人力资本水平的普遍提高,以及有利于这一条件形成的农民家庭生育率选择的改变。

在农业人口人力资本水平不断提高的条件下,劳动力的非农化过程,同时也将是产业结构的高度化过程;那时,劳动力的非农就业能力增强,农民的市民化进程会变得顺利而加快;农业部门技术进步和组织制度变迁能够获得相匹配的人力条件的支持,农业劳动生产率由此大幅度提高,农民来自农业的收入快速增长,农业部门有望成为高素质劳动者开始竞相参与的一个行业。其实,我们是将农业人口人力资本水平的不断提升乃至最终与城市居民人力资本水平趋同,作为工业化和城市化背景下农业完成现代化改造的充分条件来考虑的。如果说,它对进入工业化中期阶段以后的农业部门的发展是至关重要的,那么,这一条件生成机制的合理解释也就变得至关重要。相关理论和经验事实均表明,当工业化背景下人力资本高收益率特性逐渐显现时,农民及其家庭成员人力资本水平的选择成为其重要的决策变量;在很大程度上,农民是通过生育率的调整来促成家庭成员人力资本水平改善的。在我们的理论框架内,农业发展的决定性因素并不需要依赖于某种外部存在赐予,它同时是农业自身发展过程所决定的内生变量。

本书由我和我指导的博士生李志俊合作完成。其中,李志俊完成的工作如下:提供了第六章、第九章、第十章和第十三章的初稿;撰写了第五章的部分内容;对全书图表、公式的规范做了大量技术性工作。

本项研究同时得到陕西师范大学"211 工程"三期重点学科建设项目经费的资助。本书的出版获得了陕西师范大学学术著作出版基金的资助。需要强调的是,人民出版社副编审张怀海博士对书稿作了极其认真和十分细

致的编辑工作,使本书增色不少。在书稿付印之际,我特向给予本项研究支
持和帮助的相关单位和人士致以诚挚的谢意。

郭剑雄

2010 年 5 月